ମୁକ୍ତିକାମୀ ମୋହିନୀ ମୋହନ

ମୁକ୍ତିକାମୀ ମୋହିନୀ ମୋହନ

ପ୍ରଫେସର ମଣୀନ୍ଦ୍ର କୁମାର ମେହେର

ପ୍ରାକ୍ତନ ବିଭାଗ-ମୁଖ୍ୟ
ସ୍ନାତକୋତ୍ତର ଭାଷା ଓ ସାହିତ୍ୟ ବିଭାଗ
(ଓଡ଼ିଆ, ଇଂରାଜୀ ଓ ଉର୍ଦ୍ଦୁ)
ଫକୀରମୋହନ ବିଶ୍ୱବିଦ୍ୟାଳୟ, ବାଲେଶ୍ୱର

ବ୍ଲାକ୍ ଇଗଲ୍ ବୁକ୍ସ
ଭୁବନେଶ୍ୱର, ଓଡ଼ିଶା
BLACK EAGLE BOOKS
Dublin, USA

ମୁକ୍ତିକାମୀ ମୋହିନୀ ମୋହନ / ପ୍ରଫେସର ମଣୀନ୍ଦ୍ର କୁମାର ମେହେର

ବ୍ଲାକ୍ ଈଗଲ୍ ବୁକ୍ସ : ଭୁବନେଶ୍ୱର, ଓଡ଼ିଶା • ଡବ୍ଲିନ୍, ଯୁକ୍ତରାଷ୍ଟ୍ର ଆମେରିକା

BLACK EAGLE BOOKS

USA address:
7464 Wisdom Lane
Dublin, OH 43016

India address:
E/312, Trident Galaxy, Kalinga Nagar,
Bhubaneswar-751003, Odisha, India

E-mail: info@blackeaglebooks.org
Website: www.blackeaglebooks.org

First International Edition Published by
BLACK EAGLE BOOKS, 2025

Muktikami Mohini Mohan
by **Prof. Manindra Kumar Meher**

Copyright © **Prof. Manindra Kumar Meher**

All rights reserved. No part of this publication may be reproduced, stored in a retrieval system, or transmitted, in any form or by any means, electronic, mechanical, photocopying, recording or otherwise without the prior permission of the publisher.

Cover & Interior Design: Ezy's Publication

ISBN- 978-1-64560-666-6 (Paperback)

Printed in the United States of America

ଉତ୍ସର୍ଗ

ସ୍ୱାଧୀନ ଚିନ୍ତନର ଜଣେ ଶ୍ରେଷ୍ଠ ସମର୍ଥକ

ମୋର ପରମପୂଜ୍ୟ ଗୁରୁଦେବ

ପ୍ରଫେସର କୁମୁଦରଂଜନ ପାଣିଗ୍ରାହୀଙ୍କୁ

ଆନ୍ତରିକ ଭକ୍ତି ନିବେଦନର ନିଦର୍ଶନ...

ସ୍ନେହାଧୀନ

ମଣୀନ୍ଦ୍ର

ବାଣୀବିହାର

ତା.୨୪.୧୨.୨୦୨୩

ଭୂମିକା

ବ୍ୟାସକବି ଫକୀରମୋହନ ସେନାପତିଙ୍କ ପ୍ରତି ବାଲ୍ୟକାଳରୁ ଅନୁଭବ କରିଆସିଛି ଆନ୍ତରିକ ଭକ୍ତି। ଆମଗୃହରେ ଫକୀରମୋହନଙ୍କ ସ୍ମୃତି ଯେପରି ସତେଜ, ମୋହିନୀମୋହନଙ୍କ ଉପସ୍ଥିତି ଅନ୍ତରାଳର ଏକ ଭିନ୍ନ ସ୍ପନ୍ଦନ ହୋଇରହିଛି। କାରଣ ମୋହିନୀମୋହନଙ୍କ ପ୍ରବନ୍ଧ ସଂକଳନ 'ବିବିଧପ୍ରସଙ୍ଗ' ମୋର ଦୃଷ୍ଟି ଆକର୍ଷଣ କରିଥିଲା ହାଇସ୍କୁଲରେ ଅଧ୍ୟୟନ ସମୟରୁ। ବାପାଙ୍କ ପାଖରେ ଏହି ପୁସ୍ତକଟି ଶ୍ରଦ୍ଧାର ସହିତ ସଜ୍ଜିତ ହୋଇ ରହିଥାଏ। ଥରେ ବା ଦୁଇଥର ନୁହେଁ ବାରମ୍ବାର ଏହି ପୁସ୍ତକର ପୃଷ୍ଠାଗୁଡ଼ିକ ମୁଁ ଓଲଟାଇଛି ଏବଂ ସେଥିରେ କିଛି କିଛି ଅଂଶ ପାଠ ମଧ୍ୟ କରିପାରିଛି। ମାତ୍ର ଫକୀରମୋହନ ବିଶ୍ୱବିଦ୍ୟାଳୟରେ ନିଯୁକ୍ତି ଲାଭ କରିବାପରେ ମୋହିନୀମୋହନଙ୍କ ସମ୍ପର୍କରେ ସ୍ୱତଃ ସ୍ୱତନ୍ତ୍ର ଭାବରେ ମନ୍ଥିତ ହୋଇଛି ମୋର ଚେତନା। ଉତ୍କଳ ବିଶ୍ୱବିଦ୍ୟାଳୟରେ ଥିବାବେଳେ ତାଙ୍କ ବିଷୟରେ ସକାରାତ୍ମକ ଦୃଷ୍ଟିକୋଣ ନେଇ ପ୍ରସ୍ତୁତ କରିଥିଲି ଏକ ଲେଖା, ଯାହା 'ପୌରୁଷ' ପତ୍ରିକାରେ ପ୍ରକାଶିତ ହୋଇ ଅନେକ ସୁପାଠକଙ୍କ ଦୃଷ୍ଟି ଆକର୍ଷଣ କରିପାରିଥିଲା। 'ବିବିଧ ପ୍ରସଙ୍ଗ' ବହିଟିର ପୁନଃମୁଦ୍ରଣ ହୋଇଥିବା ଜାଣି ପାଞ୍ଚଖଣ୍ଡ ମୋ ପାଖକୁ ପଠାଇଦେବା ଲାଗି ଅନୁରୋଧ କରିଥିଲି ବିଶିଷ୍ଟ ଇଂରାଜୀ ପ୍ରଫେସର ଯତୀନ କୁମାର ମହାନ୍ତିଙ୍କୁ। ଓଡ଼ିଶାର ଆଉ ଜଣେ ବିଶିଷ୍ଟ ଫକୀରମୋହନ - ସମୀକ୍ଷକ ତଥା ଆତ୍ମଚରିତର ସମ୍ପାଦକ ଶ୍ରୀଯୁକ୍ତ ଦେବେନ୍ଦ୍ର କୁମାର ଦାଶ, ମୋହିନୀମୋହନଙ୍କ ସମ୍ପର୍କରେ ଲିଖିତ ମୋ ପ୍ରବନ୍ଧ ପାଠକରି ତାହାକୁ ସମ୍ପ୍ରସାରିତ ରୂପ ଦେବାପାଇଁ ପ୍ରଦାନ କରିଥିଲେ ଆତ୍ମୀୟତାପୂର୍ଣ୍ଣ ପ୍ରେରଣା। ଦୁର୍ଭାଗ୍ୟର ବିଷୟ ଯେ ସେପରି ଜଣେ ସତ୍ୟ ଆବିଷ୍କାରରେ ଧ୍ୟାନସ୍ଥ ସମାଲୋଚକ ଆଉ ଆମ ଗହଣରେ ନାହାନ୍ତି।

ଫକୀରମୋହନ ବିଶ୍ୱବିଦ୍ୟାଳୟ ସ୍ନାତକୋତ୍ତର ଭାଷା ଓ ସାହିତ୍ୟ ବିଭାଗର ମୁଖ୍ୟ ଭାବରେ କାର୍ଯ୍ୟରତ ଥିବାବେଳେ ଲକ୍ଷ୍ୟକଲି ଯେ, ଆମ ପାଠ୍ୟକ୍ରମରେ

ମୋହିନୀମୋହନ ସେନାପତିଙ୍କ ବିଷୟରେ କୌଣସି ଉଲ୍ଲେଖ ସୁଦ୍ଧା ନାହିଁ। ଗୋଟିଏ ପଟରେ ସ୍ୱଭାବକବି ଗଙ୍ଗାଧର ମେହେରଙ୍କ ପ୍ରପୌତ୍ର ଭାବରେ ଓ ଅନ୍ୟଦିଗରେ ବ୍ୟାସକବି ଫକୀରମୋହନ ସେନାପତିଙ୍କ ମଧ୍ୟ ପ୍ରପୌତ୍ର ମନେକରି କର୍ତ୍ତବ୍ୟ ନିର୍ବାହ କରୁଥିବା ସମୟରେ ଉପରେ ଉଲ୍ଲିଖିତ ବିଷୟଟି ମୋତେ ବ୍ୟଥିତ କରିଥିଲା। ଅର୍ଥାତ୍ ଫକୀରମୋହନ ବିଶ୍ୱବିଦ୍ୟାଳୟରେ ଓଡ଼ିଆ ପାଠ୍ୟ ଖସଡ଼ାରେ ମୋହିନୀମୋହନଙ୍କ ସ୍ଥାନ ନରହିବା ହେତୁ ମୋତେ ହିଁ ନେବାକୁ ପଡ଼ିଥିଲା ଏକ ଚୂଡ଼ାନ୍ତ ନିଷ୍ପତ୍ତି। ମୋହିନୀମୋହନଙ୍କ ଦ୍ୱାରା ରଚିତ 'ଜୀବଜନ୍ତୁଙ୍କ ଅଧିକାର' ପ୍ରବନ୍ଧର ସାମ୍ପ୍ରତିକ ଆହ୍ୱାନ ଓ ଆବେଦନ ହୃଦୟକୁ ମୋର ବହୁ ଭାବରେ ଅନୁପ୍ରାଣିତ କରିଦେଲା। ଚିନ୍ତାକଲି ଏହି ପ୍ରବନ୍ଧଟି ହିଁ ସ୍ଥାନ ପାଇବା ଏକାନ୍ତ ଆବଶ୍ୟକ ଓଡ଼ିଆ ସାହିତ୍ୟ ଅଧ୍ୟୟନ କରୁଥିବା ଛାତ୍ରଛାତ୍ରୀଙ୍କ ନିମିତ୍ତ। ପ୍ରବନ୍ଧଟି କୋର୍ସ ଅନ୍ତର୍ଗତ ହେବାରୁ ଛାତ୍ରଛାତ୍ରୀମାନେ କେତେ ଅହ୍ଲାଦ ଓ ଗୌରବ ଅନୁଭବ କରିଛନ୍ତି, ତାହା ସ୍ୱଚକ୍ଷୁରେ ଦେଖିଛି। ସେହିପରି ପିଏଚ୍.ଡି. କୋର୍ସ ୱାର୍କ କରୁଥିବା ଜଣେ ଛାତ୍ରୀଙ୍କୁ ମୋହିନୀ ମୋହନଙ୍କ ସମ୍ପର୍କରେ ଗବେଷଣା କରିବା ପାଇଁ ଏଇଠି ପରାମର୍ଶ ଦେଇଥିଲି ଓ ସେ ମଧ୍ୟ ଏହାକୁ ମୋ ଉପରେ ସମ୍ପୂର୍ଣ୍ଣ ଆସ୍ଥାଶୀଳତା ପ୍ରକଟ କରି ଗ୍ରହଣ କରିଥିବା ଆଉ ଏକ ଆନନ୍ଦମୟ ଅଧ୍ୟାୟ। ଏସବୁ ବିଭିନ୍ନ ପ୍ରକାରର ଅନୁଭୂତି ମୋତେ ଏକ ଶକ୍ତିଶାଳୀ ଅନ୍ତଃପ୍ରେରଣା ପ୍ରଦାନ କରିଥିଲା ମୋହିନୀମୋହନଙ୍କ ସମ୍ପର୍କରେ ଏପରି ଏକ ପୁସ୍ତକର ପରିକଳ୍ପନା, ପରିଯୋଜନା ଓ ପରିପ୍ରକାଶ କରିବାପାଇଁ। ପୁସ୍ତକଟିକୁ ଲେଖିବାବେଳେ ଅନ୍ୟମାନେ ମୋହିନୀ ମୋହନଙ୍କୁ କେଉଁ ଦୃଷ୍ଟିରୁ ବିଚାର କରିଛନ୍ତି ତାହା ତନ୍ନ ତନ୍ନ କରି ମୁଁ ଆଦୌ ଅଧ୍ୟୟନ କରିନାହିଁ। ମୋହିନୀ ମୋହନଙ୍କୁ ସମ୍ପୂର୍ଣ୍ଣ ଭାବରେ ନିଜସ୍ୱ ଦୃଷ୍ଟିଭଙ୍ଗୀ ନେଇ ମୁଁ ଅନୁଶୀଳନ କରିଛି। ଏ ପୁସ୍ତକରେ ସ୍ଥାନିତ ପ୍ରବନ୍ଧଗୁଡ଼ିକ ଓଡ଼ିଶାର ବିଭିନ୍ନ ପତ୍ରପତ୍ରିକାରେ ପ୍ରକାଶିତ ହୋଇ ଆନ୍ତରିକ ଆଦୃତି ଲାଭ କରିଥିବା ଲକ୍ଷ୍ୟକରି ଆଶ୍ୱସ୍ତ ହୋଇଛି ନିଶ୍ଚୟ। ତେବେ ଏହି ଅଧ୍ୟୟନ ଓ ଅନୁଶୀଳନ କେତେଦୂର ଯୁକ୍ତିଯୁକ୍ତ ପରିପକ୍ୱ ଚିନ୍ତନର ଅଭିବ୍ୟକ୍ତି ତାହା ଯଥାର୍ଥ ଭାବରେ ନିରୂପଣ କରିବାର ସାମର୍ଥ୍ୟ ରହିଛି ଚିନ୍ତାଶୀଳ ସଚେତନ ପାଠକ ଓ ସମାଲୋଚକଙ୍କ। ମୋର ନିଜସ୍ୱ ବିଚାରଧାରା ସବୁ କ୍ଷେତ୍ରରେ ଯେ ସମସ୍ତଙ୍କ ଦ୍ୱାରା ଗ୍ରହଣୀୟ ହୋଇପାରିବ ଏପରି ଆଶା ରଖିବା ଅସ୍ୱାଭାବିକ ନିଶ୍ଚୟ। ତେବେ ସେ ଯାହା ହେଉନା କାହିଁକି ମୋହିନୀ ମୋହନଙ୍କ ସମ୍ପର୍କରେ ଗଭୀରରୁ ଗଭୀରତର ଦୃଷ୍ଟିନେଇ ଆଲୋଚନା କରିବାର ଏକ ସୁପ୍ରଶସ୍ତ ପଥ ନିର୍ମାଣ

କରିଦେବାରେ ଯଦି ମୋର ଏହି ବିନମ୍ର ପ୍ରୟାସ କିଞ୍ଚିତ୍ ଉପଯୋଗୀ ବିବେଚିତ ହେବ, ସେତିକିରେମୁଁ ରହିବି କୃତଜ୍ଞ।

ଫକୀରମୋହନଙ୍କ ଅଣନାତୁଣୀ ଡ. ମନିକା ଦାସ ଏ ପୁସ୍ତକର ପ୍ରକାଶନ ପାଇଁ ଯେଉଁ ସସ୍ନେହ ଉତ୍ସାହ ଭରି ଦେଇଛନ୍ତି ମୋ ପ୍ରାଣରେ ଓ ନିଜେ ମଧ୍ଯ ଇଂରାଜୀରେ ଏକ ଲେଖା ପ୍ରସ୍ତୁତ କରି ଏ ପୁସ୍ତକରେ ସଂଯୋଜିତ କରିବା ପାଇଁ ଦେଇଛନ୍ତି ଆନ୍ତରିକ ସ୍ୱୀକୃତି, ସେଥିପାଇଁ ତାଙ୍କ ନିକଟରେ ସର୍ବଦା ରହିବି ସ୍ନେହାଧୀନ ହୋଇ।

ଏ ସମଗ୍ର ପୁସ୍ତକଟିର ରୂପାୟନ ସମ୍ଭବ ହୋଇପାରିନଥାନ୍ତା ଯଦି ମୋର ଅତ୍ୟନ୍ତ ପ୍ରିୟ ଛାତ୍ରୀ ଫକୀରମୋହନ ବିଶ୍ୱବିଦ୍ୟାଳୟ ସ୍ନାତକୋତ୍ତର ଭାଷା ଓ ସାହିତ୍ୟ ବିଭାଗରେ ଅଧ୍ୟୟନରତ ପ୍ରତିଭାମୟୀ ଶୁଭଶ୍ରୀ ଦାସଙ୍କ ଦକ୍ଷିଣହସ୍ତ ସକ୍ରିୟ ଓ ଚଳଚଞ୍ଚଳ ହୋଇଉଠିନଥାନ୍ତା। ସେଥିପାଇଁ ସମଗ୍ର ଜୀବନବ୍ୟାପୀ ଶୁଭଶ୍ରୀଙ୍କର ମୁଁ ଶୁଭାନୁଧ୍ୟାୟୀ ହୋଇରହିଥିବି।

ପୁସ୍ତକଟି ଜିଜ୍ଞାସୁ ପାଠକ ପଠିକାଙ୍କ କିଞ୍ଚିତ ଶ୍ରଦ୍ଧାଶୀଳ ଦୃଷ୍ଟିଆକର୍ଷଣ କରିପାରିଲେ ମୁଁ ସତେଯେପରି ଏକ ପାରିବାରିକ ଦାୟିତ୍ୱ ନିର୍ବାହ କରିପାରିଛି ବୋଲି ମନେକରି ନିଜକୁ ଭାଗ୍ୟବାନ ମଣିବି।

ବିନୟାବନତ

୧୪/୧୧/୨୦୨୩

ମଣୀନ୍ଦ୍ର କୁମାର ମେହେର

ସୂଚୀପତ୍ର

	ବିଷୟ	ପୃଷ୍ଠା
	Preface - Dr. Monica Das	13
୧.	ମୋହିନୀମୋହନ ସେନାପତିଙ୍କ ସାହିତ୍ୟ ସାଧନାର ପ୍ରେରଣା	୧୭
୨.	ଗଦ୍ୟଶିଳ୍ପୀ ମୋହିନୀମୋହନ	୨୨
୩.	ମୋହିନୀମୋହନଙ୍କ "ଭାଗ୍ୟ" ବିଚାର	୨୫
୪.	ଜୀବଜନ୍ତୁଙ୍କ ସପକ୍ଷରେ ମୋହିନନୀମୋହନ	୨୮
୫.	ବିବାହ - ସଂସ୍କାର ସପକ୍ଷରେ ମୋହିନୀମୋହନ	୩୧
୬.	ମୋହିନୀମୋହନଙ୍କ 'ବିବେକ' - ବିଚାର	୩୩
୭.	ମୋହିନୀ ମୋହନଙ୍କ ବନ୍ଧନମୁକ୍ତ ସମାଜର ପରିକଳ୍ପନା	୩୭
୮.	ମୋହିନୀମୋହନଙ୍କ ଦୃଷ୍ଟିରେ ବିବାହ - ସମୀକ୍ଷା	୪୦
୯.	ବ୍ରାହ୍ମଧର୍ମରୁ ମୁକ୍ତି : ମୋହିନୀ ମୋହନ ସେନାପତି	୪୩
୧୦.	ମୋହିନୀ ମୋହନଙ୍କ ଦୃଷ୍ଟିରେ 'ଓଡ଼ିଆ କାହାଣୀ'	୪୯
୧୧.	ମୋହିନୀ ମୋହନଙ୍କ ଦୃଷ୍ଟିରେ ଦାର୍ଶନିକ 'ନିଟ୍‌ଜେ'	୫୨
୧୨.	'ଆମେରିକା ଆବିଷ୍କାର'ରେ ମୋହିନୀ ମୋହନ	୫୫
୧୩.	ମୌଳିକ ଚିନ୍ତକ ମୋହିନୀମୋହନ	୫୮
୧୪.	ଆଧୁନିକତା ଓ ମୋହିନୀ ମୋହନ - ମାନସ	୬୦
୧୫.	ଅଧ୍ୟାପକ ମୋହିନୀ ମୋହନ	୬୨
୧୬.	ଫକୀରମୋହନଙ୍କ ସୁପୁତ୍ର ମୋହିନୀ ମୋହନ	୬୫
୧୭.	ଦାର୍ଶନିକ ମୋହିନୀ ମୋହନ	୬୮
୧୮.	ମୋହିନୀ ମୋହନ ନାସ୍ତିକ ?	୭୨
୧୯.	ମନୋବିଜ୍ଞାନୀ ମୋହିନୀମୋହନ	୭୫
୨୦.	ମୋହିନୀ ମୋହନଙ୍କ ନାସ୍ତିକତା : ଅନେକ ପ୍ରଶ୍ନ	୭୮
୨୧.	ପାଶ୍ଚାତ୍ୟ ପୁସ୍ତକର ପାଠକ ମୋହିନୀ ମୋହନ	୮୨
୨୨.	ମୋହିନୀ ମୋହନଙ୍କ ବ୍ୟକ୍ତିତ୍ୱ ଓ ସାହିତ୍ୟ : ପରିବର୍ତ୍ତନର ଆହ୍ୱାନ	୮୫
୨୩.	ମୋହିନୀ ମୋହନ : ଜଣେ ଏକୁଟିଆ ମଣିଷ	୮୮
୨୪.	ଫକୀରମୋହନଙ୍କ ଆତ୍ମଚରିତର ପ୍ରକାଶକ ମୋହିନୀ ମୋହନ	୯୧
୨୫.	ମନିକା ଦାସଙ୍କ ଦୃଷ୍ଟିରେ ମୋହିନୀମୋହନ	୯୩
୨୬.	ମୋହିନୀ ମୋହନ ସେନାପତି : ଏକ ସଂକ୍ଷିପ୍ତ ପରିଚିତି	୯୬
୨୭.	ସମାଲୋଚକଙ୍କ ଦୃଷ୍ଟିରେ ମୋହିନୀମୋହନ	୧୦୩
୨୮.	An Afterword - Monica Das	୧୦୭

PREFACE

Dr. Monica Das

It is not an easy affair to write something on Mohini Mohan Senapati. This is because he himself was a little difficult person. What I mean to say is that it was not easy to comprehend his ideas and thinking process.

He was a philosopher of such a time when Indian Philosophy was primarily engaged in dharma and spiritualism. As result of this, in this line of thinking the concepts of dharma and spiritually were considered ad synonymous. Although the subject matter of both were not completely identical, both were so much coextensive that several Greek and other western philosophers opined that there was no Philosophy or Philosophical theroy in India. The Greek Philosopher W.T. Stace was the chief exponent of this point of view, and German thinkers like Hegel and Husserl also supported this type of thinking. According to this line of thinking, there was no philosophical theory in India excepting religion, spirituality and mystical thinking. Of course it can be said that several Indian scholars and wise men were responsible for giving rise to this kind of opinion. Because in their writings moksa, otherworliness and disinterst in things of this world occupied the prime attention. Indian Philosphy was swayed away in this line of thinking and there was conspicuous want of scientific point of view and of free thinking.

From this point of view, about one hundred years ago his first essay in support of atheism (which appeared in Utkal Sahitya attracted huge critical attention. Mohini Mohan's philosophical counter perspective was no doubt noteworthy. In contemporary Indian philosophical thinking, especially against the then prevailing social tradition and dharma dharana of Odisha his bold logical ideas provided a very strong background of free thinking characteristic of modernism and ultra-modern thinking.

Having been brought up in the contemporary dharma dharana and spiritual tradition, young Mohini Mohan developed an interest in Good and otherworld lines under the influence of Baktakavi Madhusudan Rao and with this aim in view he chose as his main subject of study while in his B.A. class in Ravenshaw College. But the philosophical arguments in these subjects could not satisfy him. The more he studied these arguments his belief in Good and dharma became gradually slackened and weak. He was later on attracted towards Brahma dharma under the influence of Bhaktakavi Madhusudan Rao. But soon thereafter he became discillusioned by observing conspicuous disharmony in the words and behaviors of the Brahmas. As a reulst, his belief in dharma broke down and in reaction to all this, atheism appeared to him to make more sense.

Soon after passing B.A., at the young age of 23, he wrote a though provoking eassy in support of attheism. It was published in a leading journal of the time - Utkal Sahitya and it attracted attention of several litterateurs and leading thinkers.

It would not be enough to say that it attracted the attention of many, his point of view expressed in this essay made many uncomfortable and made the current philosophical discussions seriously upset.

Logically supported free thinking is the indispensable necessity of philosophy. But ironically, pilosophical discussion in our country missed this point and became more involved in illogical spiritualism, dharma viswas and mystical thinking. As a result, our philosphy and traditional became the object of misunderstanding and neglect in the world perspective, and for this reason there grew reluctance and suspicion in regarding our rich cultural heritage as good philosphy. Of course, during the second half oft he last century some logically free thinkers interpreted Indian philosphy in a slightly untraditional way and attracted attention of many to its logical analytical aspect. In this connection the analytical philosophical works of Dayakrishna, Jitendranath Mohanty, Ganeswar Misra and Rajendra Prasad are noteworthy. As a result of their work, the new outlook started attracting more and more eattention and acceptability, and interest in analytic interpretation of philosphical theories is getting greater attention. Philosophy should not be merely reportivel it should be analytic and reconstructive, wherever necessary' - this is the philosophical approach of the new generation. However, much before the emergence of this new perspective, its smart expression in the writings of Mohini Mohan Senapati shows his bold originality and flair for reform. His magum opus, Bibidha Prasanga, has been published by M/s. Sikshya Sandhan, Bhubaneswar. My preface to this edition may be noted.

Primarily in three contexts, the original logical point of

Mohini Mohan Senapati would attract attention of readers. And they are - 1) Belief in drama, God and other worldliness, (2) Fatalism and the doctrine of Karma and (3) Independence and rights of women. In each of the all illogicals econtexts the remarks the remarks of M.M. Senapati are startlingly against the traditional perspective and to some extent aggressively original and new.

He was strongly opposed to belief in hdarma since it was all illogical and unscientific. In his view dharma and belief in God, having been originated from ignorance and fear of the primitive man, can be nothing but unnecessary blind faith. Citing the warnings of Carvaka and Epicurus, he would point out the wrothlessness of dharma vishwasa, and wouls say: "Dharma is a big lie, and it is a well thought out plan to serve the interest of the priests and preachers."

The above discussion point out the atheist temper and logical commitment of Senapati to life and living. Contributors to this volume have highlighted this elaborately. Mainly, Monica Das and Manindra Meher have come up with excellent elaborations. They have also succeeded in pointing out that behind the tough atheistic mind of Senapati hethere crops up a moving spiritual mind set of the author. This reveals a very important truth that Atheism is not incompatible with spiritualism, that both can go very well together. This has been interestingly displayed by Senapati when he obeyed his father's instruction and touched the feet of his mother's photograph, ... well without the slightest hesitation of an atheist !

ମୋହିନୀ ମୋହନ ସେନାପତିଙ୍କ ସାହିତ୍ୟ ସାଧନାର ପ୍ରେରଣା

ବ୍ୟାସକବି ଫକୀରମୋହନ ସେନାପତିଙ୍କ ପୁତ୍ର ହେଉଛନ୍ତି ମୋହିନୀ ମୋହନ ସେନାପତି। ଏହା ଓଡ଼ିଆ ସାହିତ୍ୟର ସଚେତନ ପାଠକ ବର୍ଗ ଜାଣନ୍ତି ନିଶ୍ଚୟ। ନିଜ ରଚିତ "ବିବିଧ ପ୍ରସଙ୍ଗ" ପ୍ରବନ୍ଧ ସଂକଳନର "ମୁଖବନ୍ଧ"ରେ ମୋହିନୀ ମୋହନ ଯେପରି ଭାବରେ ତାଙ୍କ ଜୀବନର ଅନୁଭବ ବ୍ୟକ୍ତ କରିଛନ୍ତି, ତାହା ପାଠକ ପ୍ରାଣରେ କମ୍ପନ ସୃଷ୍ଟି କରିଦିଏ। ସେ ସ୍ୱୀକାର କରିଛନ୍ତି ଯେ, ସାହିତ୍ୟାନୁରାଗ ଉତ୍ତରାଧିକାର ସୂତ୍ରରେ ଲାଭ କରିଛନ୍ତି ତାଙ୍କ ପୂଜ୍ୟ ପିତାଙ୍କ ଠାରୁ। ସୁଦୀର୍ଘ ପଚିଶ ବର୍ଷ କାଳ ସେ ଶିକ୍ଷା ବିଭାଗରେ ଯେପରି ସମର୍ପିତ ଭାବରେ କାର୍ଯ୍ୟ କରିଛନ୍ତି ତାହାର ଏକମାତ୍ର ଉଦ୍ଦେଶ୍ୟ ଥିଲା ସାହିତ୍ୟସେବା। ଫକୀରମୋହନ ଯେପରି ଥିଲେ ଦୁଃସାହସୀ, ମୋହିନୀମୋହନ ଥିଲେ ଅନୁରୂପ ବ୍ୟକ୍ତିତ୍ୱର ଅଧିକାରୀ। ତେବେ ଦୁଇଜଣଙ୍କର ମଧ୍ୟରେ ଥିବା ମୌଳିକ ପ୍ରଭେଦ ହେଉଛି ଫକୀରମୋହନ ଈଶ୍ୱରବିଶ୍ୱାସୀ, ଆସ୍ତିକ। ମୋହିନୀମୋହନ ନାସ୍ତିକ। ଯେତେବେଳେ ମୋହିନୀମୋହନଙ୍କ ମାତା କୃଷ୍ଣକୁମାରୀ ଇହଧାମ ତ୍ୟାଗ କଲେ, ସେତେବେଳେ ତାଙ୍କ ଉଦ୍ଦେଶ୍ୟରେ ପ୍ରଣାମ କରିବା ପାଇଁ ଫକୀରମୋହନ ମୋହିନୀମୋହନଙ୍କୁ ଦେଇଥିଲେ ନିର୍ଦ୍ଦେଶ। ମୋହିନୀ ମୋହନ ମାତୃସ୍ନେହରେ ଆଚ୍ଛନ୍ନ ଥିଲେ ନିଶ୍ଚୟ। ଯେତେବେଳେ ତାଙ୍କୁ ମାତ୍ର ୧୩ ବର୍ଷ ବୟସ ସେତେବେଳେ ସେ ପ୍ରାଣତ୍ୟାଗ କଲେ। ମୋହିନୀମୋହନଙ୍କ ମଧ୍ୟରେ ଏସବୁ ଅନୁଭୂତି ରେଖାଙ୍କିତ ହୋଇ ରହିଥିଲା ଚିରଦିନ ପାଇଁ। ତେବେ ତାଙ୍କ ସାହିତ୍ୟ ସାଧନାର ପଶ୍ଚାତରେ ଯେ ଉଭୟ ପିତାମାତାଙ୍କ ପ୍ରଭାବ ରହିଥିଲା, ଏହାକୁ ଅସ୍ୱୀକାର କରାଯାଇ ନପାରେ। ସେ

ନିଜସ୍ୱ ବିଚାର ବୁଦ୍ଧିରେ ଯଦିଓ ଥିଲେ ସ୍ୱତନ୍ତ୍ର; ତଥାପି ପିତୃ-ପ୍ରଭାବରୁ ମୁକ୍ତ ନଥିଲେ ସଂପୂର୍ଣ୍ଣ ଭାବରେ।

ତାଙ୍କୁ ମାତ୍ର ୧୩ ବର୍ଷ ବୟସ ହୋଇଥିବା ବେଳକୁ କୃଷ୍ଣକୁମାରୀଙ୍କ ଦେହାନ୍ତ ଘଟିଥିଲା। ମୋହିନୀମୋହନ ଥିଲେ ଏତେ ମାତୃପ୍ରାଣ ଯେ କୃଷ୍ଣକୁମାରୀଙ୍କ ହୃଦୟ ମଧ୍ୟରେ ରହିଥିବା ସମ୍ବେଦନଶୀଳତାକୁ ଅନୁଭବ କରିପାରିଥିଲେ ଗଭୀର ଭାବରେ। ସେ ଦେଖନ୍ତି, ଦିନେ ଫକୀରମୋହନ 'ଯୋଷେଫାଇନ୍' ଶୀର୍ଷକ କବିତା ଯେତେବେଳେ ପାଠ କରୁଥିଲେ ସେହି ଚରିତ୍ରଙ୍କ କରୁଣ କାହାଣୀ କୃଷ୍ଣକୁମାରୀଙ୍କୁ କରିଦେଇଥିଲା ଅଶ୍ରୁଦଗ୍ଧ। ସେହିପରି ତାଙ୍କର ମନେ ରହିଯାଇଛି ଗୋଟିଏ ଘଟଣା - ତାହା ହେଲା ଫକୀରମୋହନଙ୍କ ସହ ମୋହିନୀମୋହନ ଯାଇଥାନ୍ତି ବଣଭୋଜି ପାଇଁ। ଘରକୁ ଆସି ଦେଖିଛନ୍ତି କୃଷ୍ଣକୁମାରୀ ସେ ପର୍ଯ୍ୟନ୍ତ ଅନ୍ନଗ୍ରହଣ କରିନାହାନ୍ତି। ଏହିସବୁ ଛୋଟ ଛୋଟ ଅନୁଭୂତି ଭିତରେ ରହିଥାଏ ଏତେ ଶକ୍ତି ଯେ, ତାହା ଗୁଣଗ୍ରାହୀ, ଭାବଗ୍ରାହୀ ସୁପୁତ୍ର ଅନ୍ତରରେ ରହିଯାଇଥାଏ ସର୍ଜନାର ବୀଜାଙ୍କୁର ହୋଇ। ମୋହିନୀମୋହନଙ୍କ ସାହିତ୍ୟ ସାଧନା ଅନ୍ତରାଳରେ ଯେ ପୂର୍ଣ୍ଣହୋଇ ରହିଥିଲା ଏପରି ପ୍ରେରଣା, ତାହାକୁ ସୂକ୍ଷ୍ମ ଭାବରେ ନିରୀକ୍ଷଣ କରିବାର ପ୍ରୟୋଜନ ରହିଛି। କାରଣ ଏହିପରି ଘଟଣା ସୃଜନଦୀପ୍ତ ମଣିଷ ପାଇଁ ହୋଇ ରହିଯାଏ ଏକ ଏକ ଶକ୍ତିଶାଳୀ ଶୁଭ୍ର କିରଣ ରୂପରେ। ମୋହିନୀ ମୋହନଙ୍କ କ୍ଷେତ୍ରରେ ତାହା ହିଁ ଯେ ସତ୍ୟ ଏ କଥାକୁ ଆମେ କଦାପି ଅଣଦେଖା କରିପାରିବା ନାହିଁ।

ସେ ଉଚ୍ଚଶିକ୍ଷା ଲାଭ କରିଛନ୍ତି। ବହୁ ଅଭିଜ୍ଞତା ମଧ୍ୟଦେଇ ଅତିବାହିତ ହୋଇଛି ତାଙ୍କର ଜୀବନଯାତ୍ରା। ଏହାରି ମଧ୍ୟରେ ପ୍ରବନ୍ଧ ରଚନାର ପ୍ରେରଣା ପାଇଛନ୍ତି ସେ। ନୂତନ ଚିନ୍ତାରେ ଆଲୋଡ଼ିତ ମୋହିନୀ ମୋହନ ରଚନା କରିଛନ୍ତି ଅନେକ ବୈପ୍ଲବିକ ପ୍ରବନ୍ଧ। ସେ ଯେଉଁ ସ୍ୱାଧୀନ ଚେତନାର ପରିଚୟ ଦେଇଛନ୍ତି ସେଥିପାଇଁ ପ୍ରାୟ ଅଧିକାଂଶ ବ୍ୟକ୍ତି ମନେକରନ୍ତି ଯେ ଫକୀରମୋହନଙ୍କ ଆସ୍ତିକତାର ତାହା ପରିପନ୍ଥୀ। ଜଣେ କେଉଁ ଦୃଷ୍ଟିକୋଣ ନେଇ ନିଜର ସାହିତ୍ୟ ରଚନାରେ ହେବ ଅଗ୍ରସର, ତାହା ତାର ନିଜସ୍ୱ ନିଷ୍ପତ୍ତି ଉପରେ ନିର୍ଭରଶୀଳ। ମୋହିନୀମୋହନ ସେହିପରି ପ୍ରବନ୍ଧ ରଚନାରେ ବା ବକ୍ତୃତା ପ୍ରଦାନରେ ପରିଚୟ ଦେଇଛନ୍ତି ତାଙ୍କ ସ୍ୱତନ୍ତ୍ର ଚିନ୍ତା ଚେତନାର। ତାଙ୍କ ଭିତରେ ମଣିଷ ପ୍ରତି, ଏ ଜୀବଜଗତ ପ୍ରତି ଯେଉଁ ଆନ୍ତରିକ ମମତା ରହିଥିଲା ତାରି ମଧ୍ୟରେ ଆମେ ଆବିଷ୍କାର କରିପାରିବା ଫକୀରମୋହନଙ୍କ ମହାନତା ଓ କୃଷ୍ଣକୁମାରୀଙ୍କ ସ୍ନେହଶୀଳତା। ପିତାମାତାଙ୍କୁ

ବାଦ୍‌ଦେଇ କୌଣସି ଲେଖକ ଲେଖିକାର ପ୍ରତିଭା ଯେ ପ୍ରସ୍ଫୁଟିତ ହେବା ସମ୍ଭବ ନୁହେଁ, ଏହା ମନସ୍ତାତ୍ତ୍ୱିକ ଅଧ୍ୟୟନର ବିଷୟ ନିଶ୍ଚୟ। ପିତାମାତାଙ୍କ ପାରସ୍ପରିକ ଅନୁରାଗ, ସେମାନଙ୍କ ସ୍ନେହ ଓ ସହାନୁଭୂତି ଯେକୌଣସି ପୁତ୍ର କନ୍ୟାର ବ୍ୟକ୍ତିତ୍ୱର ଗଠନରେ ନେଇଥାଏ ଅସାମାନ୍ୟ ଭୂମିକା। ତେଣୁ ମୋହିନୀମୋହନ ଏକଥା ସ୍ପଷ୍ଟ ଭାବରେ ବର୍ଣ୍ଣନା କରନ୍ତୁ ବା ନ କରନ୍ତୁ, ଯେଉଁ ସାମାନ୍ୟ ଏକ ଏକ ସୂଚନାତ୍ମକ ବାକ୍ୟ ରଚନା କରିଛନ୍ତି, ସେଥିରୁ ପ୍ରତିପାଦିତ ହୋଇଯାଏ ଏହି ଗହନ ସତ୍ୟ।

ମୋହିନୀ ମୋହନ ପଢୁଥିଲେ ନନ୍ଦକିଶୋର ବଳଙ୍କ କବିତା, ରଧାନାଥଙ୍କ କାବ୍ୟ, ମଧୁସୁଦନଙ୍କ କବିତାଗୁଚ୍ଛ ଏବଂ ନିଜ ପିତାଙ୍କ ରଚିତ ଛ' ମାଣ ଆଠଗୁଣ୍ଠ। ଏହା ଅନ୍ୟକେହି କହୁ ନାହାନ୍ତି। କହୁଛନ୍ତି ସ୍ୱୟଂ ମୋହିନୀମୋହନ ଅତ୍ୟନ୍ତ ଆନ୍ତରିକତାପୂର୍ଣ୍ଣ କଣ୍ଠସ୍ୱରରେ। ଅର୍ଥାତ୍ ଏ ସମସ୍ତ ବିରଳ ଅନୁଭୂତି ତାଙ୍କୁ ସାହିତ୍ୟ ପ୍ରତି କରିଥିଲା ଆକୃଷ୍ଟ। ସେ କଲେଜରେ ପଢ଼ିବା ସମୟରେ 'ଓଡ଼ିଆ କାହାଣୀ' ବିଷୟରେ ପ୍ରବନ୍ଧ ଲେଖି ଲାଭ କରିଥିଲେ ପୁରସ୍କାର। ତା'ପରେ ସେ ଭକ୍ତକବି ମଧୁସୂଦନ ରାଓଙ୍କ ସମ୍ପର୍କରେ ଆସନ୍ତି। ଉପାସନା ସମୟରେ ମଧୁସୂଦନଙ୍କ ବ୍ୟକ୍ତିତ୍ୱ ଓ ଭାବାବେଗର ଗାମ୍ଭୀର୍ଯ୍ୟ ତଥା ମାଧୁର୍ଯ୍ୟ ତାଙ୍କୁ ମୁଗ୍ଧ କରିଦେଉଥିଲା। ସେ ବି.ଏ. ଶ୍ରେଣୀରେ ଦର୍ଶନଶାସ୍ତ୍ର ପଢ଼ିବା ପାଇଁ କାହିଁକି ଚାହିଁଛନ୍ତି ତାହା ଜାଣିବା ଆବଶ୍ୟକ ନିଶ୍ଚୟ। ଈଶ୍ୱର ଓ ପରକାଳ ବିଶ୍ୱାସର ଦାର୍ଶନିକ ଭିତ୍ତି ଆବିଷ୍କାର କରିବା ପାଇଁ ପ୍ରବେଶ କରିଥିଲେ ସେ ଏଥିରେ। ମାତ୍ର ତାଙ୍କର ସନ୍ତୋଷ ବିଧାନ ହୋଇପାରିଲା ନାହିଁ। ସାକାର ଓ ନିରାକାର ଉପାସନା ନେଇ ଯେଉଁ ତର୍କ ବିତର୍କ ଅନୁଷ୍ଠିତ ହେଉଥିଲା, ସେଥିରେ ମୋହିନୀ ମୋହନଙ୍କ ଧର୍ମ-ବିଶ୍ୱାସ ହୋଇପଡ଼ିଥିଲା ମ୍ଳାନ ଓ ଶିଥିଳ। ନିଜେ ସେ ସ୍ୱୀକାର କରିଛନ୍ତି ଯେ ସେ ଧର୍ମର ଆବରଣକୁ ଭେଦକରି ନାସ୍ତିକତାରେ ହୋଇଛନ୍ତି ଉପନୀତ। ଏହି ବିଷୟରେ ମଧ୍ୟ ସେ ରଚନା କଲେ ପ୍ରବନ୍ଧ। କବି ମଧୁସୂଦନଙ୍କ ବିରାଗ-ଭାଜନ ହୋଇଥିବା ବେଳେ କବିବର ରାଧାନାଥଙ୍କ ପ୍ରଶଂସା ଭାଜନ ହୋଇଛନ୍ତି ସିଏ। ଅନେକ ଲୋକଙ୍କ ଧାରଣା ଯେଉଁମାନେ ନାସ୍ତିକ ସେମାନେ ଚରିତ୍ରହୀନ। ସେଥିପାଇଁ ଜଣେ ଭଦ୍ର ମହିଳା ମୋହିନୀ ମୋହନଙ୍କୁ ପରିଚିତ କରିଦେବା ବେଳେ କହିଛନ୍ତି - "ମୋହିନୀ ବାବୁ ଜଣେ ନାସ୍ତିକ, କିନ୍ତୁ ବର୍ତ୍ତମାନ ଦେଖୁଛି ସେ ଜଣେ ଭଦ୍ରଲୋକ।"

୧୯୩୫ ମସିହା ଡ଼ିସେମ୍ବର ୧ ତାରିଖରେ "ନବଯୁଗ ସାହିତ୍ୟ ସଂସଦ"ର ସଭାପତି ଭାବରେ ମୋହିନୀ ମୋହନ ଯେଉଁ ଭାଷଣ ପ୍ରଦାନ କରିଥିଲେ, ତାହା ଥିଲା ବୈପ୍ଳବିକ ଓ ଭିନ୍ନ ଚେତନାର ପରିଚାୟକ। ଉକ୍ତ ଭାଷଣରେ ସେ ନାସ୍ତିକତା

ସପକ୍ଷରେ ଉପସ୍ଥାପନ କରିଥିଲେ ତାଙ୍କର ବଳିଷ୍ଠ ଯୁକ୍ତି। ବି.ଏ. ପାସ କଲେ ମୋହିନୀ ମୋହନ। ନିଯୁକ୍ତି ଲାଭ କଲେ ପ୍ରଥମେ ସବ୍ ଡେପୁଟି ଭାବରେ। ୧୯୧୧ ମସିହାରେ ରେଭେନ୍ସା କଲେଜରେ ଯୋଗଦେଲେ ଦର୍ଶନର ଅଧ୍ୟାପକ ରୂପେ।   ସୁଦୀର୍ଘ ୨୫ ବର୍ଷ ସେ କରିଛନ୍ତି ଅଧ୍ୟାପନା। ଛାତ୍ରଛାତ୍ରୀମାନଙ୍କୁ ସେ ନିଜକୁ ନିଜେ ପ୍ରଶ୍ନ କରିବା ପାଇଁ ଦେଉଥିଲେ ଉତ୍ସାହ ଏଥିରେ ସନ୍ଦେହ ନାହିଁ। ତାଙ୍କର ଗୋଟିଏ ଗୋଟିଏ ପ୍ରବନ୍ଧ 'ଉତ୍କଳ ସାହିତ୍ୟ' ପତ୍ରିକାରେ ପ୍ରକାଶିତ ହେଲେ ସୃଷ୍ଟି ହେଉଥିଲା ଚାଞ୍ଚଲ୍ୟ। 'ସ୍ତ୍ରୀ ଜାତିର ସ୍ୱାଧୀନ ଜୀବିକା' ଶୀର୍ଷକ ପ୍ରବନ୍ଧଟି ସେହି ଶ୍ରେଣୀର। ମୋହିନୀ ମୋହନଙ୍କ ଅନ୍ତର୍ଦୃଷ୍ଟି ଭେଦକରି ଯାଉଥିଲା ଅନେକ ମୂଲ୍ୟବାନ ପୁସ୍ତକ ମଧ୍ୟକୁ। ସେ V.F. Calvertonଙ୍କ ଲିଖିତ The Bankruptcy of Marriage ପାଠ କଲେ ଏବଂ ବିବାହ ପ୍ରଥା ବିରୁଦ୍ଧରେ ଲେଖିବାର ପ୍ରେରଣା ଲାଭ କଲେ, ସେଥିରୁ। 'ନବ ଭାରତ', 'ସହକାର' ପ୍ରଭୃତି ପତ୍ରିକାରେ ତାଙ୍କ ପ୍ରବନ୍ଧ ପ୍ରକାଶିତ ହେଲା ଓ ତାଙ୍କ ଅଭିମତ ଓ ବକ୍ତୃତା ସଂପର୍କରେ ସମଗ୍ର ଭାରତବର୍ଷର ବିଭିନ୍ନ ସ୍ଥାନରେ ସୃଷ୍ଟି ହୋଇଥିଲା ତର୍କ, ବିତର୍କ।

ସାହିତ୍ୟ ସାଧନା ଯେ ଏକନିଷ୍ଠ ତପସ୍ୟା ଏହା ସେ ଉପଲବ୍ଧି କରିପାରିଛନ୍ତି। ଫକୀରମୋହନ ମହାଭାରତର ଓଡ଼ିଆ ପଦ୍ୟାନୁବାଦ ତାଙ୍କ ଜନ୍ମ ବର୍ଷରେ କରିଥିବା ଉଲ୍ଲେଖକରି, ସାହିତ୍ୟ ଜଗତରେ ଏପରି ଅଧ୍ୟବସାୟର ଉଦାହରଣ ବିରଳ ବୋଲି ମଧ୍ୟ ଉଲ୍ଲେଖ କରିଛନ୍ତି। ଏତଦ୍ଦ୍ୱାରା ପିତାଙ୍କ ସାହିତ୍ୟ ସାଧନା ପ୍ରତି ତାଙ୍କର ରହିଥିଲା କିପରି ଉଚ୍ଚତର ଅନୁଭୂତି ତାହା ସ୍ୱତଃ ପ୍ରତିପାଦିତ ହୋଇଯାଏ।

ନିଜ ପିତାମାତାଙ୍କ ଠାରୁ ଆରମ୍ଭ କରି ସେ ସମୟର କବି ଲେଖକ ତଥା ପାଶ୍ଚାତ୍ୟ ଦାର୍ଶନିକଙ୍କ ପୁସ୍ତକ ଅଧ୍ୟୟନ କରିବା ଫଳରେ ସେ ପ୍ରବେଶ କରିଛନ୍ତି ଏପରି ଏକ ନିଗୂଢ଼ ରାଜ୍ୟରେ ଯାହାକୁ ଆମେ କହିପାରିବା 'ଆତ୍ମାନୁସନ୍ଧାନ'। ଅର୍ଥାତ୍ ନିଜକୁ ନିଜେ ଆବିଷ୍କାର କରିବାର ଉଦ୍ୟମ। ଏଭଳି ସଦ୍ ଉଦ୍ୟମକୁ ଯଦି କୁହାଯିବ ନାସ୍ତିକତା ବୋଲି ତା ହେଲେ ସେହି ନାସ୍ତିକତାର ଭାବ ବଳୟ ମଧ୍ୟକୁ ପ୍ରବେଶ କରିବା ପ୍ରତିଟି ଜିଜ୍ଞାସୁ ମଣିଷର ଉଦ୍ଦେଶ୍ୟ ହେବା ବାଞ୍ଛନୀୟ। ମୋହିନୀ ମୋହନ ଯଦି ନିଜ ପିତାମାତାଙ୍କ ବ୍ୟକ୍ତିତ୍ୱ ଦ୍ୱାରା ଉଦ୍‌ବୁଦ୍ଧ ହୋଇନଥାନ୍ତେ, ଯଦି ସେ ସମୟର କବି ଲେଖକଙ୍କୁ ଜାଣି ନଥାନ୍ତେ, ଯଦି ଧର୍ମ ସଂପର୍କିତ ତର୍କ ବିତର୍କରେ ଭାଗନେଇ ନଥାନ୍ତେ ଏବଂ ସର୍ବୋପରି ଯଦି ଅମୂଲ୍ୟ ଦର୍ଶନ ଗ୍ରନ୍ଥଗୁଡ଼ିକ ପାଠକରି ନଥାନ୍ତେ, ତା'ହେଲେ ଜଣେ ମହାନ ମୌଳିକ ଚିନ୍ତକଙ୍କୁ ଓଡ଼ିଆ ସାହିତ୍ୟ ଲାଭ କରିପାରିନଥାନ୍ତା। ଆସ୍ତିକତା ହେଉ କିମ୍ବା ନାସ୍ତିକତା – ଏ ସମସ୍ତ

ଭାବବୃତ୍ତ ତାଙ୍କୁ ସତ୍ୟ ଆବିଷ୍କାର କରିବା ପାଇଁ କରିଛି ପ୍ରଚୋଦିତ। ତେଣୁ ମୋହିନୀ ମୋହନଙ୍କ ସାହିତ୍ୟ ସାଧନାର ପ୍ରେରଣା କ୍ଷେତ୍ର ଥିଲା କେତେ ବିଶାଳ ତାହା ଚିନ୍ତାକଲେ ଚକିତ ହେବାକୁ ପଡ଼େ। ତାଙ୍କର ସ୍ୱତନ୍ତ୍ର ମତ ସମାଜ ଦ୍ୱାରା ଗୃହୀତ ହେବା ବା ନ ହେବା ଏକ ଭିନ୍ନ ବିଷୟ। କିନ୍ତୁ ସେ ଯେ ଥିଲେ ମୌଳିକ ଚେତନା-ସମ୍ପନ୍ନ-ସ୍ରଷ୍ଟା ଏଥିରେ ତିଳେମାତ୍ର ସନ୍ଦେହ ନାହିଁ। ତାଙ୍କ ସାହିତ୍ୟ ସାଧନାର ପଶ୍ଚାତରେ ବଳିଷ୍ଠ ପ୍ରେରଣା ସ୍ତମ୍ଭ ଭାବରେ ଦଣ୍ଡାୟମାନ ହୋଇଥିଲେ ଫକୀରମୋହନଙ୍କ ଠାରୁ ଆରମ୍ଭକରି ସୁବିଖ୍ୟାତ ଦାର୍ଶନିକମାନଙ୍କ ପର୍ଯ୍ୟନ୍ତ। ହୋଇପାରେ ପିତାପୁତ୍ରଙ୍କ ମଧ୍ୟରେ ରହିଥିଲା ମତ ପାର୍ଥକ୍ୟ। ଏହା ସତ୍ତ୍ୱେ ଫକୀରମୋହନଙ୍କ ଉତ୍ସର୍ଗୀକୃତ ସାହିତ୍ୟ ସାଧନା ମୋହିନୀ ମୋହନଙ୍କ ଅନ୍ତରାତ୍ମାରେ ଭରିଦେଇଥିଲା ଅଜସ୍ର ପ୍ରରୋଚନା। - ଏହା ହିଁ ହେଉଛି ବାସ୍ତବ ସତ୍ୟ।

■

ଗଦ୍ୟଶିଳ୍ପୀ ମୋହିନୀମୋହନ

ମୋହିନୀ ମୋହନଙ୍କ ଓଡ଼ିଆ ଗଦ୍ୟ ସାହିତ୍ୟକୁ ଏକ ମହତ ଅବଦାନ ହେଉଛି 'ବିବିଧ ପ୍ରସଙ୍ଗ'। ଗୋଟିଏ ମାତ୍ର ପୁସ୍ତକ ପ୍ରଣୟନ କରି କେହି ଯଦି ବିଶିଷ୍ଟ ଗଦ୍ୟ ସ୍ରଷ୍ଟାର ସମ୍ମାନ ଲାଭ କରିଥାଆନ୍ତି ତା' ହେଲେ ନିର୍ବିବାଦରେ ସେ ହେଉଛନ୍ତି ଉଲ୍ଲିଖିତ ପୁସ୍ତକର ଲେଖକ। ସେ ସାହିତ୍ୟିକ ଭାବରେ ପ୍ରତିଷ୍ଠା ଅର୍ଜନ କରିବାର ଅଭିଳାଷ ମନରେ ପୋଷଣ କରି ପ୍ରବନ୍ଧ ରଚନା କରିଛନ୍ତି ବୋଲି କୁହାଯାଇପାରିବ ନାହିଁ। ବ୍ୟାସକବି ଫକୀରମୋହନ ସେନାପତିଙ୍କ ପୁତ୍ର ହୋଇଥିଲେ ମଧ୍ୟ ଓ ତରୁଣ ଅବସ୍ଥାରେ ଫକୀରମୋହନଙ୍କ ଆଦର୍ଶ ଅନୁଯାୟୀ ପରିଚାଳିତ ହୋଇଥିଲେ ହେଁ, ପରବର୍ତ୍ତୀ ସମୟରେ ତାଙ୍କର ସ୍ୱାଧୀନ ଚିନ୍ତା ଓ ଚେତନା ତାଙ୍କରି ହିଁ ମସ୍ତିଷ୍କକୁ ମନ୍ଥିତ କରିଦେଇଛି ଏକ ବ୍ୟାପକ ବାତ୍ୟା ସଦୃଶ। ସମାଜରେ ପ୍ରଚଳିତ କୁସଂସ୍କାରକୁ ସେ ଆଦୌ ଗ୍ରହଣ କରିପାରିନାହାନ୍ତି। ଅନେକ ଉଚ୍ଚକୋଟୀର ଲେଖକଙ୍କ ଇଂରାଜୀ ପୁସ୍ତକ ପଠନ, ତାଙ୍କ ହୃଦୟରେ ସୃଷ୍ଟି କରିଅଛି ଅଭିନବ କମ୍ପନ। ତାଙ୍କର ଏହି ସ୍ୱତନ୍ତ୍ର ଚିନ୍ତନକୁ ପ୍ରକାଶ କରିବା ପାଇଁ ସେ ଗଦ୍ୟ ରଚନାକୁ ହିଁ ନିଜ ବକ୍ତବ୍ୟ ପ୍ରକାଶର ଉପଯୁକ୍ତ ମାଧ୍ୟମ ଭାବରେ ଗ୍ରହଣ କରିନେଇଛନ୍ତି।

ମୋହିନୀ ମୋହନ ଥିଲେ ଦର୍ଶନର ଅଧ୍ୟାପକ। ଦାର୍ଶନିକ ତତ୍ତ୍ୱ ସମୂହ କିପରି କ୍ଳିଷ୍ଟ ଓ ଜଟିଳ ଭାବରେ ଉପସ୍ଥାପିତ ତାହା ସଚେତନ ଭାବରେ ଲକ୍ଷ୍ୟ କରିଛନ୍ତି ସେ। ଦର୍ଶନ ଗ୍ରନ୍ଥ ବ୍ୟତୀତ ଅନ୍ୟ ବିଖ୍ୟାତ ପୁସ୍ତକ ଗୁଡ଼ିକ ମଧ୍ୟ ଅଧ୍ୟୟନ କରିଛନ୍ତି ଏକାଗ୍ର ଚିତ୍ତରେ। ଏହି ସଚେତନ ପୁସ୍ତକ ପଠନ ତାଙ୍କ ଚିନ୍ତନକୁ କରିଛି ଶୃଙ୍ଖଳିତ ଓ ସୁସଜ୍ଜିତ। ସେ ଜାଣନ୍ତି ଯେ ଗଦ୍ୟ ରଚନା କିପରି ହେବା ଆବଶ୍ୟକ। ସେ ସମୟରେ ଯିଏ ଯେପରି ଶୈଳୀ - ସଚେତନ ହୋଇ ଗଦ୍ୟ ରଚନା କରନ୍ତୁନା କାହିଁକି, ମୋହିନୀ ମୋହନ କାହା ଦ୍ୱାରା ପ୍ରଭାବିତ ଗଦ୍ୟଶିଳ୍ପୀ ନୁହଁନ୍ତି। ତାଙ୍କର

ସ୍ୱକୀୟ ଚେତନା ଯେପରି ଭିନ୍ନ, ତାଙ୍କ ପ୍ରବନ୍ଧର ଭାଷା ଓ ଶୈଳୀ ମଧ୍ୟ ସେହିପରି ସ୍ୱାତନ୍ତ୍ର୍ୟ-ଯୁକ୍ତ, ନୂତନ ଶୈଳୀର ଉଚ୍ଚକୋଟୀର ଅଭିବ୍ୟକ୍ତି। ଯାହାର ଚିନ୍ତାଧାରା ଯେପରି, ତାହାର ପ୍ରକାଶରୀତି ମଧ୍ୟ ସେହିପରି ହେବା ସ୍ୱାଭାବିକ। ମୋହିନୀ ମୋହନଙ୍କ ନିଜସ୍ୱ ଚିନ୍ତନ ଯଦିଓ ଅନ୍ୟମାନଙ୍କ ଠାରୁ ଭିନ୍ନ; ତଥାପି ଆମେ ଦେଖିବାକୁ ପାଇବା ଯେ ତାଙ୍କ ଚିନ୍ତାଧାରାର ପରିଚ୍ଛନ୍ନତା ହେଉଛି ଏକ ପରମ ଶୈଳ୍ପିକ ସିଦ୍ଧି। ନିଜସ୍ୱ ଧ୍ୟାନ ଧାରଣାକୁ ଲେଖକ ପ୍ରକାଶ କରିବା ସମୟରେ ଜ୍ଞାନ ପ୍ରଦର୍ଶନ ଜନିତ ଅହଂକାରର ଚିହ୍ନ ତାଙ୍କ ଲେଖାରେ ଅନୁପସ୍ଥିତ। ଜଣେ ଜଣେ ଲେଖକ କ'ଣ କହିବା ପାଇଁ ଚାହୁଁଛନ୍ତି ତାହା ରହିଯାଏ ଅସ୍ପଷ୍ଟ ହୋଇ। ମୋହିନୀ ମୋହନଙ୍କ କ୍ଷେତ୍ରରେ ଆଦୌ କୌଣସି ଦୁର୍ବୋଧ୍ୟତା ନାହିଁ। ପ୍ରତ୍ୟେକ ବାକ୍ୟ ଗଠନ ହେଉଛି ଆଧୁନିକତାର ପରିଚାୟକ। ସାହିତ୍ୟିକ ଭାଷା ଓ ଶୈଳୀ ସମ୍ପର୍କରେ ସେ ଯାହା ନିର୍ଦ୍ଧାରଣ କରିପାରିଥିଲେ ତାହା ପାଣ୍ଡିତ୍ୟାଭିମାନରୁ ମୁକ୍ତ। ବରଂ ସେ କାହିଁକି ଏ ପ୍ରବନ୍ଧଟି ରଚନା କରୁଛନ୍ତି, ସେ ସମ୍ପର୍କିତ ଚିନ୍ତନ, ସ୍ଥିରତାର ଦ୍ୟୁତିରେ ସମୁଜ୍ଜ୍ୱଳ। କେହି ବ୍ୟଗ୍ର, ଅଧୀର, ଅସ୍ଥିର ଓ ନିଜ ଉଦ୍ଦେଶ୍ୟ ସମ୍ପର୍କରେ ସନ୍ଦିହାନ ଥିଲେ ତାଙ୍କ ଗଦ୍ୟାଂଶ ଜଟିଳ ଆକାର ଧାରଣ କରିଥାଏ। ମୋହିନୀ ମୋହନ ନାସ୍ତିକ ବୋଲି ସମସ୍ତେ ଜାଣନ୍ତି। ମାତ୍ର ଆପଣାର ଉପଲବ୍ଧି ଓ ଉପସ୍ଥାପନ ଏ ଉଭୟରେ ସେ ଯେଉଁ ନିଷ୍ଠା ପ୍ରଦର୍ଶନ କରିଛନ୍ତି ତାହା ଆସ୍ତିକମାନଙ୍କ ଠାରେ ମଧ୍ୟ ଦୁର୍ଲ୍ଲଭ।

ମୋହିନୀ ମୋହନ ପ୍ରବନ୍ଧଟିଏ କିପରି ଆରମ୍ଭ କରିବେ ଓ ଧୀରେ ଧୀରେ ତାଙ୍କ ବକ୍ତବ୍ୟକୁ ବଳିଷ୍ଠ ଓ ସୁସ୍ପଷ୍ଟ କରିଚାଲିବେ ଆଉ ଶେଷରେ କିଭଳି ତାଙ୍କ ପ୍ରତିପାଦ୍ୟ ସତ୍ୟକୁ ଉନ୍ମୋଚନ କରିବେ ଏହି କଳା ଆୟତ୍ତ କରିଥିଲେ ଅତ୍ୟନ୍ତ ନିଷ୍ଠାପର ଭାବରେ। ପ୍ରତିଭାତ ନିଶ୍ଚିତ ରୂପରେ ପିତୃ-ପ୍ରସାଦରୁ ଲାଭ କରିଥିଲେ ସେ। ଅନ୍ୟ କେହି ସାଧାରଣ ବ୍ୟକ୍ତି ହୋଇଥିଲେ ମୋହିନୀ ମୋହନଙ୍କ ସ୍ଥାନରେ ରହି ତାଙ୍କର ମସ୍ତିଷ୍କ ବିକୃତି ଘଟିଥାଆନ୍ତା ଆଉ ସେ କେବଳ ଅସଙ୍ଗତ ଭାବରେ ବାଚାଳ ପରି ଚିତ୍କାର କରୁଥାନ୍ତେ ମାତ୍ର। ମୋହିନୀ ମୋହନ ଜାଣୁଥିଲେ ଯେ ସେ ଯାହା ଚିନ୍ତା କରୁଛନ୍ତି ତାହା ସମାଜ ଗ୍ରହଣ କରିପାରିବନାହିଁ। ତଥାପି କାହାରି ସ୍ୱୀକୃତି ଓ ସମର୍ଥନର ଆଶାରଖି ସେ ପ୍ରବନ୍ଧ ରଚନା କରିନାହାନ୍ତି। ମୋହିନୀ ମୋହନଙ୍କ କେତୋଟି ପ୍ରବନ୍ଧ ସାମ୍ପ୍ରତିକ ସମାଜ ନିମନ୍ତେ ନିଶ୍ଚୟ ପ୍ରେରଣାଦାୟକ। ଯେପରି କି 'ଜୀବଜନ୍ତୁଙ୍କ ଅଧିକାର'। ଏ ପ୍ରବନ୍ଧଟି ଯେତେବେଳେ ସେ ରଚନା କରିଥିଲେ ସାମ୍ପ୍ରତିକ କାଳରେ ଏହାର ମହତ୍ତ୍ୱ ତା'ଠାରୁ ଅଧିକ ବୃଦ୍ଧିପ୍ରାପ୍ତ ହୋଇଛି

ନିଶ୍ଚିତ ଭାବରେ। ଏହି ପ୍ରବନ୍ଧରେ ସେ ଶାକାହାରୀ ହେବାପାଇଁ ଯେଉଁ ସଚେତନତା ସୃଷ୍ଟି କରିଛନ୍ତି, ସେଥିରୁ ମନେହୁଏ ଯେ, ସେ ତାଙ୍କ ଜୀବନରେ ନିଶ୍ଚୟ ଥିବେ ସେହିପରି। ଜୀବଜନ୍ତୁଙ୍କୁ ନିଷ୍ଠୁର ଭାବରେ ହତ୍ୟା କରିବା ଓ ସେମାନଙ୍କ ମାଂସ ଭକ୍ଷଣ କରି ଅପାର ତୃପ୍ତିଲାଭ କରିବା ଯଦି ଈଶ୍ୱର ବିଶ୍ୱାସର ସଙ୍କେତ ହୁଏ, ଆଉ ଜୀବଜନ୍ତୁଙ୍କ ପ୍ରତି ସହାନୁଭୂତିଶୀଳ ହେବା ଈଶ୍ୱରଙ୍କ ପ୍ରତି ଆସ୍ଥାହୀନତା ବୋଲି ଯଦି ବର୍ଣ୍ଣନା କରାଯାଏ, ତା' ହେଲେ ପ୍ରକୃତରେ କିଏ ଆସ୍ତିକ ଓ କିଏ ନାସ୍ତିକ? ମୋହିନୀ ମୋହନଙ୍କ ହୃଦୟରେ ପରିପୂର୍ଣ୍ଣ ହୋଇ ରହିଥିଲା ଦୟା ଓ କରୁଣାର ବିରଳ ଭାବ-ପ୍ରବାହ। କରୁଣାବିହୀନ ଆସ୍ତିକ ହେବାଠାରୁ କରୁଣାପୂର୍ଣ୍ଣ ନାସ୍ତିକ ହେବା ଶ୍ରେୟସ୍କର ନୁହେଁ କି ?

ଜୀବଜନ୍ତୁଙ୍କ ସ୍ୱାଧୀନତା କଥା ଭାବିଥିବା ମୋହିନୀ ମୋହନ ମଣିଷର ସ୍ୱାଧୀନତା ସମ୍ପର୍କରେ ଚିନ୍ତା ନ କରନ୍ତେ କିପରି ? ମୋହିନୀ ମୋହନ ସକଳ କୃତ୍ରିମ ବନ୍ଧନରୁ ମଣିଷକୁ ମୁକ୍ତ କରିବା ପାଇଁ ଚାହିଁଛନ୍ତି। ଏହି ଚିନ୍ତନକୁ ଗଦ୍ୟ ମାଧ୍ୟମରେ ପ୍ରକାଶ କଲେ, ତାହା ଯେ ପାଠକମାନଙ୍କର ଅଧିକ ନିକଟବର୍ତ୍ତୀ ହୋଇପାରିବ ଏ ବିଷୟରେ ସେ ଥିଲେ ନିଶ୍ଚିତ। ପ୍ରବନ୍ଧଗୁଡ଼ିକ ସଙ୍କଳିତ ରୂପ ମୋହିନୀ ମୋହନଙ୍କ ମୋହମୁକ୍ତ ନୂତନ ଚିନ୍ତନ ପ୍ରକାଶର ଏକ ବୈପ୍ଳବିକ ପଦକ୍ଷେପ। ଗଦ୍ୟ ରଚନା ମାଧ୍ୟମରେ ଯେ ଚେତନା ସୃଷ୍ଟି କରାଯାଇପାରେ, ଏହାହିଁ ସେ ବୁଝିପାରିଥିଲେ ଅତ୍ୟନ୍ତ ଉତ୍ତମ ଭାବରେ। ଯେଉଁ ଦୃଷ୍ଟିରୁ ବିଚାର କରାଯାଉନା କାହିଁକି, ତାଙ୍କ ପ୍ରତ୍ୟେକଟି ପ୍ରବନ୍ଧ ଯେ ଏକ ଏକ ସାର୍ଥକ ସୃଷ୍ଟି ଏଥିରେ ସନ୍ଦେହ ନାହିଁ। ପ୍ରବନ୍ଧର ନାମକରଣ, ଭାଷା ବିନ୍ୟାସ, ବିଷୟ ସଜ୍ଜୀକରଣ ତଥା ପ୍ରବନ୍ଧରେ ସମାପ୍ତିରେଖା ଟାଣିବାର ଗୁଣବତ୍ତାରେ ମୋହିନୀ ମୋହନ ଉଚ୍ଚକୋଟୀର ଗଦ୍ୟଶିଳ୍ପୀ। ତାଙ୍କ ବିଚାର ବିବେଚନାକୁ କିଏ କେତେ ଗ୍ରହଣ କରିବେ ବା ପ୍ରତ୍ୟାଖ୍ୟାନ କରିବେ ତାହା ଭିନ୍ନ ବିଷୟ। ଏସବୁର ଊର୍ଦ୍ଧ୍ୱରେ ସେ ଯେ ପ୍ରତିଟି ଯୁଗ ନିମିତ୍ତ ହୋଇ ରହିଥିବେ ଜଣେ ଶ୍ରେଷ୍ଠ ଗଦ୍ୟଶିଳ୍ପୀ, ଏହା ତାଙ୍କୁ ସମାଲୋଚନା କରୁଥିବା ପାଠକ ବା ଲେଖକ ମଧ୍ୟ ସ୍ୱୀକାର କରିବେ ନିଶ୍ଚୟ।

■

ମୋହିନୀ ମୋହନଙ୍କ 'ଭାଗ୍ୟ' ବିଚାର

ଏଠି ମୋହିନୀ ମୋହନଙ୍କ "ଭାଗ୍ୟ" ବିଷୟରେ ବିଚାର କରିବାର ପରିକଳ୍ପନା କରାଯାଇ ନାହିଁ। "ଭାଗ୍ୟ" ଶୀର୍ଷକ ପ୍ରବନ୍ଧଟିରେ ମୋହିନୀ ମୋହନ ଯେଉଁ ନିଜସ୍ୱ ବିଚାର ପ୍ରକଟ କରିଛନ୍ତି, ତାହାହିଁ ଏହି ଲେଖାର ପ୍ରକୃତ ଆଧାର।

ମଣିଷ ସୁଖଭୋଗ କରିବ ନା ଦୁଃଖ ଭୋଗ କରିବ ତାହା ପୂର୍ବ ନିର୍ଦ୍ଧାରିତ ବୋଲି ଯେଉଁମାନେ ପ୍ରମାଣ କରିଦେଇଛନ୍ତି ସେମାନଙ୍କ ସଂପର୍କରେ ପ୍ରାବନ୍ଧିକ ଦେଇଛନ୍ତି ଏକାଧିକ ଉଦାହରଣ। ମହାନ୍ ନାଟ୍ୟକାର ସେକ୍ସପିୟରଙ୍କର ନାଟକର ଏକ ସଂଳାପ ଉଦ୍ଧାରକରି ସେ ଲେଖିଛନ୍ତି - "ଭାଗ୍ୟ ! ତୁମ୍ଭର ଶକ୍ତି ଦେଖାଅ; ଆମ୍ଭେମାନେ ନିଜର ପ୍ରଭୁ ନୋହୁଁ; ଯାହା ଭାଗ୍ୟରେ ଥିବ ତାହା ନିଶ୍ଚୟ ଘଟିବ ଏବଂ ସେହି ରୂପ ଘଟୁ।" ଯୋଷେଫାଇନ୍ ତାଙ୍କ ବାଲ୍ୟକାଳରେ ଜଣେ ବୃଦ୍ଧାର ନିଟକବର୍ତ୍ତୀ ହୋଇ ତା'ଠାରୁ ନିଜର ଭବିଷ୍ୟତ ବାଣୀ ଶୁଣିଛନ୍ତି ଏବଂ ତାହାହିଁ ତାଙ୍କ ଜୀବନରେ ଘଟିଛି ସେହିପରି। ଏହି ଭାଗ୍ୟର ନିୟନ୍ତା କିଏ ବୋଲି ପ୍ରଶ୍ନକରି ମୋହିନୀ ମୋହନ ପ୍ରାଚ୍ୟ ପାଶ୍ଚାତ୍ୟ ଉଭୟ ପଣ୍ଡିତମାନଙ୍କ ମତାମତର ବିଶ୍ଳେଷଣ କରିଛନ୍ତି। ହିନ୍ଦୁମାନଙ୍କର ଧାରଣା ହେଉଛି, ଭାଗ୍ୟ ପୂର୍ବଜନ୍ମର କର୍ମ ଅନୁସାରେ ନିର୍ଦ୍ଧାରିତ। ଏହି କର୍ମବାଦ ଯେହେତୁ ବୈଜ୍ଞାନିକ ଭିତ୍ତି ଉପରେ ସଂସ୍ଥାପିତ ନୁହେଁ, ତେଣୁ ଏହାକୁ ମୋହିନୀ ମୋହନ ଗ୍ରହଣ ଯୋଗ୍ୟ ବୋଲି ବିଚାର କରିନାହାନ୍ତି। ପାଶ୍ଚାତ୍ୟ ପଣ୍ଡିତମାନଙ୍କର ମତ ହେଲା ଯେ, କାର୍ଯ୍ୟ - କାରଣର ଶୃଙ୍ଖଳରେ ବନ୍ଧା ଏ ଜୀବନ ପୂର୍ବବର୍ତ୍ତୀ ଘଟଣାମାନଙ୍କ ଦ୍ୱାରା ନିୟନ୍ତ୍ରିତ। ଏହି ଉଭୟ ଅଭିମତର ଉଲ୍ଲେଖ କରିବା ପରେ ମୋହିନୀ ମୋହନ "ଭାଗ୍ୟ"କୁ ସ୍ୱୀକାର କରିନେଇଛନ୍ତି ବାଧ୍ୟ ହୋଇ। ସେ ବର୍ଣ୍ଣନା କରନ୍ତି ଯେ - "ପ୍ରତ୍ୟେକ ବ୍ୟକ୍ତିର ଭାଗ୍ୟ ଦୁଇ ଗୋଟି କାରଣ ଦ୍ୱାରା ନିୟନ୍ତ୍ରିତ ହୁଏ; ପ୍ରଥମତଃ ସେ ଯେଉଁ ପ୍ରକୃତି ଘେନି ଜନ୍ମଗ୍ରହଣ କରେ; ଦ୍ୱିତୀୟତଃ ସେ ଯେଉଁ ପାର୍ଶ୍ୱବର୍ତ୍ତୀ ଘଟଣାବଳୀ

ମଧ୍ୟରେ ଜୀବନ ଅତିବାହିତ କରେ। ଏ ଦୁଇଗୋଟି କାରଣ ମଧ୍ୟରୁ କୌଣସିଟି ତାହାର ନିଜର ଆୟତ୍ତାଧୀନ ନୁହେଁ।"

ଯଦି "ଭାଗ୍ୟ" ହିଁ ହେଉଛି ସର୍ବନିୟନ୍ତା ତା ହେଲେ ମଣିଷର ପ୍ରଚେଷ୍ଟା କ'ଣ ଅର୍ଥହୀନ ? ମଣିଷର ପାପ-ପୁଣ୍ୟ, ନିନ୍ଦା ଓ ଯଶ ପାଇଁ ମାନବ ଯେ ନିଜେ ଦାୟୀ ନୁହେଁ ଏହାକୁ ସଂସ୍କୃତ ଶ୍ଲୋକ ଉଦ୍ଧାର କରି 'ମହାଭାରତ'ର ସ୍ରଷ୍ଟା ଏ ସବୁ ନିମନ୍ତେ ଭାଗ୍ୟ ନିୟନ୍ତାଙ୍କୁ ଦାୟୀ କରିଛନ୍ତି। ପାଶ୍ଚାତ୍ୟ ପଣ୍ଡିତମାନେ ମାନବର ପାପ ପୁଣ୍ୟ ପାଇଁ ପ୍ରକୃତିକୁ ଦାୟୀ କରିଛନ୍ତି। ବିଶ୍ୱ ପ୍ରକୃତି ମଣିଷର ଭାଗ୍ୟ ଓ ଭବିଷ୍ୟତକୁ ନିୟନ୍ତ୍ରଣ କରୁଥିବା ଦର୍ଶାଇ ଦେଇଛନ୍ତି ସେ। ବକ୍ଲ ନାମକ ଜଣେ ପାଶ୍ଚାତ୍ୟ ପଣ୍ଡିତ ଯେଉଁ ଭବିଷ୍ୟତବାଣୀ କରୁଥିଲେ ସେଥିରୁ ମଧ୍ୟ ପ୍ରତିପାଦିତ ହେଉଛି ଯେ, ମାନବ ପରାଧୀନ। ତାହାର କାର୍ଯ୍ୟାବଳୀ ଗଣନା ଦ୍ୱାରା ନିର୍ମିତ କରାଯାଇପାରିବ।

ମୋହିନୀ ମୋହନ ଏଠାରେ ପ୍ରାଚ୍ୟ ଓ ପାଶ୍ଚାତ୍ୟ ଉଭୟ ବିଶେଷଜ୍ଞମାନଙ୍କର ବିଶ୍ଲେଷଣକୁ ଆଧାରକରି "ଭାଗ୍ୟ"କୁ ହିଁ ସ୍ୱୀକାର କରି ନେଇଛନ୍ତି। ମୋହିନୀ ମୋହନଙ୍କ ପରି ଜଣେ ସ୍ୱାଧୀନଚେତା ଦାର୍ଶନିକ କିପରି "ଭାଗ୍ୟ"କୁ ସ୍ୱୀକାର କରିଗଲେ, ତାହା ଭାବିଲେ ଆଶ୍ଚର୍ଯ୍ୟ ଲାଗେ। ପ୍ରାଚ୍ୟ ପାଶ୍ଚାତ୍ୟ ଉଭୟ ଅଭିମତ ଅନୁଶୀଳନ କରିବାପରେ ସେ ନିଜସ୍ୱ ସ୍ୱତନ୍ତ୍ର ଚିନ୍ତାର କୌଣସି ପ୍ରମାଣ ଉପସ୍ଥାପନ କରିପାରିନାହାନ୍ତି। ଭାଗ୍ୟକୁ ମାନି ନେଇଛନ୍ତି ଓ ଭାଗ୍ୟ ନିୟନ୍ତା ଭଗବାନଙ୍କୁ ମଧ୍ୟ ଆଦୌ ଅସ୍ୱୀକାର କରିପାରି ନାହାନ୍ତି। ତାହେଲେ ମୋହିନୀ ମୋହନ "ଭାଗ୍ୟ" ସଂପର୍କରେ ତାଙ୍କ ମୌଳିକ ଚିନ୍ତନର କ'ଣ ପରିଚୟ ଦେଇଛନ୍ତି ତାହା ଅନୁସନ୍ଧାନ ସାପେକ୍ଷ। ମୋହିନୀ ମୋହନଙ୍କ ପାଠକମାନଙ୍କ ଉଦ୍ଦେଶ୍ୟରେ ରହିଛି କି ସନ୍ଦେଶ ତାହା ହିଁ ଏ କ୍ଷେତ୍ରରେ ସବୁଠାରୁ ଗୁରୁତ୍ୱପୂର୍ଣ୍ଣ। ଏକ ସକାରାତ୍ମକ ଜୀବନଦୃଷ୍ଟି ପ୍ରକଟକରି ପ୍ରବନ୍ଧଟିରେ ସମାପ୍ତିରେଖା ଟାଣି ଦେଇଛନ୍ତି ସିଏ। ତାଙ୍କର ଏହି ସକାରାତ୍ମକ ଭାବନାଟି କ'ଣ ହୋଇପାରେ ?

ତାହା ଆଉ ଅନ୍ୟକିଛି ନୁହେଁ, ଅନାସକ୍ତ ଭାବରେ ଜୀବନ ବଞ୍ଚିବାର ସମୁନ୍ନତ ଶୈଳୀ ନିର୍ଦ୍ଧାରଣ। ତା ଅର୍ଥ ଆମେ କେହି କାହାପ୍ରତି ଶତ୍ରୁତାର ଭାବ ରଖିବା ନାହିଁ। ଅକାରଣ କ୍ରୋଧ, ଏପରିକି କୃତଜ୍ଞତାର ଅନୁଭବରୁ ଉତ୍ତୀର୍ଣ୍ଣ ହୋଇ ସମସ୍ତ ବିଷୟପ୍ରତି ହୋଇ ରହିବା ଅସଂପୃକ୍ତ, ଅସଂଲଗ୍ନ ଓ ରହିବା ସର୍ବଦା ଏକ ଭାରସାମ୍ୟଯୁକ୍ତ ବ୍ୟକ୍ତିତ୍ୱ ନେଇ। ପ୍ରବନ୍ଧର ଶେଷରେ ସେ ଯାହା ଉଲ୍ଲେଖ କରୁଛନ୍ତି ତାହାହିଁ ଏ କ୍ଷେତ୍ରରେ ଏକାନ୍ତ ପ୍ରାସଙ୍ଗିକ। ତାଙ୍କ ଭାଷାରେ କୁହାଯାଇପାରିବ ଯେ – "ଜ୍ଞାନୀ ଲୋକମାନେ ଭାଗ୍ୟ ସହିତ ବିବାଦ କରନ୍ତି ନାହିଁ।" ସେଥିପାଇଁ

ସମ୍ପଦରେ ଓ ବିପଦରେ, ସୁଖ ଓ ଦୁଃଖ ମଧ୍ୟରେ କୌଣସି ପାର୍ଥକ୍ୟ ଅନୁଭବ ନକରି ସମସ୍ତଙ୍କ ପ୍ରତି ହେବା ଉଦାର। ନିଜର ମାନ, ଅଭିମାନ, କେଡ଼େ ତୁଚ୍ଛାତିତୁଚ୍ଛ, ତାହା ପ୍ରତିପାଦନ କରିବା ସଙ୍ଗେ ସଙ୍ଗେ ଭାଗ୍ୟ ନିୟନ୍ତାଙ୍କ ପ୍ରତି ସମର୍ପିତ ହେବାପାଇଁ ଓ ମନୁଷ୍ୟ ଜୀବନରେ ଐକ୍ୟ ତଥା ସମର୍ପଣର ମହନୀୟ ଭାବ ଉଦ୍ରେକ କରିପାରିଛନ୍ତି ସେ।

ଭାଗ୍ୟ ଓ ଭଗବାନ ଏ ଉଭୟ ଏକ ଓ ଅଭିନ୍ନ ବୋଲି ମୋହିନୀ ମୋହନ କିପରି କରିପାରିଲେ ସ୍ୱୀକାର ? ଏହା ଠିକ୍ କଥା ଯେ ଭଗବାନ ହିଁ ହେଉଛନ୍ତି ଭାଗ୍ୟକୁ ନିୟନ୍ତ୍ରଣରେ ରଖିବାକୁ ସର୍ବଶକ୍ତିମାନ ସତ୍ତା। ଯିଏ ଭାଗ୍ୟ ନିୟନ୍ତା, ଭାଗ୍ୟକୁ ପରିବର୍ତ୍ତନ କରିଦେବାର ସାମର୍ଥ୍ୟରୁ ସେ କ'ଣ ବଞ୍ଚିତ ? ଯଦି ଭାଗ୍ୟଠାରୁ ସେ ଊର୍ଦ୍ଧ୍ୱସ୍ତରର ଶକ୍ତି, ତା ହେଲେ ଭାଗ୍ୟ ପରିବର୍ତ୍ତନର ଯେଉଁ କ୍ଷମତା ତାଙ୍କର ରହିଛି ତାହା ମଣିଷ ଜୀବନ ବା ପୃଥିବୀ ଉପରେ କ'ଣ କୌଣସି ପ୍ରଭାବ ପକାଇବା ନିମିତ୍ତ ବ୍ୟବହୃତ ହୋଇପାରିବ ନାହିଁ ? ଭାଗ୍ୟକୁ ଅତିକ୍ରମ କରିଯିବାର ଯେଉଁ ସାହସ ପୌରାଣିକ ସାହିତ୍ୟରୁ ଆରମ୍ଭକରି ସାଂପ୍ରତିକ ସାହିତ୍ୟ ମଧ୍ୟରେ ସୂଚିତ ତାହାର ଆଭାସ ସୁଦ୍ଧା ମୋହିନୀ ମୋହନ ଦେଇପାରିନାହାନ୍ତି ଏ ପ୍ରବନ୍ଧରେ। ତେବେ ତାଙ୍କର ସକାରାତ୍ମକ ବାର୍ତ୍ତାଟି ହେଲା ଯେ ଯେହେତୁ ଭାଗ୍ୟ-ଚକ୍ର ଦ୍ୱାରା ମନୁଷ୍ୟର ଜୀବନ ଘୂର୍ଣ୍ଣିତ ତେଣୁ ସମସ୍ତ ପ୍ରକାରର ମାନ, ଅଭିମାନ ତୁଚ୍ଛାତିତୁଚ୍ଛ ଆମର ଅତୀତ, ବର୍ତ୍ତମାନ ଓ ଭବିଷ୍ୟତ ସବୁକିଛିକୁ ସମର୍ପିତ କରିଦେଇ ନିରାସକ୍ତ ଜୀବନ ଅତିବାହିତ କରିବାପାଇଁ ତାଙ୍କ ପ୍ରେରଣା ପାଠକମାନଙ୍କ ନିମନ୍ତେ ଉପଯୋଗୀ ନିଶ୍ଚୟ। ଅହଂମୁକ୍ତ ଜୀବନଯାପନ ନିମନ୍ତେ ଏପରି ପ୍ରବନ୍ଧର ଅନୁପ୍ରେରଣା ଯେ ନିତାନ୍ତ ପ୍ରଭାବଦୀପ୍ତ ଏଥିରେ ଦ୍ୱିରୁକ୍ତି ଥାଇପାରେନା। ଯାହାବି ହେଉନା କାହିଁକି ଜୀବନ ନିମିତ୍ତ ଏକ ମହାନ୍ ସନ୍ଦେଶ ଦେବା ସାହିତ୍ୟର ହୁଏ ଯଦି ପ୍ରକୃତ ଲକ୍ଷ୍ୟ, ସେଥିରେ ମୋହିନୀ ମୋହନ ସିଦ୍ଧିପ୍ରାପ୍ତ କରିଛନ୍ତି।

■

ଜୀବଜନ୍ତୁଙ୍କ ସପକ୍ଷରେ ମୋହିନୀମୋହନ

ଯେଉଁ ସମୟରେ ମଣିଷ ସମାଜ ଜୀବଜନ୍ତୁଙ୍କ ସୁରକ୍ଷା ସମ୍ପର୍କରେ ସଚେତନ ନଥିଲେ ସେତେବେଳେ ମୋହିନୀମୋହନ ସେନାପତି ସେମାନଙ୍କ ସପକ୍ଷରେ ଯେପରି ସ୍ୱର ଉତ୍ତୋଳନ କରିପାରିଛନ୍ତି, ତାହା ବାସ୍ତବିକ ଅନନ୍ୟ। ଆମେ କହୁ 'ଜୀବେ ଦୟା'। ମାନବେତର ଜୀବଜନ୍ତୁଙ୍କ ପ୍ରତି ଦୟାଭାବ ଉଦ୍ରେକ କରିବା ଏହାର ଲକ୍ଷ୍ୟ। କିନ୍ତୁ କାହାରି ଦୟାର ପାତ୍ର ହେବା ପାଇଁ ଜୀବଜନ୍ତୁଙ୍କର ଜନ୍ମ ହୋଇନାହିଁ। ଏ ପୃଥିବୀରେ ବଞ୍ଚିରହିବାର ଅଧିକାର ଯେପରି ରହିଛି ମଣିଷର, ସେପରି ଜୀବଜନ୍ତୁଙ୍କର ମଧ୍ୟ ଅଧିକାରକୁ କେହି ଅସ୍ୱୀକାର କରିପାରିବେନାହିଁ। ମୋହିନୀମୋହନ ସେନାପତି 'ଉତ୍କଳ ସାହିତ୍ୟ' ପତ୍ରିକାରେ ସେଥିପାଇଁ ଯେଉଁ ପ୍ରବନ୍ଧଟି ରଚନା କଲେ, ତାହାର ଶୀର୍ଷକ ହେଉଛି, 'ଜୀବଜନ୍ତୁଙ୍କ ଅଧିକାର'। ମଣିଷମାନଙ୍କ ମଧ୍ୟରେ ରହିଛି ଯେଉଁ ଉଚ୍ଚ ନୀଚ ଭାବନା ସେଥିପାଇଁ ମାନବ ସମାଜରେ ମଧ୍ୟ ପ୍ରତିଷ୍ଠିତ ହୋଇପାରିନାହିଁ ସମାନତା। ଶିଶୁମାନଙ୍କର, ନାରୀଜାତିର ଅଧିକାର କିପରି ଦ୍ୱିତୀୟ ଶ୍ରେଣୀର ତାହା ଉଲ୍ଲେଖ କରିଛନ୍ତି ସିଏ। ଏପରି ଏକ ଅସାମଞ୍ଜସ୍ୟ ପୂର୍ଣ୍ଣ ଭେଦଭାବରେ କଳୁଷିତ ମାନବ ସମାଜକୁ ଜୀବଜନ୍ତୁଙ୍କ ଅଧିକାର ବିଷୟରେ ସେ କିପରି ବୁଝାଇପାରିବେ ବୋଲି କରିଛନ୍ତି ତାତ୍ପର୍ଯ୍ୟପୂର୍ଣ୍ଣ ପ୍ରଶ୍ନ।

ଜୀବଜନ୍ତୁମାନଙ୍କର ଯେ ପ୍ରଥମ ଶ୍ରେଣୀର ଅଧିକାର ଅନୁପସ୍ଥିତ ଏହା କିଏ ବା ଜାଣିନାହିଁ ! ଶାରୀରିକ ଶକ୍ତିରେ କେତେକ ଜନ୍ତୁ ମଣିଷ ଠାରୁ ବଳବାନ। ମାତ୍ର, ବୁଦ୍ଧିବଳରେ ମଣିଷ ଅତିକ୍ରମ କରିଛି ଯେଉଁ ଉଚ୍ଚ ସୋପାନକୁ ଜୀବଜନ୍ତୁମାନେ ତାହା କରିପାରିନାହାନ୍ତି। ଅନେକେ ମନେକରନ୍ତି ଯେ ଏହି ଜୀବଜନ୍ତୁ ସକଳ ମାନବ ଜାତିର ହିଁ ସମ୍ପତ୍ତି। ସେମାନଙ୍କର କୌଣସି ସ୍ୱତନ୍ତ୍ର ଅଧିକାର ନାହିଁ କଦାପି। ମାନବ ମାନବ ମଧ୍ୟରେ ମୈତ୍ରୀଭାବ ସ୍ଥାପନ କରିବା ଯେମିତି ମାନବିକତାର

ପରିଚୟ ଠିକ୍ ସେହିପରି ଜୀବଜନ୍ତୁଙ୍କ ସ୍ୱତନ୍ତ୍ର ଅଧିକାରକୁ ସ୍ୱୀକାର କରିବା ହେଉଛି ମଣିଷର ଯେ ଏକ ମହାନ୍ କର୍ତ୍ତବ୍ୟ ମୋହିନୀମୋହନ ତାହା ପ୍ରାମାଣିତ କରିଦେଇଛନ୍ତି ଅତ୍ୟନ୍ତ ବଳିଷ୍ଠ ଭାବରେ। ଏହା ପୂର୍ବରୁ ମଣିଷ ସପକ୍ଷରେ ଅନେକ ପ୍ରବନ୍ଧ ରଚିତ। କିନ୍ତୁ ଜୀବଜନ୍ତୁଙ୍କର ପକ୍ଷ ନେଇ ସେମାନଙ୍କ ପ୍ରତି ପ୍ରକୃତ ହୃଦୟବତ୍ତା ଯେପରି ପ୍ରକାଶ କରିଛନ୍ତି ମୋହିନୀମୋହନ ତାହା ହିଁ ତାଙ୍କୁ ଦର୍ଶନଶାସ୍ତ୍ର ଓ ସମଗ୍ର ମାନବିକ ବିଦ୍ୟା ମଧ୍ୟରେ ପ୍ରଦାନ କରିଛି ସ୍ୱତନ୍ତ୍ର ସ୍ଥାନ। ୧୮୨୨ ମସିହାରୁ ଇଂଲଣ୍ଡରେ ପଶୁମାନଙ୍କ ପ୍ରତି ନିର୍ଦ୍ଦୟ ବ୍ୟବହାର ହୋଇଛି ନିଷିଦ୍ଧ। ଜୀବଜନ୍ତୁଙ୍କୁ ନିଜର ସୁଖ ସକାଶେ ମଣିଷ ଯେପରି ବ୍ୟବହାର କରେ, ସେହି ଅନୁପାତରେ ସେ ଜୀବଜନ୍ତୁଙ୍କ କଲ୍ୟାଣ ଚିନ୍ତା କରିପାରେନାହିଁ। ମଣିଷ ଭିତରେ ଯେପରି ସୁଖଦୁଃଖକୁ, ସ୍ନେହମାୟା ମମତା ମାନ ଅଭିମାନକୁ ଅନୁଭବ କରିବାର ଶକ୍ତି ଅଛି; ସେହିପରି ଜୀବଜନ୍ତୁ ତରୁଲତାଙ୍କ ମଧ୍ୟରେ ବି ଏହି କୋମଳ ଓ ସମ୍ବେଦନଶୀଳ ଅନୁଭବ ବିଦ୍ୟମାନ। ଜୀବଜନ୍ତୁମାନେ କ୍ଷମତାବିହୀନ। ସେଥିପାଇଁ ସେମାନଙ୍କୁ ସହ୍ୟ କରିବାକୁ ହୁଏ ମଣିଷର ନିଷ୍ଠୁର ଅତ୍ୟାଚାର। ଯେଉଁମାନେ ଜୀବଜନ୍ତୁଙ୍କ ପ୍ରତି ପ୍ରକଟ କରିଛନ୍ତି ଗଭୀର ସହାନୁଭୂତି ସେପରି ବିଜ୍ଞବ୍ୟକ୍ତିଙ୍କ ଅନୁସନ୍ଧାନରେ ମଧ୍ୟ ମୋହିନୀମୋହନ ଏକାନ୍ତ ବ୍ରତୀ। ପାଶ୍ଚାତ୍ୟର (Lews Compertz)ଙ୍କ ସମ୍ପର୍କରେ ଉଲ୍ଲେଖକରି ଜୀବଜନ୍ତୁଙ୍କ ପ୍ରତି ନିର୍ଦ୍ଦୟ ହେବା ଧର୍ମ ବିରୁଦ୍ଧ ବୋଲି ସେ ପ୍ରତିପାଦନ କରି ଦେଇଥିବା ଦୃଷ୍ଟିଭଙ୍ଗୀକୁ ମୋହିନୀ ମୋହନ ସମର୍ଥନ କରିଛନ୍ତି ଦୃଢ଼ଭାବରେ। ଜୀବଜନ୍ତୁଙ୍କ ଶରୀରରେ ଛୁରୀକାର ନିର୍ମମ ପ୍ରୟୋଗ, ଜୀବଜନ୍ତୁମାନଙ୍କର ଭୀଷଣ ଆର୍ତ୍ତନାଦ, ସେମାନଙ୍କର ରୂପ, ଚକ୍ଷୁ, ରକ୍ତର ଅଜସ୍ର ପ୍ରବାହ ଅଥବା କଣ୍ଟକ - ବିଦ୍ଧ ମତ୍ସ୍ୟର ଜଳାଶୟ ମଧ୍ୟରେ ଆକୁଳ ଭ୍ରମଣ, ବିଶାଳ ବାରିଧି ବକ୍ଷରେ ତିମିମାଛ ପ୍ରତି ଭୀଷଣ ଖଡ୍ଗ ପ୍ରହାର- ଏସବୁ ମାନବର କାର୍ଯ୍ୟ ନା ପିଶାଚର ? ଏପରି ପ୍ରଶ୍ନରେ ପାଠକକୁ ଶରବିଦ୍ଧ କରିବା ହେଉଛି ମୋହିନୀମୋହନଙ୍କ ଅସଲ ଲକ୍ଷ୍ୟ। ଏ ପ୍ରବନ୍ଧରେ ସେ ଆମିଷ-ଭକ୍ଷଣ କିପରି ମନୁଷ୍ୟ ଶରୀର ନିମନ୍ତେ ଆଦୌ ହିତକାରକ ନୁହେଁ, ତାହା ପ୍ରାମାଣିକ ଯୁକ୍ତି ସହିତ ଉପସ୍ଥାପନ କରିଛନ୍ତି। ଏକଥା ମଧ୍ୟ ସେ ଚେତାଇ ଦେଇଛନ୍ତି ଯେ ଯେଉଁମାନେ ନିର୍ବିଚାର ଭାବରେ ପ୍ରାଣୀମାନଙ୍କ ହତ୍ୟା କରନ୍ତି ଓ ଆମିଷ ଭକ୍ଷଣ କରନ୍ତି, ସେମାନେ ହିଂସ୍ର - ସ୍ୱଭାବ ସମ୍ପନ୍ନ ରକ୍ତ-ପିପାସୁ ରାକ୍ଷସରେ ପରିଣତ ହୋଇଯାଇଥାଆନ୍ତି। ଅପରପକ୍ଷରେ ଯେଉଁମାନେ ଶାକାହାରୀ ପ୍ରାୟତଃ ସେମାନେ ହେଉଛନ୍ତି ଶାନ୍ତ ସ୍ୱଭାବର ଅଧିକାରୀ। ଆମିଷ ଭକ୍ଷଣ ମଣିଷର ଆଧ୍ୟାତ୍ମିକ ଚେତନାର ବିକାଶରେ ମଧ୍ୟ ସୃଷ୍ଟିକରେ ଅନ୍ତରାୟ।

ଏଭଳି ଏକ ଚେତନା ଉଦ୍ରେକକାରୀ ପ୍ରବନ୍ଧ ରଚନା କରି ସେ ପ୍ରଶ୍ନ

କରିଛନ୍ତି ଶେଷରେ ଯେ 'ଜୀବଜନ୍ତୁମାନଙ୍କ ପ୍ରତି ଆମ୍ଭମାନଙ୍କ କର୍ତ୍ତବ୍ୟ କ'ଣ ? ଏହାର ଉତ୍ତର ମଧ୍ୟ ସେ ଦେଇଛନ୍ତି ସାରଗର୍ଭକ ଭାବରେ। ତାହା ହେଲା ଆମେ ମଣିଷମାନେ ଯଦି ହୋଇଥାନ୍ତୁ ଜୀବଜନ୍ତୁ, ତାହେଲେ ମନୁଷ୍ୟମାନଙ୍କ ଠାରୁ ଯେପରି ବ୍ୟବହାର ଆଶା କରନ୍ତୁ; ଠିକ୍ ସେହିପରି ବ୍ୟବହାର ଜୀବଜନ୍ତୁଙ୍କ ପ୍ରତି ପ୍ରକଟିତ କରିବା ହେଉଛି ଆମର ପରମ କର୍ତ୍ତବ୍ୟ। ଏ ସମସ୍ତ ଜୀବଜଗତ ଗୋଟିଏ ବିରାଟ ବୃକ୍ଷ ସଦୃଶ। ମାନବ ଜାତି ତା'ର ଏ ଶାଖା ମାତ୍ର। ମାନବ ମାନବ ମଧ୍ୟରେ ରହିଛି ଯେଉଁ ଭେଦାଭେଦ ବିଚାର ସେହି ସଂକୀର୍ଣ୍ଣତା ଠାରୁ ଉତ୍ତୀର୍ଣ୍ଣ ହୋଇଗଲେ, ପ୍ରତ୍ୟେକେ ବୁଝିପାରିବେ ଯେ, ସେହି ଭେଦଭ୍ରାନ୍ତି ହିଁ ମାନବକୁ ଜୀବଜନ୍ତୁଙ୍କ ଠାରୁ କରିଦେଇଛି ବିଛିନ୍ନ। ମାନବ ଜୀବନ ଯେମିତି ମୂଲ୍ୟବାନ ଜୀବଜନ୍ତୁଙ୍କ ଜୀବନ ତା'ଠାରୁ କୌଣସି ଗୁଣରେ ମୂଲ୍ୟହୀନ ବୋଲି ବିଚାର କରିବା ଯେ ମନୁଷ୍ୟତାର ପରିଚୟ ଦେଇପାରେ ନାହିଁ - ଏହାକୁ ଜଣେ ସ୍ପଷ୍ଟବାଦୀ ସ୍ୱାଧୀନଚେତା ଲେଖକ ଭାବରେ ସେ ବ୍ୟକ୍ତ କରିଛନ୍ତି ଅସାଧାରଣ ମମତ୍ୱବୋଧରେ ବିଗଳିତ ହୋଇ।

ମୋହିନୀମୋହନଙ୍କ ଚିନ୍ତାଧାରା ସମ୍ପୂର୍ଣ୍ଣ ସଫଳ ନହେଲେ ମଧ୍ୟ ପୂର୍ବାପେକ୍ଷା ପରିସ୍ଥିତିରେ ଯେ ଘଟିଛି ଉଲ୍ଲେଖନୀୟ ପରିବର୍ତ୍ତନ ଏହା ସୁନିଶ୍ଚିତ। ଏପରି ପ୍ରବନ୍ଧ ସୃଷ୍ଟି ହେଉଛି ମୋହିନୀ ମୋହନଙ୍କ ଅନ୍ତଃସ୍ଥଳକୁ ପ୍ରବେଶ କରିବା ପାଇଁ ଏକ ପ୍ରଶସ୍ତ ପଥ - ଏହା ଅବିସମ୍ବାଦିତ। ଓଡ଼ିଆ ପ୍ରବନ୍ଧ ସାହିତ୍ୟ ଏପରି ଏକ ପରିବର୍ତ୍ତନର ପ୍ରତିଧ୍ୱନି ଶୁଣିପାରିବା ହେଉଛି ମୋହିନୀ ମୋହନଙ୍କ ଆଧୁନିକ ଦିଗ୍‌ଦର୍ଶନ।

■

ବିବାହ – ସଂସ୍କାର ସପକ୍ଷରେ ମୋହିନୀ ମୋହନ

ମୋହିନୀ ମୋହନ କିପରି ଥିଲେ ସ୍ୱାଧୀନ ଚିନ୍ତକ, ତାହା କାହାରିକୁ ଅଜଣା ନୁହେଁ । ଓଡ଼ିଆ ସାହିତ୍ୟରେ ସେ ହେଉଛନ୍ତି ପ୍ରଥମ ପ୍ରବନ୍ଧ ଲେଖକ, ଯିଏ ବିବାହ-ସଂସ୍କାର ବିଷୟରେ ଆଲୋକପାତ କରିଛନ୍ତି ନିର୍ଭୀକ ଓ ନିଃସଙ୍କୋଚ ଭାବରେ । ସେ ବିବାହ-ପ୍ରଥା ଦ୍ୱାରା ନାରୀର ସ୍ୱାଧୀନତା କିପରି ବ୍ୟାହତ ହୋଇଛି ତାହା ତ ଉଲ୍ଲେଖ କରିଛନ୍ତି ନିଶ୍ଚିତ ଭାବରେ । ଏହା ସହିତ ପୁରୁଷର ସ୍ୱାଧୀନତା ମଧ୍ୟ କିପରି ଲୁଣ୍ଠିତ, ସେ ଦିଗରେ ମଧ୍ୟ ପାଠକମାନଙ୍କୁ ସଚେତନ କରିବାର ଉଦ୍ୟମ କରିଛନ୍ତି । ପଣ୍ଡିତ ଈଶ୍ୱର ଚନ୍ଦ୍ର ବିଦ୍ୟାସାଗର ନାରୀ ସ୍ୱାଧୀନତା କିପରି ବିପର୍ଯ୍ୟସ୍ତ ସେ ସମ୍ପର୍କରେ ବଙ୍ଗଳାରେ ଯେଉଁ ନବଚେତନା ସୃଷ୍ଟି କରିଥିଲେ, ତାହା ମୋହିନୀ ମୋହନଙ୍କ ଦ୍ୱାରା ସମର୍ଥିତ ହୋଇଛି । ବିଧବା-ବିବାହର ଅନୁକୂଳ ବ୍ୟବସ୍ଥା ସକାଶେ ଈଶ୍ୱର ଚନ୍ଦ୍ର ବିଦ୍ୟାସାଗରଙ୍କ ବୈପ୍ଳବିକ ପଦକ୍ଷେପ ଥିଲା କିପରି ପ୍ରଭାବଶାଳୀ ସେ ସମ୍ପର୍କରେ ସେ ସବିଶେଷ ଆଲୋକପାତ କରିଛନ୍ତି । ସେ ବହୁ ବିବାହର ବିରୋଧୀ ଥିଲେ । ଜଣେ ଜଣେ ପୁରୁଷ ଏତେ ସଂଖ୍ୟକ ନାରୀଙ୍କୁ ବିବାହ କରିପାରନ୍ତି, ତା'ର ଦୃଷ୍ଟାନ୍ତ ଉପସ୍ଥାପନ ଦେଖିଲେ ପାଠକ ଚମକି ଉଠିବା ସ୍ୱାଭାବିକ । ଏହିପରି ସେ ମଧ୍ୟ କେଶବ ଚନ୍ଦ୍ର ସେନଙ୍କର ସଂସ୍କାର ପ୍ରୟାସ ସମ୍ପର୍କରେ ଆଲୋକପାତ କରିଛନ୍ତି ଓ ବାଲ୍ୟବିବାହ ରହିତ କରିବା ସକାଶେ ତାଙ୍କ ଅବଦାନର ସମୀକ୍ଷା କରିଛନ୍ତି ବିସ୍ତୃତ ଭାବରେ । ସତୀଦାହ ପ୍ରଥା କିପରି ଉଚ୍ଛେଦ ହେଲା ସେ ବିଷୟରେ ମଧ୍ୟ ମୋହିନୀ ମୋହନଙ୍କ ଆଲୋଚନା ବହୁ ତଥ୍ୟ ପ୍ରଦାନ କରିଥାଏ ।

ଏସବୁ ବିଷୟରେ ଆଲୋଚନା କରିବାପରେ ମୋହିନୀ ମୋହନ ଯେଉଁ

ମନ୍ତବ୍ୟ ପ୍ରକାଶ କରିଛନ୍ତି ତାହାକୁ ସାମାଜିକ ନିୟମର ସମ୍ପୂର୍ଣ୍ଣ ପରିପନ୍ଥୀ ବୋଲି ଯେ କେହି ବିଚାର କରିବେ ନିଶ୍ଚୟ । ତାଙ୍କ ଅଭିମତ ହେଲା ଯେ ବିବାହ ପ୍ରଥା ନ ରହିବା ହିଁ ସବୁଠାରୁ ବିଜ୍ଞାନ ସମ୍ମତ। ସେ ଏହା ମଧ୍ୟରେ ଆଉ ଏକ ନବ-ଚିନ୍ତନର ପରିଚୟ ଦେଇଛନ୍ତି। ଉତ୍କୃଷ୍ଟ ପୁରୁଷ ଓ ଉତ୍କୃଷ୍ଟ ନାରୀଙ୍କ ମିଳନରେ ସୁସନ୍ତାନ ଲାଭର ସମ୍ଭାବନା ଉଜ୍ଜ୍ୱଳ। ମୋହିନୀ ମୋହନଙ୍କ ଅନୁଭବ ହେଲା ଯେ - ବିବାହ ପ୍ରଥା ଯୋଗୁଁ ମାନବ ଜାତି ରୁଗ୍ଣ, ଦୁର୍ବଳ ଓ ଅସୁଖୀ ହୋଇଛି। ସମାଜର ଅନ୍ୟମାନଙ୍କ ବିଷୟରେ, ମଣିଷ ଯେମିତି ସ୍ୱାଧୀନତା ପାଇଁ ସ୍ୱର ଉତ୍ତୋଳନ କରିଛି, ପାରିବାରିକ ବନ୍ଧନରୁ ମୁକ୍ତହେବା ନିମିତ୍ତ, ସେପରି ସ୍ୱାଧୀନତା ଲାଭ ସକାଶେ କୌଣସି ଦାବି ଉପସ୍ଥାପନ କରିନାହିଁ। ପ୍ରାବନ୍ଧିକ ଲେଖୁଛନ୍ତି ଯେ "ଏ ବିଷୟରେ କି ମାନବ-ଜନ୍ତୁର କୌଣସି କାଳେ ସୁବୁଦ୍ଧିର ଉଦୟ ହେବନାହିଁ ?" ଅର୍ଥାତ୍, ସମ୍ପୂର୍ଣ୍ଣ ଭାବରେ ମୋହିନୀ ମୋହନ ଏକ କ୍ରାନ୍ତିକାରୀ ପରିବର୍ତ୍ତନ ଚାହିଁଛନ୍ତି, ଯାହା ବାସ୍ତବ ରୂପନେବା ସମ୍ଭବ ବୋଲି ମନେହୁଏ ନାହିଁ। କିନ୍ତୁ ତାଙ୍କ ଆଲୋଚନାରୁ ଏତିକି ନିର୍ଯ୍ୟାସ ଗ୍ରହଣୀୟ ହୋଇପାରେ ଯେ, ମଣିଷ ସମାଜରେ ବୈବାହିକ ସମ୍ପର୍କ ସ୍ଥାପନ କରିବାରେ କିମ୍ବା ବୈବାହିକ ବନ୍ଧନକୁ ଛିନ୍ନ କରିବାରେ ମଣିଷର ସ୍ୱାଧୀନତା ଏକାନ୍ତ କାମ୍ୟ। ତେବେ ଏହି ମିଳନ ଓ ବିଚ୍ଛେଦ ପାଇଁ ମଣିଷକୁ ଯଦି ପୂର୍ଣ୍ଣ ସ୍ୱାଧୀନତା ଦିଆଯାଏ ତାହାର ସଠିକ୍ ଉପଯୋଗ କରିପାରିବାର ପରିପକ୍ୱତା ମଣିଷ ପକ୍ଷରେ କେତେଦୂର ସମ୍ଭବ ? ଏହି ପ୍ରଶ୍ନ ପାଠକକୁ ଆନ୍ଦୋଳିତ କରିବା ସ୍ୱାଭାବିକ। ଏକ ବିଶୃଙ୍ଖଳିତ ମାନବଜାତିକୁ ସୁଶୃଙ୍ଖଳିତ କରିବା ଉଦ୍ଦେଶ୍ୟରେ ପ୍ରଚଳିତ ହୋଇଛି ବିବାହ-ପ୍ରଥା। ଏହି ପ୍ରଥା ଯଦି ମଣିଷ ନିମନ୍ତେ ପରିଣତ ହୋଇଛି ଏକ ଅବାଞ୍ଛିତ ବନ୍ଧନରେ, ସେଇଠୁ ମୁକ୍ତିର ଉପାୟ ଆମ ଆଇନ ବ୍ୟବସ୍ଥାରେ ଉପଲବ୍ଧ । ତେଣୁ ବର୍ତ୍ତମାନ ଆଉ ହଜାର ହଜାର ବର୍ଷ ତଳକୁ ଫେରିଯିବାର ସମ୍ଭାବନା ନାହିଁ। ସଂପ୍ରତି ସମାଜ ଯେଉଁ ଶୃଙ୍ଖଳାରେ ପରିଚାଳିତ, ଏହାକୁ ବିପର୍ଯ୍ୟସ୍ତ କରିବାର ଚିନ୍ତା ମଧ୍ୟ କେହିହେଲେ କରିପାରିବେ ନାହିଁ। କିନ୍ତୁ ମୋହିନୀ ମୋହନଙ୍କ ବିବାହ ସଂସ୍କାର ସମ୍ପର୍କିତ ବିଷୟରୁ ଯେ ଅନେକ କଥା ରହିଛି ଆହରଣ କରିବା ପାଇଁ ଏହାକୁ ଅସ୍ୱୀକାର କରାଯାଇ ନପାରେ। ଉଭୟ ସ୍ତ୍ରୀ ଓ ପୁରୁଷଙ୍କ ସ୍ୱାଧୀନତା ପ୍ରତ୍ୟେକ କ୍ଷେତ୍ରରେ କିପରି ଅକ୍ଷୁଣ୍ଣ ରହିବ, ଏହି ଶୁଭଙ୍କର ବାର୍ତ୍ତାଟିକୁ ମୋହିନୀ ମୋହନଙ୍କ ଗଦ୍ୟ ରଚନାରୁ ଯେ କେହି ଲାଭ କହିପାରିବେ ନିଶ୍ଚିତ ଭାବରେ। ସବୁ ବିଷୟରେ ଯେ ପ୍ରାବନ୍ଧିକଙ୍କ ସହିତ ପାଠକ ଏକମତ ହେବାକୁ ବାଧ୍ୟ, ଏହା ନୁହେଁ। ତାଙ୍କ ରଚନାରୁ ଯେଉଁ ନିର୍ବାଚିତ ଅଂଶ, ସବୁ ଯୁଗପାଇଁ ପ୍ରେରଣାଦାୟକ ତାହାକୁ ହିଁ ଗ୍ରହଣ କରିପାରିବା ମନୁଷ୍ୟ ଚେତନାର ପରିପକ୍ୱ ପରିଚୟ। ■

ମୋହିନୀ ମୋହନଙ୍କ 'ବିବେକ'-ବିଚାର

ଏକଥା ସଚେତନ ଓଡ଼ିଆ ପାଠକ ମାତ୍ରକେ ଜାଣିଛନ୍ତି ଯେ, ମୋହିନୀ ମୋହନ ସେନାପତିଙ୍କ ଜୀବନ-ଦୃଷ୍ଟି ଥିଲା କିପରି ଭିନ୍ନ। ଯେଉଁ ବିଷୟ ଅନ୍ୟମାନଙ୍କ ପାଇଁ ସମାନ ଅର୍ଥ ବହନ କରେ ମୋହିନୀ ମୋହନ ତାକୁ ନିରର୍ଥକ ପ୍ରତିପାଦନ କରିବାରେ ସୁଦକ୍ଷ। ଯାହା କିଛି ସମାଜରେ ପ୍ରଚଳିତ ସେସବୁକୁ ନିଜସ୍ୱ ମୌଳିକ ଦୃଷ୍ଟିଭଙ୍ଗୀରେ ମୋହିନୀ ମୋହନ ପରୀକ୍ଷା ନିରୀକ୍ଷା କରିଛନ୍ତି ଜଣେ ବିଜ୍ଞାନ ବିଶାରଦ ଗବେଷକ ପରି। ତାଙ୍କର ଅଧ୍ୟୟନର କ୍ଷେତ୍ର ମଧ୍ୟ ଥିଲା ବହୁ ବିସ୍ତୃତ। ତେଣୁ ଯାହାକିଛି ଯୁକ୍ତିଯୁକ୍ତ ବୋଲି ସେ ଉପଲବ୍ଧ କରୁଥିଲେ ତାହାକୁ ପ୍ରାମାଣିକ ଭାବରେ ଉପସ୍ଥାପନ କରିବା ଥିଲା ତାଙ୍କର ବୈଶିଷ୍ଟ୍ୟ।

ମୋହିନୀ ମୋହନଙ୍କ ଦ୍ୱାରା ରଚିତ ପ୍ରବନ୍ଧ ମଧ୍ୟରେ ଦୃଷ୍ଟି ଆକର୍ଷଣ କରେ 'ବିବେକ' ଶୀର୍ଷକ ରଚନାଟି। ପ୍ରଥମରୁ ହିଁ ସୁବିଖ୍ୟାତ ନାଟ୍ୟକାର ସେକ୍ସପିୟରଙ୍କ ନାଟକର ଏକ ସଂଳାପ ଉଦ୍ଧାର କରି ସେ କହିଛନ୍ତି ଯେ - "ବିବେକ ପ୍ରତି ସେକ୍ସପିୟରଙ୍କ ବିଶେଷ କୌଣସି ଶ୍ରଦ୍ଧା ନଥିଲା।" ଏହା ଉଲ୍ଲେଖ କରିବାର ଅନ୍ତର୍ନିହିତ କାରଣ ହେଉଛି ସ୍ୱୟଂ ମୋହିନୀ ମୋହନଙ୍କର ହିଁ ବିବେକ ବିଷୟରେ କୌଣସି ଅନୁକୂଳ ଅଭିମତ ନଥିଲା। ବଙ୍ଗକବି ଦ୍ୱିଜେନ୍ଦ୍ର ଲାଲ୍ ରାୟ ତାଙ୍କର ଚନ୍ଦ୍ରଗୁପ୍ତ ଲେଖାଟିରେ କହିଛନ୍ତି ଯେ "ବିବେକ ଗୋଟିଏ କୁସଂସ୍କାର"। ଏହି ଉଭୟ ଉକ୍ତି ଉଦ୍ଧାର କରିବା ପରେ ସେ ସେକ୍ସପିୟରଙ୍କ ନାଟକର ବିଷୟବସ୍ତୁ ଉପରେ ଆଲୋକପାତ କରିଛନ୍ତି। ଏହି ପ୍ରବନ୍ଧଟିକୁ ସେ ବିଧିବଦ୍ଧ ଭାବରେ ରଚନା କରିବାପାଇଁ ଛଅଟି ବିଭାଗରେ ବିଭକ୍ତ କରିଛନ୍ତି। ପ୍ରଥମ ବିଭାଗରେ ଉପରୋକ୍ତ ଅବତାରଣା କଲାପରେ ଦ୍ୱିତୀୟ ଭାଗଟିର ଉପଶୀର୍ଷକ ସେ ଲେଖୁଛନ୍ତି - "ବିବେକ ପରିବର୍ତ୍ତନଶୀଳ"। କାହିଁକି ? ଭିନ୍ନ ଭିନ୍ନ ଦେଶରେ ଓ ଭିନ୍ନ ଭିନ୍ନ ଯୁଗରେ ନ୍ୟାୟ

ଅନ୍ୟାୟର ବିଚାର କେମିତି ଅଲଗା ଅଲଗା ତାହା ବର୍ଣ୍ଣନା କରନ୍ତି ସେ। ସତୀତ୍ୱ ସମ୍ପର୍କରେ, ସତ୍ୟବାଦୀତା ବିଷୟରେ କିଭଳି ବିଭିନ୍ନ ସ୍ଥାନରେ ଭିନ୍ନ ଭିନ୍ନ ନୀତି ପ୍ରଚଳିତ ତାହାର ବ୍ୟାଖ୍ୟା କରିଛନ୍ତି ସେ ଉପଯୁକ୍ତ ଉଦାହରଣ ସହ। ସତ୍ୟବାଦୀତା ମଧ୍ୟ କେତେକ ଦେଶରେ ସତ୍‌ଗୁଣ ଭିତରେ ଗଣ୍ୟ କରାଯାଏ ନାହିଁ, ତେଣୁ ତୃତୀୟ ଭାଗରେ ପ୍ରାବନ୍ଧିକ କହନ୍ତି - "ବିବେକ ଆପେକ୍ଷିକ।" ଅର୍ଥାତ୍ ଯାହାକିଛି ମଙ୍ଗଳମୟ ତାକୁ ଅନୁସରଣ କରିବା ମଣିଷର କର୍ତ୍ତବ୍ୟ। କିନ୍ତୁ ଏହି ମଙ୍ଗଳ ମଧ୍ୟ ଜଣକ ପାଇଁ ଯାହା ହୋଇପାରେ ଆଉ ଜଣଙ୍କ ପାଇଁ ତାହା ପରିଣତ ହୁଏ ବିପରୀତ ଅର୍ଥରେ। ବାଘ ଛେଳିକୁ ଖାଉଚି। ଏହା ବାଘ ପକ୍ଷରେ ମଙ୍ଗଳ। କିନ୍ତୁ ଛେଳି ପକ୍ଷରେ ତାହା ମଙ୍ଗଳ ହେବ ବା କିପରି ? ଚତୁର୍ଥ ଭାଗରେ 'ବିବେକ'ର ଉତ୍ପତ୍ତି ସମ୍ପର୍କରେ ସେ ଆଲୋକପାତ କରି କହନ୍ତି ଯେ, ଏଥିରେ ଭୟର ଉପସ୍ଥିତି ଅଧିକ ବଳଶାଳୀ। ସମାଜର ମତାମତ ଅନୁସରଣ କରିଚାଲିବା ବିବେକର ପରିଚୟ ବୋଲି ଯେଉଁ ବଦ୍ଧମୂଳ ଧାରଣା ରହିଛି ତାହାକୁ ଖଣ୍ଡନ କରିଛନ୍ତି ମୋହିନୀ ମୋହନ ତୀକ୍ଷ୍ଣ ତର୍କଶାସ୍ତ୍ର ଦ୍ୱାରା। ପଞ୍ଚମ ଭାଗଟିରେ ସେ ପ୍ରଦର୍ଶନ କରିଛନ୍ତି ଯେ ବିବେକ ଆମର କାର୍ଯ୍ୟସିଦ୍ଧି ପକ୍ଷରେ କେତେ ପରିମାଣରେ ସହାୟକ। ଏଥିରେ ମଧ୍ୟ ସେ ବିବେକ ମଣିଷର ଲକ୍ଷ୍ୟ ସାଧନ ପଥରେ ବାଧା ସୃଷ୍ଟିକରେ ବୋଲି ମତପ୍ରକାଶ କରିଛନ୍ତି। ଷଷ୍ଠ ବିଭାଗଟିରେ 'ବିବେକ ଓ ସ୍ୱାର୍ଥସାଧନ' ଉପଶୀର୍ଷକରେ ସେ ଉପସ୍ଥାପନ କରିଛନ୍ତି ଯେ ବିବେକ ଗୋଟାଏ କୁସଂସ୍କାର। କାରଣ, ନ୍ୟାୟ ଅନ୍ୟାୟ ହିତ ଅହିତ, ଭଲମନ୍ଦ, ପାପପୁଣ୍ୟ, ମଙ୍ଗଳ ଅମଙ୍ଗଳ, ଉଚିତ ଅନୁଚିତ ଆଦି ହେଉଛି ଏକ ଏକ ସମାଜ ନିର୍ଣ୍ଣିତ ନୀତି। ଏ ନୀତିକୁ ଯିଏ ମାନିଯାଏ ତାକୁ କୁହାଯାଏ 'ବିବେକୀ' ଓ ଯିଏ ତାହାକୁ ଅବମାନନା କରେ ସେ ହେଉଛି 'ଅବିବେକୀ'। ଏ ପୃଥିବୀରେ ଜନ୍ମ ନେଇଥିବା ମହାପୁରୁଷମାନେ ଏପରି ସାମାଜିକ ରୀତିନୀତି ଠାରୁ ଥିଲେ କେତେ ଉର୍ଦ୍ଧ୍ୱରେ ତାହାର ଆଭାସ ପ୍ରଦାନ କରିଛନ୍ତି ଲେଖକ। ମଣିଷ ନିଜ ସମୟର ଓ ନିଜ ସ୍ଥାନର ସମାଜରେ ପ୍ରଚଳିତ ନୈତିକତାର ଅନୁସରଣ କରିବାଦ୍ୱାରା ଲକ୍ଷ୍ୟଭ୍ରଷ୍ଟ ହୋଇଥାଏ। କାରଣ, ଜଣେ ଜଣେ ମହାପୁରୁଷଙ୍କ ଜୀବନାଦର୍ଶ ଯାହା ହୋଇଥାଏ, ସମାଜ ଯେ ତାକୁ ସ୍ୱୀକାର କରିନେବ ଏପରି ଆଶା କରାଯାଇପାରେନା। ମୋହିନୀ ମୋହନ ଇଂରାଜୀରେ ରଚିତ ଏକ ପ୍ରବନ୍ଧ ପାଠ କରିଥିଲେ ୧୯୪୩ ମସିହା ଏପ୍ରିଲ୍ ମାସରେ ଅନୁଷ୍ଠିତ ଭାରତବର୍ଷର ଦାର୍ଶନିକ ମହାସଭାରେ। ସେଇ ଇଂରାଜୀ ରଚନାଟିକୁ ମଧ୍ୟ କ୍ରୋଡ଼ପତ୍ର ଭାବରେ ସେ ସଂଯୁକ୍ତ କରିଦେଇଛନ୍ତି ଏଥିରେ। ଏହି ରଚନାରେ ତାଙ୍କର ସ୍ପଷ୍ଟୋକ୍ତି ଅଧିକ ବଳିଷ୍ଠ ଭାବରେ

ପ୍ରତିପାଦିତ ହୋଇଛି। ଏହା ତ ମୋହିନୀ ମୋହନଙ୍କ ମୌଳିକ ଦୃଷ୍ଟିଭଙ୍ଗୀର ପରିଚୟ ନିଶ୍ଚିତ ଭାବରେ। ଏହି ପୃଥିବୀରେ ଓ ମଣିଷ ସମାଜରେ ଯେତେ ପ୍ରକାରର ଅଦ୍ଭୁତ ରୀତି ନୀତି ସବୁ ରହିଛି ତାହାକୁ ବିଶ୍ଳେଷଣ କଲେ, ଜଣେ ଦିଗ୍‌ଭ୍ରାନ୍ତ ହୋଇଯିବା ସ୍ୱାଭାବିକ। ବିବେକ ଉପରୁ ଆସ୍ଥା ତୁଟିଯିବାର ସମ୍ଭାବନା ରହିଛି ଏପରି ପ୍ରବନ୍ଧ ପାଠକରିବା ଦ୍ୱାରା। ମୋହିନୀ ମୋହନ ଏଭଳି ଏକ ଶ୍ରେଷ୍ଠ ପ୍ରବନ୍ଧରେ ଯାହା ଆଲୋଚନା କରିଛନ୍ତି, ତାହା ଯେ ମିଥ୍ୟା ନୁହେଁ ଏହା ପ୍ରତ୍ୟେକେ ଜାଣିପାରିବେ ନିଶ୍ଚିତ ଭାବରେ।

ତା'ହେଲେ ସତ୍ୟ-ଶିବ ଓ ସୁନ୍ଦର ବୋଲି ଜଗତରେ କିଛି ହେଲେ ନାହିଁ କି ? ମୋହିନୀ ମୋହନ ସମସ୍ତଙ୍କ ମତାମତ ଉଦ୍ଧାର କରିବା ପରେ ଏହି ବିବେକ ସମ୍ପର୍କରେ ଯଦି ଏକ ନିଜସ୍ୱ ସ୍ୱତନ୍ତ୍ର ଦିଗଦର୍ଶନ ପାଠକମାନଙ୍କୁ ପ୍ରଦାନ କରିପାରିଥାଆନ୍ତେ ତା' ହେଲେ ଏହା ପୂର୍ଣ୍ଣତା ପ୍ରାପ୍ତ ହୋଇପାରିଥାଆନ୍ତା। ସମାଜ ଦ୍ୱାରା ନିର୍ଣ୍ଣୟ କରାଯାଇଥିବା ବିଧିବିଧାନକୁ ମାନି ଚଳିବା ଯେ ବିବେକର କାର୍ଯ୍ୟ ଏହା ଆମେ ସ୍ଥିର କରିପାରିବା କି ? ସବୁ ପ୍ରକାରର ନୀତି ଅନୀତି ଭଲମନ୍ଦର ବିଚାର ଉର୍ଦ୍ଧ୍ୱରେ ରହିଛି ଏପରି ଏକ ଅନ୍ତର୍ଦୃଷ୍ଟି ବା ଅନ୍ତରର ଚିନ୍ତନ ଯାହାକୁ ବିବେକର ମର୍ଯ୍ୟାଦା କ'ଣ ଦିଆଯାଇପାରେନା ? ଏ ବିଷୟରେ ମୋହିନୀ ମୋହନ ତା' ହେଲେ ସମ୍ପୂର୍ଣ୍ଣ ନୀରବତା ଅବଲମ୍ବନ କଲେ କାହିଁକି ? ସେ ଯାହାକିଛି ବର୍ଣ୍ଣନା କରିଯାଇଛନ୍ତି ତାହାହିଁ ଶେଷକଥା ହୋଇନପାରେ କଦାପି। ବିବେକ ସେହି ସ୍ଥାନରେ କୁସଂସ୍କାରାଚ୍ଛନ୍ନ ବୋଲି ବର୍ଣ୍ଣନା କରାଯାଇପାରିବ ଯେଉଁଠି ଜଣେ ମଣିଷ ନିଜ ଅନ୍ତଃସ୍ଥଳର ସତ୍ୟାଲୋକର ବିରୁଦ୍ଧାଚରଣ କରୁଥିବ ସାମାଜିକ ଭୟର ତାଡ଼ନାରେ। ମାତ୍ର ଏହି ସମାଜ ନିର୍ମିତ ନୈତିକତାର ସୀମା ଲଙ୍ଘନ କରି ଯେଉଁମାନେ ନିଜସ୍ୱ ଅନ୍ତରାତ୍ମାର ଆହ୍ୱାନ ଅନୁସାରେ କାର୍ଯ୍ୟ କରିଛନ୍ତି ତାକୁ କ'ଣ ପ୍ରକୃତ ବିବେକ ବୋଲି କୁହାଯାଇପାରିବ ନାହିଁ ? ମୋହିନୀ ମୋହନଙ୍କୁ ଏହା କହିଲେ ସେ ଅନ୍ତରାତ୍ମାର ଅସ୍ତିତ୍ୱକୁ ମଧ୍ୟ ଅସ୍ୱୀକାର କରିବେ ନିଶ୍ଚିତ ଭାବରେ। କ'ଣ କୁସଂସ୍କାର ତାହା ଦର୍ଶାଇଦେବା ଜଣେ ଦାର୍ଶନିକର ଯେପରି କର୍ତ୍ତବ୍ୟ ଅନ୍ତର୍ଗତ, ଠିକ୍ ସେହିପରି ମଣିଷ କିପରି ଭାବରେ ଜୀବନ ନିର୍ବାହ କରିପାରିବ ସ୍ୱାଧୀନ ଭାବରେ ଓ ସାମାଜିକ ସ୍ତରରେ ମଧ୍ୟ ବୈପ୍ଳବିକ ପରିବର୍ତ୍ତନ ଆନୟନ କରିବାରେ ଦାର୍ଶନିକର ଭୂମିକା କ'ଣ ସେ ସମ୍ପର୍କରେ ସାମାନ୍ୟ ସକାରାତ୍ମକ ଚିନ୍ତନର ଆଭାସ ମୋହିନୀ ମୋହନ ଦେଇପାରିନଥାଆନ୍ତେ କି ? ଏଭଳି ଏକ ଜିଜ୍ଞାସା ସୃଷ୍ଟି ହୁଏ ପାଠକୀୟ ଚେତନା ମଧ୍ୟରେ। ତେବେ ଯାହା ହେଉନା କାହିଁକି, ଏଭଳି ନକାରାତ୍ମକ

ଆଲୋଚନା ଦ୍ୱାରା ସେ ପାଠକର ଅନ୍ତର୍ଚେତନାକୁ ଉଖାରିଦେବାର ଯେଉଁ ପ୍ରୟାସ କରିଛନ୍ତି ତାହା କମ୍ ପ୍ରଶଂସନୀୟ ନୁହେଁ। କୁସଂସ୍କାରଛନ୍ନ ବିବେକକୁ ଧ୍ୱଂସ କରି ସୁସଂସ୍କାର ଆଣିପାରୁଥିବା ବିବେକର ଅନ୍ୱେଷଣ ପାଇଁ ଏହା ମୋହିନୀ ମୋହନଙ୍କ ଏକ ଆହ୍ୱାନ ବୋଲି ମନେକରାଯାଇପାରେ। ଏ ଦୃଷ୍ଟିରୁ ପ୍ରବନ୍ଧଟିର ଯେ ସ୍ଥାନ ଓଡ଼ିଆ ସାହିତ୍ୟରେ ଏକାନ୍ତ ସ୍ୱତନ୍ତ୍ର ଏକଥା ନିର୍ବିବାଦରେ ସ୍ୱୀକାର କରାଯାଇପାରିବ ନିଶ୍ଚୟ।

■

ମୋହିନୀ ମୋହନଙ୍କ ବନ୍ଧନ-ମୁକ୍ତ ସମାଜର ପରିକଳ୍ପନା

ମୋହିନୀ ମୋହନ ସେନାପତିଙ୍କର 'ବିବାହର ଇତିହାସ' ପରବର୍ତ୍ତୀ ଆଉ ଏକ ସୁଦୀର୍ଘ ପ୍ରବନ୍ଧ ରହିଛି। ଯାହାର ଶୀର୍ଷକ ହେଉଛି କେବଳ 'ବିବାହ'। ସମଗ୍ର ପ୍ରବନ୍ଧଟିକୁ ପାଠକଲେ ଯେ କେହି ବିସ୍ମିତ ହେବେ ନିଶ୍ଚୟ। ତାହାର କାରଣ ହେଉଛି ମୋହିନୀ ମୋହନଙ୍କ ଅଧ୍ୟୟନର ଓ ଗବେଷଣାର କ୍ଷେତ୍ର ଥିଲା ଅତ୍ୟନ୍ତ ବିଶାଳ। ସେ ସମୟରେ ନାରୀ ସ୍ୱାଧୀନତାକୁ କେନ୍ଦ୍ରକରି ଯାହା କେହି କଳ୍ପନା କରିପାରିନଥିଲେ, ମୋହିନୀମୋହନ ସେହି ପ୍ରସଙ୍ଗ ଉତ୍‌ଥାପନ କରିବା ହେଉଛି ତାଙ୍କର ପ୍ରକୃତ ଆଧୁନିକ ଚିନ୍ତନ। ଆଜି ଉଗ୍ର ବାମାବାଦୀମାନେ ମଧ୍ୟ ଯେଉଁ କଥା ଚିନ୍ତା କରିପାରିବେ ନାହିଁ; ଶତବର୍ଷ ପୂର୍ବରୁ ମୋହିନୀ ମୋହନ କିପରି ଏ ବିଷୟରେ ନିଜସ୍ୱ ମୌଳିକ ଚିନ୍ତନ ବ୍ୟକ୍ତ କରିଛନ୍ତି ତାହା ଏକାନ୍ତ ବିସ୍ମୟଜନକ।

ସମାଜରେ ବ୍ୟାପୀଥିବା ଅନ୍ଧ ପରମ୍ପରା ବିରୁଦ୍ଧରେ ସ୍ୱର ଉତ୍ତୋଳନ କରି ପୃଥିବୀର ବିଶିଷ୍ଟ ଲେଖିକା ତସ୍‌ଲିମା ନସ୍‌ରିନ୍‌ଙ୍କ ଜୀବନ ବିପଦାପନ୍ନ। 'ନଷ୍ଟ ଝିଅର ନଷ୍ଟ ଗଦ୍ୟ' ଓ 'ନିର୍ବାଚିତ କଲାମ୍‌' - ଏ ଦୁଇଟି ପୁସ୍ତକରେ ଯେଉଁ ବୈପ୍ଳବିକ ପରିବର୍ତ୍ତନର ଲେଲିହାନ ଶିଖା ପ୍ରଜ୍ୱଳିତ କରିଛନ୍ତି ତସ୍‌ଲିମା, ଠିକ୍ ସେହିପରି ମୋହିନୀ ମୋହନ ଏକ ଅବାଞ୍ଛିତ ଶୃଙ୍ଖଳାବଦ୍ଧ ସମାଜକୁ ଦେଇଛନ୍ତି ମୁକ୍ତିର ସଂକେତ। ସେ ସୁଦୃଢ଼ ଭାବରେ ପ୍ରତିପାଦନ କରି ଦେଇଛନ୍ତି ଯେ ପୂର୍ବକାଳରେ ପ୍ରତ୍ୟେକ ପରିବାର ଥିଲା ମାତୃକୈନ୍ଦ୍ରିକ। ମା' ହିଁ ଥିଲେ ସର୍ବମୟ କର୍ତ୍ତୀ। ପରବର୍ତ୍ତୀ ସମୟରେ ନାରୀକୁ ଯେପରି ଦାସୀର ସ୍ତରକୁ ଓଟାରି ଅଣାଯାଇଛି ତାହା ପୁରୁଷର

ନିଷ୍ଠୁରତା ଓ ହିଂସାଚରଣ ବ୍ୟତୀତ ଆଉ କିଛି ନୁହେଁ ବୋଲି ଯେ କେହି ନିଶ୍ଚିତ ହୋଇଯାଇପାରିବ ଏ ପ୍ରବନ୍ଧ ଅଧ୍ୟୟନ କରି।

ମୋହିନୀ ମୋହନ ଯେଉଁ ବୈବାହିକ ସମ୍ପର୍କ ବିରୁଦ୍ଧରେ ସ୍ୱର ଉତ୍ତୋଳନ କରିଛନ୍ତି, ତାହା ଯେତେ ଯୁକ୍ତି ସଂଗତ ହେଲେ ମଧ୍ୟ ମାନବ ସମାଜ ଆଉ ପୂର୍ବବର୍ତ୍ତୀ ଅବସ୍ଥାକୁ ପ୍ରତ୍ୟାବର୍ତ୍ତନ କରିବା ଆଦୌ ସମ୍ଭବ ନୁହେଁ। ଯାହା ଏକାନ୍ତ ଅସମ୍ଭବ ସେକଥା ମୋହିନୀ ମୋହନ ଚିନ୍ତାକଲେ ଓ ଲିପିବଦ୍ଧ କଲେ କାହିଁକି ? ସେ କ'ଣ ଜାଣିନଥିଲେ ଯେ ବିବାହ ପ୍ରଥାର ମୂଳୋତ୍ପାଟନ କରିବା ସମ୍ଭବ ନୁହେଁ ବୋଲି ? ଜଣେ ସଚେତନ ଲେଖକ ଓ ଦାର୍ଶନିକ ଭାବରେ ଏହି ଅବାସ୍ତବ ପରିକଳ୍ପନା ବିଷୟରେ ସେ ଯେ ଚିନ୍ତା କରିନଥିବେ ତାହା ନୁହେଁ। ତଥାପି ଏ ବିଷୟରେ ମୁକ୍ତ ଭାବରେ ଲେଖନୀ ଚାଳନା କରିବା ହେଉଛି ଲେଖକୀୟ ସ୍ୱାଧୀନତାର ଉଦ୍‌ଘୋଷଣା। ବିଶିଷ୍ଟ ଅସ୍ତିତ୍ୱବାଦୀ ଦାର୍ଶନିକ ଜାଁ ପଲ୍ ସାର୍ତ୍ତ ଏକଦା କହିଥିଲେ ଯେ - "ଲେଖିବା ଅର୍ଥ ହେଉଛି ଆପଣାର ସ୍ୱାଧୀନତା ପ୍ରତିପାଦନ କରିବା।" ମୋହିନୀ ମୋହନଙ୍କୁ ଆଜି ପର୍ଯ୍ୟନ୍ତ ଯେ ସମସ୍ତେ ଯଥାର୍ଥ ଭାବରେ ବୁଝିପାରିଛନ୍ତି ତାହା ନୁହେଁ। ସାମାଜିକ ରକ୍ଷଣଶୀଳତା ବିରୁଦ୍ଧରେ ସ୍ୱର ଉତ୍ତୋଳନ କଲେ ତାହା ଯେ ସମାଜର ସ୍ୱୀକୃତି ଲାଭ କରିପାରିବ ଏପରି ଆଶା କରିବା ବୃଥା। ଏସବୁ ବିଷୟରେ ମୋହିନୀ ମୋହନ ଯେ ଅଚେତନ ଥିଲେ ତାହା ନୁହେଁ। ତଥାପି ଯାହା ତାଙ୍କର ସ୍ୱତନ୍ତ୍ର ଚିନ୍ତନ ତାହାକୁ ପ୍ରକାଶ କରିଯାଇଛନ୍ତି ଅତ୍ୟନ୍ତ ନିର୍ଭୀକ ଚିତ୍ତରେ।

ଏ ପ୍ରବନ୍ଧ ପାଠ କରିବା ଦ୍ୱାରା ଯେ ଏହାକୁ କେହି ଅକ୍ଷରେ ଅକ୍ଷରେ ପାଳନ କରିପାରିବେ ସେକଥା ନୁହେଁ। ଏହାରି ମଧ୍ୟରୁ ସାମ୍ପ୍ରତିକ କାଳ ନିମିତ୍ତ ମୋହିନୀ ମୋହନଙ୍କ ବାର୍ତ୍ତାର ନିଷ୍କର୍ଷକୁ ଆବିଷ୍କାର କରିପାରିବା ହେଲା ପ୍ରକୃତ ଆହ୍ୱାନ। ସମ୍ପ୍ରତି ଯେପରି ଭାବରେ ନୀରିହା ନାରୀପ୍ରତି ନୃଶଂସ ବ୍ୟବହାର ପ୍ରଦର୍ଶିତ ହେଉଛି, ସେ ସମ୍ପର୍କରେ ଚିନ୍ତା କରିବାପାଇଁ ମୋହିନୀ ମୋହନଙ୍କ ଭାଷାରେ ରହିଛି ଉତ୍ତପ୍ତ କରିଦେବା ଭଳି ଅଗ୍ନିମୟ ବାଣୀ। ତେଣୁ ବର୍ତ୍ତମାନ ନାରୀ ଜୀବନକୁ କେନ୍ଦ୍ରକରି ଯେଉଁ ଅନ୍ଧବିଶ୍ୱାସ ରହିଛି ଶିକ୍ଷିତ ଲୋକମାନଙ୍କ ମଧ୍ୟରେ ସୁଦ୍ଧା, ସେଥିରେ ଆଲୋଡ଼ନ ସୃଷ୍ଟି କରିବା ହେଉଛି ଏହାର ପ୍ରକୃତ ଉଦ୍ଦେଶ୍ୟ। କେବଳ ନାରୀ ସପକ୍ଷରେ ତର୍କ କରିବା ମୋହିନୀ ମୋହନଙ୍କ ଆଭିମୁଖ୍ୟ ନୁହେଁ। ଏପରିକି ସେ ପୁରୁଷମାନଙ୍କ ସ୍ୱାଧୀନତା କିପରି ଭୂଲୁଣ୍ଠିତ ହେଉଛି ସେ ଦିଗରେ ମଧ୍ୟ ଜାଗରଣ ସୃଷ୍ଟି କରିଛନ୍ତି। ଏ ପ୍ରକାରର ଏକ କ୍ରାନ୍ତିକାରୀ ପ୍ରବନ୍ଧ ରଚନା କରିବା ଦ୍ୱାରା ସେ ଯେଉଁ

ବନ୍ଧନମୁକ୍ତ ସୁସ୍ଥ ସମାଜର ପରିକଳ୍ପନା କରିଛନ୍ତି ତାହାକୁ ରୂଢ଼ିବାଦୀ ପରମ୍ପରାରୁ ଉତ୍ତୀର୍ଣ୍ଣ ହେଲେ ଯାଇ ଉପଲବ୍ଧି କରାଯାଇପାରିବ।

ମୋହିନୀ ମୋହନଙ୍କ ଏହି ପ୍ରବନ୍ଧ ଅନୁଯାୟୀ ଏ ପୃଥିବୀରେ ସାମାଜିକ ନିୟମର ପରିବର୍ତ୍ତନ ହେବା ସମ୍ଭବ ନୁହେଁ। କିନ୍ତୁ ଯେଉଁମାନେ ଏ ପ୍ରବନ୍ଧ ଅଧ୍ୟୟନ ଓ ମନନ କରିବେ, ସେମାନଙ୍କ ଚାରିତ୍ରିକ କଠିନତା କିଛି ମାତ୍ରାରେ କୋମଳ ହୋଇଯିବାର ସମ୍ଭାବନାକୁ ଅସ୍ୱୀକାର କରାଯାଇପାରିବ ନାହିଁ। ବାସ୍ତବିକ ଯେ କୌଣସି ସଚ୍ଚୋଟ ଲେଖକ ଜୀବନର ଉଦ୍ଦେଶ୍ୟ ହେଲା ମନୁଷ୍ୟ ଭିତରେ ଥିବା ପଶୁତ୍ୱକୁ ଅପସୃତ କରିବା ଓ ତା' ମଧ୍ୟରେ ଥିବା ପ୍ରକୃତ ମନୁଷ୍ୟତ୍ୱର ପ୍ରଦୀପକୁ ପ୍ରଜ୍ଜ୍ୱଳନ କରିଦେବା। ଏ ସମାଜରେ କେହି କାହାରି ପ୍ରତି ଅବିଚାର ନ କରନ୍ତୁ, କେହି ପାପପୁଣ୍ୟର ଗତାନୁଗତିକ ଚିନ୍ତନ ସାହାଯ୍ୟରେ ମଣିଷ ପ୍ରତି ଅନୁଦାର ନ ହୁଅନ୍ତୁ, ଅନ୍ୟ କାହାରି ସ୍ୱାଧୀନତାରେ ବାଧାସୃଷ୍ଟି ନ କରନ୍ତୁ ଓ ପ୍ରତ୍ୟେକେ ପ୍ରତ୍ୟେକଙ୍କ ପ୍ରତି ମନୁଷ୍ୟୋଚିତ ଶ୍ରଦ୍ଧାଯୁକ୍ତ ବ୍ୟବହାର ପ୍ରଦର୍ଶନ କରନ୍ତୁ - ଏହାହିଁ ହେଲା ମୋହିନୀମୋହନଙ୍କ ପ୍ରବନ୍ଧର ଶ୍ରେଷ୍ଠ ସନ୍ଦେଶ। ତେଣୁ ମୋହିନୀ ମୋହନଙ୍କ ଚିନ୍ତାଧାରାକୁ କୌଣସି ଦୃଷ୍ଟିରୁ ଅସାମାଜିକ ବୋଲି ଜ୍ଞାନ ନ କରି ବରଂ ସାମ୍ପ୍ରତିକ ସମାଜ ପାଇଁ ଯାହା ଉପଯୋଗୀ ସେହି ଆଦର୍ଶକୁ ଆହରଣ କରିବା ପ୍ରତ୍ୟେକ ପାଠକଙ୍କ ପବିତ୍ର କର୍ତ୍ତବ୍ୟ। ଏହାରି ଦ୍ୱାରା ହିଁ ମୋହିନୀ ମୋହନଙ୍କୁ ଯଥୋଚିତ ମର୍ଯ୍ୟାଦା ପ୍ରଦାନ କରିବାରେ ଆମେ ସକ୍ଷମ ହେବା।

■

ମୋହିନୀମୋହନଙ୍କ ଦୃଷ୍ଟିରେ ବିବାହ - ସମୀକ୍ଷା

ସମ୍ପ୍ରତି ଉଗ୍ର ବାମାବାଦୀମାନେ ଯେଉଁ କଥା କଳ୍ପନା କରିପାରିନଥିବେ ମୋହିନୀ ମୋହନ ତାଙ୍କ ସମୟରେ ସେଇ ପ୍ରସଙ୍ଗ ସମ୍ପର୍କରେ ଯେପରି ନିର୍ଭୀକ ଓ ମୁକ୍ତ ଲେଖନୀ ଚାଳନା କରିଥିଲେ, ତାହା ଚିନ୍ତାକଲେ ଚକିତ ହେବାକୁ ପଡ଼ିଥାଏ। ନାରୀମାନଙ୍କର ସ୍ୱାଧୀନତା ସମ୍ପର୍କରେ ମୋହିନୀ ମୋହନ ଯେପରି ବୈପ୍ଳବିକ ମତବ୍ୟକ୍ତ କରିଛନ୍ତି ତାହା ଆଜିର ରକ୍ଷଣଶୀଳ ସମାଜରେ ମଧ୍ୟ ଉତ୍ତେଜନା ସୃଷ୍ଟି-କ୍ଷମ। 'ବିବାହର ଇତିହାସ' ନାମକ ପ୍ରବନ୍ଧଟିରେ ସମାଜରେ ପ୍ରଚଳିତ ବୈବାହିକ ସମ୍ବନ୍ଧର ଆରମ୍ଭ କିପରି ହୋଇଥିଲା, ସେହି ଆଦିମ କାଳ ପ୍ରତି ଦୃଷ୍ଟିନିକ୍ଷେପ କରିଛନ୍ତି ପ୍ରାବନ୍ଧିକ। ଦିନଥିଲା ଯେତେବେଳେ ନରନାରୀଙ୍କ ମିଳନ ଅଥବା ବିଚ୍ଛେଦ ସେମାନଙ୍କର ଥିଲା ସମ୍ପୂର୍ଣ୍ଣ ଇଚ୍ଛାଧୀନ। ବିବାହ ନାମକ ପରମ୍ପରା ସେତେବେଳେ ସୃଷ୍ଟି ହୋଇନଥିଲା। ବିଭିନ୍ନ ଦେଶରେ ଏହି ବୈବାହିକ ବନ୍ଧନର ପ୍ରବର୍ତ୍ତନ କିପରି ହୋଇଛି ? ମୋହିନୀ ମୋହନ ଜଣେ ସାହିତ୍ୟିକ ଭାବରେ କେବଳ ନୁହେଁ, ବିଜ୍ଞ ନୃତତ୍ତ୍ୱବିତ୍ ଭଳି ଫେରିଯାଇଛନ୍ତି ପଛକୁ ପଛକୁ, ମନୁଷ୍ୟ ଜାତିର ଇତିହାସ ଅନ୍ୱେଷଣ କରିକରି। ଯଦି ପୂର୍ବରୁ ସ୍ତ୍ରୀ ପୁରୁଷଙ୍କର ମିଳନରେ ନ ଥିଲା, କୌଣସି ନ୍ୟାୟ ନୀତି ଓ ପାପ, ପୁଣ୍ୟ, ତା ହେଲେ ଏହି ବିବାହ - ପରମ୍ପରାର ଆଗମନ ଘଟିଲା କିପରି ? ପୁରୁଷମାନଙ୍କ ଶାରୀରିକ ଶକ୍ତିର ଆଧିକ୍ୟ ନାରୀମାନଙ୍କୁ ଅତ୍ୟାଚାରିତ ଅବସ୍ଥାରେ ରଖିଥିବା ଯେ ନିଷ୍ଠୁର ସତ୍ୟ ଏହାକୁ ମୋହିନୀ ମୋହନ ଅସ୍ୱୀକାର କରିପାରିନାହାନ୍ତି। ସେ କାଳରେ ନାରୀଜାତିର ଅବସ୍ଥା କିପରି

ଶୋଚନୀୟ ଥିଲା ତାହା ବିଭିନ୍ନ ଦେଶର ଇତିହାସ ଅଧ୍ୟୟନ କରି ଉପଲବ୍ଧି କରିପାରିଛନ୍ତି ଲେଖକ। ପୁରୁଷମାନଙ୍କ ସୁଖ ସ୍ୱାଚ୍ଛନ୍ଦ୍ୟ ସକାଶେ ନାରୀମାନେ କିପରି ଦାସୀ ଭାବରେ ବ୍ୟବହୃତ ହେଉଥିଲେ, ସେ ଘଟଣାର ଉଲ୍ଲେଖକରି ଦାସୀ କ୍ରୟ ନିୟମରୁ ବିବାହର ଉତ୍ପତ୍ତି ହୋଇଥିବା ସମାଜ ତତ୍ତ୍ୱବିତ୍‌ମାନେ ପ୍ରତିପାଦନ କରିଥିବାର ବାସ୍ତବତାକୁ ମୋହିନୀ ମୋହନ ସ୍ୱୀକାର କରିଛନ୍ତି। ସ୍ତ୍ରୀ ପୁରୁଷଙ୍କ ସମ୍ପର୍କ ଦାସୀ ଆଉ ମାଲିକର ସମ୍ପର୍କ ସଦୃଶ। ବାଧ୍ୟ ବାଧକତା ବଳରେ ସ୍ତ୍ରୀ ଜାତି ପୁରୁଷର ଆୟତ୍ତାଧୀନ ହୋଇରହିବା ଫଳରେ ବିବାହ - ଦାସତ୍ୱର ସୃଷ୍ଟି।

ବିଭିନ୍ନ ଦେଶରେ ଏହି ବୈବାହିକ ସମ୍ପର୍କର ସ୍ୱରୂପ ବହୁ ବିଚିତ୍ର। କେଉଁଠି ବହୁପତି ପ୍ରଥା ପ୍ରଚଳିତ ଆଉ କେଉଁଠି ବହୁପତ୍ନୀ ପ୍ରଥା ମଧ୍ୟ ଜଡ଼ିତ। ଏହିସବୁ ପ୍ରଥାର ବିଶ୍ଳେଷଣ ମୋହିନୀ ମୋହନ ଅତ୍ୟନ୍ତ ପ୍ରାମାଣିକ ଭାବରେ ଦର୍ଶାଇ ଦେଇଛନ୍ତି। ଭାରତ ସମେତ ଏସିଆ, ଆଫ୍ରିକା, ଆମେରିକା ଓ ଅଷ୍ଟ୍ରେଲିଆ ମହାଦେଶମାନଙ୍କରେ ଜଣେ ଜଣେ ରାଜାଙ୍କର ଶତ ଶତ ପତ୍ନୀ ଥିବା ଘଟଣାର ସତ୍ୟତା ଉନ୍ମୋଚନ କରିଦେଇଛନ୍ତି ସେ। କିନ୍ତୁ ଏମିତି କୌଣସି ବିବାହ ପ୍ରଥା ନାହିଁ, ଯାହା ମଣିଷକୁ ଦେଇପାରେ ପୂର୍ଣ୍ଣ ପରିତୃପ୍ତି। ବର୍ତ୍ତମାନ ଯେଉଁ ଚିରସ୍ଥାୟୀ ବିବାହ ପ୍ରଥା ପ୍ରଚଳିତ ତାହାର ଶୁଭଙ୍କର ଦିଗଟି ହେଉଛି ସନ୍ତାନ ସନ୍ତତିଙ୍କ ଲାଳନପାଳନ ଓ ବିଦ୍ୟାର୍ଜନ। ତେବେ ଏହି ବିବାହ ପଦ୍ଧତି ମଧ୍ୟରେ ଯେ ସନ୍ତାନର ମଙ୍ଗଳ ଆକାଂକ୍ଷା କେବଳ ମୁଖ୍ୟ କାରଣ ତାହା ନୁହେଁ। ନାରୀ ଆଜି ପୁରୁଷ ଦ୍ୱାରା ଅବହେଳିତ ଅତ୍ୟାଚାରିତ ହୋଇରହିଛି। ବିବାହ ଦ୍ୱାରା ନିଜସ୍ୱ ଅଧିକାର ହରାଇବସିଛି ନାରୀ ଓ ବହୁ ସନ୍ତାନଙ୍କ ଜନନୀ ହେବାର ଦୁର୍ଭାଗ୍ୟରେ ସେ ଭାଙ୍ଗିପଡ଼ିଛି ସମ୍ପୂର୍ଣ୍ଣ ଭାବରେ।

ମୋହିନୀ ମୋହନଙ୍କ ସୁସ୍ପଷ୍ଟ ମତ ହେଲା ଯେ, ବିବାହ ନକରି ମଧ୍ୟ ନାରୀ ପୁରୁଷର ସହଯୋଗ ଲାଭ କରିବାରେ କୌଣସି ପ୍ରତିବନ୍ଧକ ନାହିଁ। ସ୍ତ୍ରୀ ହୁଅନ୍ତୁ ବା ପୁରୁଷ ସେମାନଙ୍କ ସଂକୀର୍ଣ୍ଣ ମନୋଭାବ ଉଭୟଙ୍କ ପ୍ରତି କ୍ଷତିକାରକ। ଯଦି ସେମାନଙ୍କୁ ଚିରଦିନ ସକାଶେ ମୁକ୍ତ ଜୀବନ ବଞ୍ଚିବାର ସୁଯୋଗ ପ୍ରଦାନ କରାଯାଇପାରିବ ତା'ହେଲେ ନିଶ୍ଚୟ ଏକ ଶୁଦ୍ଧ ବାତାବରଣ ସୃଷ୍ଟି ହେବ। ମାତ୍ର ଏଥିରେ ମତ ପାର୍ଥକ୍ୟ ରହିବା ନିଶ୍ଚିତ। ତଥାପି ମୋହିନୀ ମୋହନ ନିର୍ଭୟ ଚିତ୍ତରେ ବିବାହ ବିପକ୍ଷରେ ମତପ୍ରଦାନ କରି ଆଶା ପ୍ରକାଶ କରିଛନ୍ତି ଯେ, ଭବିଷ୍ୟତରେ ଏପରି ଏକ ସମାଜର ସୃଷ୍ଟି ହେବ, ଯେଉଁଥିରେ ମନୁଷ୍ୟର ସମଗ୍ର ଜୀବନ ହୋଇପାରିବ ବିଜ୍ଞାନ ସମ୍ମତ ରୀତିରେ ସୁଶୃଙ୍ଖଳିତ ଓ ଉତ୍ତେଜନା ନିୟନ୍ତ୍ରକ ପରିବେଶ ନିର୍ମାଣରେ ଏକାନ୍ତ ସହାୟକ।

        ମୋହିନୀ ମୋହନଙ୍କ ଏ ପ୍ରକାରର ଯୁକ୍ତି ଯେତେ ଅକାଟ୍ୟ ହେଉନା କାହିଁକି ଆଜି ମଣିଷ ଯେଉଁ ସୋପାନରେ ପହଞ୍ଚିସାରିଛି, ସିଏ ବିଗତ ଦିନର ବ୍ୟବସ୍ଥାକୁ ପ୍ରତ୍ୟାବର୍ତ୍ତନ କରିପାରିବ ବୋଲି ଆଶାକରିବା ଅବାସ୍ତବ ନିଶ୍ଚୟ। ପୁଣି ମୋହିନୀ ମୋହନଙ୍କର ମୁକ୍ତ ଜୀବନଧାରା ପ୍ରବାହିତ ହୋଇ ନ ପାରିଲେ ନାନା ପ୍ରକାରର ସାମାଜିକ ବିଭ୍ରାଟ ମଧ୍ୟ ଘଟିଚାଲିଥିବ। ଏହାର ସମାଧାନ ସୂତ୍ରର ଆବିଷ୍କାର କରିବା ହେଉଛି ମୋହିନୀ ମୋହନଙ୍କ ଅଭିମତ ପ୍ରକୃତ ଲକ୍ଷ୍ୟ। ଅନେକ ଦୃଷ୍ଟିରୁ ମୋହିନୀ ମୋହନ ଯେ ମୌଳିକ ଚିନ୍ତକ ଓ ସମାଜ ସଂସ୍କାରକ ଏଥିରେ ସନ୍ଦେହ ନାହିଁ।

ବ୍ରାହ୍ମଧର୍ମରୁ ମୁକ୍ତି : ମୋହିନୀ ମୋହନ ସେନାପତି

ମୋହିନୀ ମୋହନ ସେନାପତି ବ୍ରାହ୍ମଧର୍ମର ସାରାଂଶକୁ ଆତ୍ମସ୍ଥ କରିପାରିବେ, ଏଇ ଆଶାରେ ଫକୀରମୋହନ ତାଙ୍କୁ ପ୍ରେରଣ କରିଥିଲେ ଭକ୍ତକବି ମଧୁସୂଦନ ରାଓଙ୍କ ନିକଟକୁ। କିଏ ବା ଜାଣିଥିଲେ ଯେ, ମୋହିନୀ ମୋହନ ଗଠିତ ହୋଇଛନ୍ତି ଭିନ୍ନ ଉପାଦାନରେ ? ପରବର୍ତ୍ତୀ ସମୟରେ ଦର୍ଶନ ଶାସ୍ତ୍ରର ଅଧ୍ୟାପକ ମୋହିନୀ ମୋହନ ଯେ ନିଜେ ପରିଣତ ହେବେ ଏକ ସ୍ୱତନ୍ତ୍ର ଦାର୍ଶନିକ ଭାବରେ, ଏକଥା କେହି ଅନୁମାନ ସୁଦ୍ଧା କରିପାରିନଥିଲେ। ସେ ଥିଲେ ପ୍ରକୃତରେ ସତ୍ୟାନୁସନ୍ଧାନୀ ଜଣେ ଶିକ୍ଷିତ ଓ ସଚେତନ ମଣିଷ। ନିଜ ଜୀବନରେ ସତ୍ୟର ସନ୍ଧାନ କିପରି କରିବ ଜଣେ - ସେ ରାସ୍ତା କେହି ତାକୁ ଦେଖାଇ ଦେଇପାରିବେ ନାହିଁ। ସତ୍ୟାବିଷ୍କାର ସମ୍ପୂର୍ଣ୍ଣ ଭାବରେ ନିର୍ଭରଶୀଳ ଜଣେ ବ୍ୟକ୍ତିର ନିଜସ୍ୱ ଚେତନା ଉପରେ। ହୁଏତ ମୋହିନୀ ମୋହନ ଯଦି ବ୍ରାହ୍ମଧର୍ମରେ ଦୀକ୍ଷିତ ହୋଇଥାଆନ୍ତେ, ତେବେ ଓଡ଼ିଆ ସାହିତ୍ୟ ଜଣେ ମୌଳିକ ଚେତନା-ସମ୍ପନ୍ନ ଦାର୍ଶନିକଙ୍କୁ ଲାଭକରି ପାରିନଥାନ୍ତା। 'ବ୍ରାହ୍ମ ସମାଜ' ଶୀର୍ଷକ ଏକ ଦୀର୍ଘ ନିବନ୍ଧ ରଚନା କଲେ ମୋହିନୀ ମୋହନ ଅତ୍ୟନ୍ତ ନିର୍ଭୀକ ଭାବରେ। ଏହା ତା.୧୪.୦୩.୧୯୩୪ ମସିହାରେ 'ଉତ୍କଳ ସାହିତ୍ୟ ସମାଜରେ ପଠିତ ହୋଇଥିଲା। ମୋହିନୀ ମୋହନଙ୍କ ସହିତ ସେଦିନ କେତେ ଜଣ ଶ୍ରୋତା ଏକମତ ହୋଇଥିବେ ତାହା ଜାଣିବା କଷ୍ଟସାଧ୍ୟ। ସହଜସାଧ୍ୟ କଥାଟି ହେଲା ଏହା ସେଠାରେ ଉପସ୍ଥିତ ସମସ୍ତେ ଉପଲବ୍ଧି କରିପାରିଥିବେ ନିଶ୍ଚିତ ଭାବରେ ଯେ, ମୋହିନୀ ମୋହନ ବ୍ରାହ୍ମ-ସମାଜରୁ ସମ୍ପ୍ରତି ସମ୍ପୂର୍ଣ୍ଣ ମୁକ୍ତ ହୋଇ

ଯାଇଛନ୍ତି । ଏହା ସହିତ ଆଉ ଏକ ଗହନ ସତ୍ୟ ଏଥିରେ ଉନ୍ମୋଚିତ ହୋଇଯାଇଥିବ ଯେ ମୋହିନୀ ମୋହନ ହେଉଛନ୍ତି ମୁକ୍ତ ଆକାଶର ଏକ ସ୍ୱାଧୀନ ପକ୍ଷୀ ।

'ବ୍ରାହ୍ମ ସମାଜ' ଶୀର୍ଷକ ପ୍ରବନ୍ଧଟି ମୋହିନୀ ମୋହନଙ୍କ ସଚେତନ ଅନୁସନ୍ଧାନ ଓ ଅନୁଶୀଳନର ସାର୍ଥକ ରୂପାୟନ । ଏଠାରେ ସେ ବ୍ରାହ୍ମସମାଜ ସମ୍ପର୍କରେ ଯଥେଷ୍ଟ ଆଲୋକପାତ କରିଛନ୍ତି । ରାମମୋହନ ରାୟ କିପରି ଭାବରେ ବ୍ରାହ୍ମ ସମାଜର ପ୍ରତିଷ୍ଠା କରିଛନ୍ତି ତାହା ପ୍ରବନ୍ଧର ପ୍ରଥମ ପର୍ଯ୍ୟାୟରେ ବର୍ଣ୍ଣିତ । ରାମମୋହନ ଥିଲେ ଏକେଶ୍ୱର ପୂଜାର ପ୍ରତିଷ୍ଠାତା । ଯେଉଁ ବର୍ଷ ବ୍ରାହ୍ମ ସମାଜର ପ୍ରତିଷ୍ଠା ହେଲା, ତା'ର ତିନି ବର୍ଷ ପରେ ରାମମୋହନଙ୍କ ଘଟିଲା ପରଲୋକ । ଏହାପରେ ଦାୟିତ୍ୱ ନିର୍ବାହ କଲେ ଦ୍ୱାରକାନାଥ ଠାକୁର । ପରେ ମହର୍ଷି ଦେବେନ୍ଦ୍ର ନାଥ ଠାକୁର ଯୋଗଦେଲେ ଏହି ଅନୁଷ୍ଠାନରେ । ଦେଖାଗଲା ଏକ ସମସ୍ୟା । ଅନେକେ ଆପତ୍ତି କଲେ ଯେ ବ୍ରାହ୍ମ ଉପାସନା ସମୟରେ ବେଦ ଉପନିଷଦ ପାଠ ହେବା କେତେଦୂର ଉପଯୁକ୍ତ ? ଯେପର୍ଯ୍ୟନ୍ତ ଏହାର ନିର୍ଭୁଲ ପରୀକ୍ଷା ନିରୀକ୍ଷା କରାହୋଇନାହିଁ, ସେ ପର୍ଯ୍ୟନ୍ତ ବେଦାନ୍ତ ଧର୍ମକୁ ବ୍ରାହ୍ମଧର୍ମର ଭିତ୍ତି ବୋଲି ଗ୍ରହଣ କରିବା ଆଦୌ ସମୀଚୀନ ନୁହେଁ । ଏହାପରେ ଚାଲିଲା ବେଦ ବେଦାନ୍ତର ପୁଙ୍ଖାନୁପୁଙ୍ଖ ସମୀକ୍ଷା । ସିଦ୍ଧାନ୍ତ ହେଲା ଯେ, ବେଦ ବେଦାନ୍ତ ଭିତ୍ତିକ ନ ହୋଇ ଏହା ଏକ ସ୍ୱତନ୍ତ୍ର ଅନ୍ତର୍ଦୃଷ୍ଟି ଉପରେ ପ୍ରତିଷ୍ଠିତ ହେବା ବିଧେୟ । କୌଣସି ଧର୍ମଶାସ୍ତ୍ରର ସତ୍ୟାଂଶକୁ ଅଭ୍ରାନ୍ତ ମନେ କରାଯାଇନପାରେ । ତେଣୁ ବ୍ରାହ୍ମଧର୍ମ ନିଜସ୍ୱ ବିଚାର ଉପରେ ହେଲା ପ୍ରତିଷ୍ଠିତ । କେଶବ ଚନ୍ଦ୍ର ସେନ ହିନ୍ଦୁ ପରିବାରର । ଇଂରାଜୀ ଶିକ୍ଷା ଲାଭ ପରେ ହିନ୍ଦୁଧର୍ମ ଉପରୁ ତାଙ୍କର ଆସ୍ଥା ତୁଟିଗଲା । ସେ ଦେବେନ୍ଦ୍ର ନାଥଙ୍କ ଠାରୁ ଗ୍ରହଣ କଲେ ବ୍ରାହ୍ମଧର୍ମ । ପରେ ଏହି ଉଭୟଙ୍କ ମଧ୍ୟରେ ସୃଷ୍ଟି ହେଲା ମତ ପାର୍ଥକ୍ୟ । କେଶବ ଚନ୍ଦ୍ର ସାମାଜିକ କ୍ଷେତ୍ରରେ ବୈପ୍ଳବିକ ସଂସ୍କାରର ପକ୍ଷପାତୀ ଥିବାବେଳେ ଦେବେନ୍ଦ୍ର ନାଥ ବିପ୍ଳବ ବିଷୟ ଶୁଣି ହେଉଥିଲେ ଆତଙ୍କିତ । ପୁଣି କ'ଣ ହେଲା ? ଦେବେନ୍ଦ୍ରନାଥ ବ୍ରାହ୍ମଣମାନଙ୍କ ଦ୍ୱାରା ଉପାସନା କାର୍ଯ୍ୟ ପରିଚାଳନା କରାଉଥିଲେ । କେଶବ ଚନ୍ଦ୍ର ବ୍ରାହ୍ମଧର୍ମକୁ ବ୍ରାହ୍ମଣ୍ୟ ପ୍ରଭାବରୁ ମୁକ୍ତ କରିବାକୁ ଚାହୁଁଥିଲେ । ଦେବେନ୍ଦ୍ରେନାଥ ତାହା ଗ୍ରହଣ କରି ପାରିଲେନାହିଁ । କେଶବ ଚନ୍ଦ୍ର ସୃଷ୍ଟିକଲେ ଏକ ନୂତନ ଦଳ, ଯାହାର ନାମ ଥିଲା 'ନବବିଧାନ' । କେଶବ ଚନ୍ଦ୍ର ନିଜ ପ୍ରଭାବଶାଳୀ ଭାଷଣ ଦ୍ୱାରା ଅନ୍ୟମାନଙ୍କୁ ପ୍ରଭାବିତ କରିପାରୁଥିଲେ । ସରକାରଙ୍କୁ ଅନୁରୋଧ କରି ସେ ଏକ ବିବାହ ଆଇନ ବିଧିବଦ୍ଧ ଭାବରେ ପ୍ରବର୍ତ୍ତନ କରାଇପାରିଲେ । ବାସ୍ତବ କ୍ଷେତ୍ରରେ ଦେଖାଗଲା କେଶବ ଚନ୍ଦ୍ର ନିଜେ ହିଁ ଏହି ଆଇନକୁ ଭଙ୍ଗକରି ତାଙ୍କ ଅପ୍ରାପ୍ତ ବୟସ୍କ କନ୍ୟାକୁ

ଜଣେ ହିନ୍ଦୁ ମହାରାଜାଙ୍କ ସହିତ ବୈବାହିକ ବନ୍ଧନରେ ବାନ୍ଧିବାକୁ ଉଦ୍ୟମ କଲେ। ଫଳରେ ପ୍ରତିବାଦର ସ୍ୱର ଉଠିଲା। ଅନ୍ୟମାନେ କେଶବ ଚନ୍ଦ୍ରଙ୍କୁ ଆଚାର୍ଯ୍ୟ ପଦରୁ ବହିଷ୍କାର କଲେ। ସେମାନେ ପୁଣି ଗଠନ କଲେ ନୂତନ ବ୍ରାହ୍ମସମାଜ। ମୋହିନୀ ମୋହନ ଦର୍ଶାଇ ଦେଇଛନ୍ତି ଯେ ୧୮୩୦ ରୁ ୫୦ ବର୍ଷ ମଧ୍ୟରେ ବ୍ରାହ୍ମସମାଜ ତିନି ଭାଗରେ ବିଭକ୍ତ ହୋଇସାରିଥିଲା। ତେବେ ଯାହା ହେଉନା କାହିଁକି ଏଇ ତିନୋଟି ଦଳରେ ବ୍ରାହ୍ମଧର୍ମର ଯେଉଁ ବିଶେଷତ୍ୱ ବର୍ଣ୍ଣିତ ହୋଇଛି ତାହା ଆପାତତଃ ସମାନ। ଏହି ବିଶେଷତ୍ୱକୁ ମୋହିନୀ ମୋହନ ସାତ ଭାଗରେ ବିଭକ୍ତକରି ଦର୍ଶାଇ ଦେଇଛନ୍ତି। ସେଗୁଡ଼ିକ ହେଲା - (୧) ଈଶ୍ୱର ପ୍ରେମମୟ ଓ ଜ୍ଞାନମୟ, (୨) ସେ ଅବତାର ନିଅନ୍ତି ନାହିଁ, (୩) ସେ ପ୍ରାର୍ଥନା ଶୁଣନ୍ତି, (୪) ଈଶ୍ୱରଙ୍କୁ ପୂଜା କରିବାରେ କୌଣସି ଜାତିଭେଦ୍ ନାହିଁ, (୫) ଅନୁତାପ ଦ୍ୱାରା ହିଁ ପାପରୁ ମୁକ୍ତି ସମ୍ଭବ, (୬) କୌଣସି ଧର୍ମପୁସ୍ତକ ଅଭ୍ରାନ୍ତ ନୁହେଁ ଓ (୭) ଆତ୍ମା ଅବିନାଶୀ ଓ ତାହାର ବିକାଶ ଅନ୍ତଃହୀନ।

ମୋହିନୀ ମୋହନ ଏହି ପ୍ରବନ୍ଧଟିରେ (୧) ବ୍ରାହ୍ମଧର୍ମର ଭିତ୍ତି, (୨) ଈଶ୍ୱର ଓ ପରକାଳ, (୩) ପ୍ରାର୍ଥନା ଓ ଆଦେଶ, (୪) ରାମମୋହନଙ୍କ ଭ୍ରାନ୍ତି, (୫) ଭାବୀ ବ୍ରାହ୍ମ ସମାଜ ଏପରି ପାଞ୍ଚ ଭାଗରେ ବ୍ରାହ୍ମଧର୍ମ ସମ୍ପର୍କରେ ପାଠକମାନଙ୍କୁ ବିସ୍ତୃତ ଧାରଣା ପ୍ରଦାନ କରିବା ପାଇଁ ଯତ୍ନଶୀଳ ହୋଇଛନ୍ତି। 'ବ୍ରାହ୍ମଧର୍ମର ଭିତ୍ତି' ଉପଶୀର୍ଷକରେ ସେ ଦର୍ଶାଇଛନ୍ତି ଯେ, ପ୍ରକୃତ ପକ୍ଷରେ ଧର୍ମ ବିଷୟରେ ବ୍ରାହ୍ମ ସମାଜର ଜ୍ଞାନ ପ୍ରତ୍ୟକ୍ଷ ନୁହେଁ। ଅର୍ଥାତ୍, ବ୍ରାହ୍ମମାନେ ଏକେଶ୍ୱର ବାଦୀ। କିନ୍ତୁ ଅନ୍ୟାନ୍ୟ ଧର୍ମରେ ଏକାଧିକ ଈଶ୍ୱର ଅଛନ୍ତି। ହିନ୍ଦୁମାନଙ୍କର ତେତିଶ କୋଟି। ମୋହିନୀ ମୋହନ ପ୍ରଶ୍ନ କରୁଛନ୍ତି ଯେ, କେଉଁମାନଙ୍କର ଅନ୍ତର୍ଦୃଷ୍ଟି ଠିକ୍ ? ବ୍ରାହ୍ମମାନଙ୍କ ମତରେ ତାଙ୍କ ଧର୍ମର ମାର୍ଗ ହେଉଛି ଜ୍ଞାନମାର୍ଗ ଏବଂ ସେମାନଙ୍କ ମତରେ ପ୍ରକୃତିର ଯାବତୀୟ ଘଟଣା ମୂଳରେ ଈଶ୍ୱରଙ୍କ ଶକ୍ତି ନିହିତ। ମୋହିନୀ ମୋହିନଙ୍କ ଯୁକ୍ତି ହେଉଛି ଯେ ଯେତେବେଳେ ବିଶ୍ୱଯୁଦ୍ଧ ଘଟିଲା, ନରମେଧ ଯଜ୍ଞ, ମହାରକ୍ତପାତ, ଭୀଷଣ ହାହାକାର ଦୃଷ୍ଟିଗୋଚର ହେଲା ସେତେବେଳେ ଏ ଜଗତର ସୃଷ୍ଟିକର୍ତ୍ତା ସର୍ବଶକ୍ତିମାନ ଈଶ୍ୱର ଥିଲେ ସମ୍ପୂର୍ଣ୍ଣ ପ୍ରତିକ୍ରିୟା ବିହୀନ। ମୂର୍ତ୍ତିପୂଜା କରିବା ଓ ଜଗତର ସବୁ ଘଟଣାବଳୀକୁ ଉଦାସୀନ ଭାବରେ ଦେଖୁଥିବା ଭଗବାନଙ୍କ ଉପାସନା ମଧ୍ୟରେ କି ପ୍ରଭେଦ ଅଛି। ଭଗବାନ କିପରି ଜଗତ ସୃଷ୍ଟିକଲେ ସେ ବିଷୟରେ ଆଗରୁ ଆଲୋଚନା ହେଉଥିଲା। ଜଣେ ଜର୍ମାନୀ ପଣ୍ଡିତ କହିଲେ - ଭଗବାନ ମନୁଷ୍ୟକୁ ସୃଷ୍ଟି କରିନାହାନ୍ତି, ମନୁଷ୍ୟ ଭଗବାନଙ୍କୁ ସୃଷ୍ଟି କରିଅଛି। ଏହାହିଁ

ହେଉଛି ଆଧୁନିକ ଯୁଗର ଆବିଷ୍କାର। ଯେଉଁମାନେ ସମାଜତତ୍ତ୍ୱବିତ୍ ସେମାନେ କହନ୍ତି ଯେ ଧର୍ମ ବିଜ୍ଞାନ ଯୁଗର ଆବିଷ୍କାର ନୁହେଁ। ତାହା ଆଦିମ ଯୁଗର ଅଜ୍ଞତାର ପରିଚୟ। ଅଜ୍ଞାନତା ଭିତରେ ଘାଣ୍ଟି ହେଉଥିବା ମଣିଷ ରୋଗ ଜୀବାଣୁମାନଙ୍କୁ ଜାଣିନପାରି ଦେବଦେବୀଙ୍କର ଶରଣାପନ୍ନ ହେଉଥିଲେ। ଯାହକୁ ଅନାଦି, ଅନନ୍ତ, ସର୍ବଜ୍ଞ, ସର୍ବବ୍ୟାପୀ, ବ୍ରହ୍ମବୋଲି କୁହାଯାଉଛି, ତାଙ୍କ ରକ୍ତ ଅଣୁବୀକ୍ଷଣ ସାହାଯ୍ୟରେ ପରୀକ୍ଷା କରାଯାଇପାରେ କି ? ଅର୍ଥାତ୍ ଏହି ସର୍ବବ୍ୟାପୀ ବ୍ରହ୍ମ ଏକ କଳ୍ପନା ବ୍ୟତୀତ ଆଉ କିଛି ନୁହେଁ ବୋଲି କହିବା ହେଲା ମୋହିନୀ ମୋହନଙ୍କ ପ୍ରତିପାଦ୍ୟ ବିଷୟ।

‘ଈଶ୍ୱର ଓ ପରକାଳ’ ଉପଶୀର୍ଷକରେ ପ୍ରାବନ୍ଧିକ କହୁଛନ୍ତି ଯେ, ବ୍ରାହ୍ମମାନଙ୍କ ଦୃଷ୍ଟିରେ ଏହି ବ୍ରାହ୍ମଧର୍ମରେ ଈଶ୍ୱରଙ୍କ ପୂର୍ଣ୍ଣ ସ୍ୱରୂପ ପ୍ରକଟିତ। ଅନ୍ୟସବୁ ଧର୍ମ ଈଶ୍ୱରଙ୍କ ସ୍ୱରୂପର ଆଂଶିକ ସଂକେତମାତ୍ର। ମୋହିନୀ ମୋହନ ମାନବର ଅଜ୍ଞତାରୁ ଦେବତାର ସୃଷ୍ଟି ବୋଲି କହନ୍ତି। ଧର୍ମ ଯେ ଗୋଟାଏ ପ୍ରକାଣ୍ଡ ମିଥ୍ୟା ଏହା ବିଂଶ ଶତାବ୍ଦୀ ପୂର୍ବରୁ ମଧ୍ୟ ଚର୍ଚ୍ଚିତ ହୋଇଛି। ନିଉଟନ୍, ଆଇନ୍‌ଷ୍ଟାଇନଙ୍କ ପରି ବୈଜ୍ଞାନିକ ଦେବତାଙ୍କର ସାକ୍ଷାତକାର ପାଇଛନ୍ତି କି? ଏପରି ପ୍ରଶ୍ନ ଉତ୍‌ଥାପନ କରି ମୋହିନୀ ମୋହନ ବ୍ରାହ୍ମଧର୍ମର ଅର୍ଥହୀନତା ସୂଚାଇ ଦେଇଛନ୍ତି। ସ୍ୱର୍ଗ ଏବଂ ନର୍କ ମଧ୍ୟ କାଳ୍ପନିକତା ବ୍ୟତିରେକେ ଅନ୍ୟ କିଛି ନୁହେଁ। ବ୍ରାହ୍ମମାନଙ୍କ ମତହେଲା ଈଶ୍ୱର ପରମ ଦୟାଳୁ। ଖ୍ରୀଷ୍ଟିୟାନମାନଙ୍କର ଈଶ୍ୱର ପାପୀମାନଙ୍କ ପାଇଁ ନର୍କବିଧାନର ବ୍ୟବସ୍ଥା କରିଛନ୍ତି। ବ୍ରାହ୍ମ ଧର୍ବାବଲମ୍ବୀମାନେ ପାପୀମାନଙ୍କୁ ଅନୁତାପାନଳରେ ଦଗ୍ଧକରି ତା’ପରେ ସ୍ୱର୍ଗର ବ୍ୟବସ୍ଥା କରିଛନ୍ତି। ମୋହିନୀ ମୋହନ ନିଜସ୍ୱ ବଳିଷ୍ଠ ଯୁକ୍ତି ଉପସ୍ଥାପନ କରି କହିଛନ୍ତି ଯେ - ଶରୀର ନଥିବ କିନ୍ତୁ ତା’ର କ୍ରିୟାଗୁଡ଼ିକ ଥିବ, ଏହା ଅସମ୍ଭବ କଥା। ଭସ୍ମୀଭୂତସ୍ୟ ଦେହସ୍ୟ ପୁନରାଗମନଂ କୁତଃ ? ମୋହିନୀ ମୋହନଙ୍କ ସିଧାସଳଖ ପ୍ରଶ୍ନ ହେଲା ଯେ ବ୍ରାହ୍ମମାନେ ସେମାନଙ୍କର ପରକାଳ ସ୍ୱର୍ଗ ଓ ନରକର କୌଣସି ପ୍ରମାଣ ପାଇଅଛନ୍ତି କି ? ଯଦି ସବୁଧର୍ମ ପରି ବ୍ରାହ୍ମଧର୍ମ ମଧ୍ୟ କଳ୍ପନା ପ୍ରସୂତ ତା ହେଲେ ନିଜ ଧର୍ମକୁ ନେଇ ଅହଂକାର କରିବା ଯୁକ୍ତି ସଙ୍ଗତ କି ?

ମୋହିନୀ ମୋହନଙ୍କ ଏପରି ପ୍ରଶ୍ନ ପ୍ରମାଣିତ କରିଦିଏ ଯେ ବ୍ରାହ୍ମଧର୍ମକୁ କାଳ୍ପନିକ ବୋଲି ସେ ଅଭିହିତ କରିବାକୁ ଚାହୁଁଛନ୍ତି।

‘ପ୍ରାର୍ଥନା ଓ ଆଦେଶ’ ଉପଶୀର୍ଷକରେ ମୋହିନୀ ମୋହନ ଦର୍ଶାଇ ଦେଇଛନ୍ତି ଯେ, କେଶବ ଚନ୍ଦ୍ର ପ୍ରାର୍ଥନାକୁ ବ୍ରାହ୍ମଧର୍ମରେ ପ୍ରଥମ ସ୍ଥାନ ଦାନ କରିଅଛନ୍ତି। ସେ କହିଛନ୍ତି ଯେ, ପ୍ରାର୍ଥନା ଦ୍ୱାରା କୌଣସି ବାହ୍ୟିକ ବସ୍ତୁ ଲାଭ ନ ହୋଇପାରେ, କିନ୍ତୁ ତଦ୍ୱାରା ମନୁଷ୍ୟର ଅନ୍ତର ପରିବର୍ତ୍ତିତ ହୁଏ।

ମୋହିନୀ ମୋହନ କେଶବ ଚନ୍ଦ୍ରଙ୍କ ଏହି ଉକ୍ତିକୁ ମନୋବିଜ୍ଞାନର ଆଧାରରେ ନିରୀକ୍ଷଣ କରିଛନ୍ତି। ଯିଏ ଯେଉଁ ପ୍ରକାରର କାମନା କରିବ ତାହା ସତ୍ ହେଉ ବା ଅସତ୍ ହେଉ, ପ୍ରାକୃତିକ ନିୟମରେ ତାହା ଫଳବତୀ ହେବ। ବାହ୍ୟିକ ବସ୍ତୁ ଉପରେ ଏ ନିୟମ ପ୍ରଭାବ ଶୂନ୍ୟ। ପର୍ତ୍ତୁଗାଲର ରାଜଧାନୀ ଲିସ୍‌ବନ୍ ନଗରରେ ଖ୍ରୀଷ୍ଟିୟାନ୍‌ମାନେ ଗୀର୍ଜାରେ ଏକତ୍ରିତ ହୋଇ ପ୍ରାର୍ଥନା କରୁଥିବାବେଳେ ଭୂମିକମ୍ପରେ ଗୀର୍ଜା ଘର ଭାଙ୍ଗିପଡ଼ିଛି ଓ ତିରିଶି ହଜାର ଲୋକ ସେଠି ପ୍ରାଣ ହରାଇଛନ୍ତି। ମୋହିନୀ ମୋହନ କହନ୍ତି, 'ଭଗବାନ୍ ଯଦି ସେଠାରେ ଉପସ୍ଥିତ ଥିଲେ, ସେସବୁ ତ ଶୁଣିଥିବେ। ସେହି ପ୍ରାର୍ଥନାର ଉତ୍ତରରେ ସେ କି ତାଙ୍କର ଭକ୍ତମାନଙ୍କୁ ଯମାଳୟକୁ ପଠାଇଲେ ?' ଲେଖକ ଦର୍ଶାଇ ଦେଇଛନ୍ତି, ଯେଉଁ ସତ୍ୟ ତାହାର ମର୍ମବାଣୀ ହେଲା-ପ୍ରାର୍ଥନା ଦ୍ୱାରା ଭଗବାନଙ୍କ ଠାରୁ କୌଣସି ଆଦେଶ ମିଳିବା ଅସମ୍ଭବ। ଲେଖକ ପୁନଶ୍ଚ ଏହି ବ୍ରାହ୍ମ ସମାଜର ଏକ ପ୍ରାର୍ଥନା ସଭାକୁ ଦେଖି ଜଣେ ବ୍ୟକ୍ତି ଯେଉଁ ଅଭିମତ ପ୍ରଦାନ କରିଛନ୍ତି ତାହାକୁ ଉଦ୍ଧାର କରି କହୁଛନ୍ତି ଯେ - ଲୋକମାନେ ଆଖିବୁଜି ବସିଅଛନ୍ତି। ସେମାନଙ୍କ ମଧ୍ୟରୁ କେହି ଭଗବାନଙ୍କୁ ଲାଭ କରିବାର ଲକ୍ଷଣ ଦେଖାଯାଉନାହିଁ। ଏମାନେ ବିକୃତ ମସ୍ତିଷ୍କର ଅଧିକାରୀ। ଭୂତଗ୍ରସ୍ତ ଲୋକମାନଙ୍କ ଠାରୁ କୌଣସି ଗୁଣରେ ଆଦୌ ଉନ୍ନତ ନୁହଁନ୍ତି।

ମୋହିନୀ ମୋହନ ଯେଉଁ ସମୟରେ ଏ ପ୍ରବନ୍ଧ ରଚନା କରିଥିଲେ, ସେତେବେଳେ ବ୍ରାହ୍ମ ସମାଜର ଶ୍ରେଷ୍ଠ ନେତୃବର୍ଗଙ୍କର ମୃତ୍ୟୁ ହୋଇ ସାରିଥିଲା। ଏହି ଧର୍ମ କିଛି ଶିକ୍ଷିତ ବ୍ୟକ୍ତିଙ୍କ ବ୍ୟତୀତ ଜନସାଧାରଣ ଏହାକୁ ଆଦୌ ଗ୍ରହଣ କରିନାହାନ୍ତି। ନୂତନ ଯୁବପିଢ଼ି ଏହାକୁ ଗ୍ରହଣ କରିଥିବା ପରିଦୃଷ୍ଟ ହୁଏନାହିଁ। ସେ ସମୟରେ ସମସ୍ତ ସାହିତ୍ୟ ଓ ଶିକ୍ଷାଦାନ ଥିଲା ଧର୍ମ ବିରୋଧୀ। ବେଦ, ପୁରାଣର ସାହାଯ୍ୟ ନେଇ ଏ ସମୟରେ ଏହି ଧର୍ମ ଉପାସନାର ସମ୍ପୂର୍ଣ୍ଣ ପରିପନ୍ଥୀ ଥିଲେ। ଭାରତରେ ଯେଉଁ ବୈପ୍ଳବିକ ପରିବର୍ତ୍ତନ ହେଲା ତାହା ପୁଣି ଗ୍ରହଣ କରୁଥିଲେ ନୂତନ ତରୁଣ-ସମାଜ।

ଏହାପରେ ମୋହିନୀ ମୋହନ ପୁନଶ୍ଚ ଭବିଷ୍ୟତର ବ୍ରାହ୍ମ ସମାଜ ଉପରେ ମଧ୍ୟ ଆଲୋଚନା କରିଛନ୍ତି। ଏହି ଆଲୋଚନା ସୁଦୀର୍ଘ। ସେ ଶେଷରେ ପ୍ରଶ୍ନ କରନ୍ତି ଯେ, ବ୍ରାହ୍ମଧର୍ମ କ'ଣ ଲୋପ ପାଇବ? ଦେଶରେ ଏତେ ଅବ୍ୟବସ୍ଥା ଦେଖି ବ୍ରାହ୍ମ ସମାଜର କୌଣସି ପ୍ରଭାବ ରହିବାର ବଳିଷ୍ଠ ସଂକେତ ଦେଇନାହାନ୍ତି ମୋହିନୀ ମୋହନ। ଏହି ଗୋଟିଏ ସୁଦୀର୍ଘ ପ୍ରବନ୍ଧ ରଚନା କରି ନିଜସ୍ୱ ବୈଜ୍ଞାନିକ ଚିନ୍ତାଧାରା ଆଧାରରେ ମୋହିନୀ ମୋହନ ପାଠକମାନଙ୍କୁ ଯେଉଁ ବ୍ରାହ୍ମଧର୍ମ ଓ ବ୍ରାହ୍ମ ସମାଜରୁ

ମୁକ୍ତି କରିଦେବାର ପ୍ରୟାସ କରିଛନ୍ତି, ତାହା ତାଙ୍କର ମୌଳିକ ଚିନ୍ତନ, ଅନୁଧ୍ୟାନ, ପରୀକ୍ଷା ନିରୀକ୍ଷା, ବିଚାର ଓ ବିଶ୍ଳେଷଣ ଉପରେ ସୁପ୍ରତିଷ୍ଠିତ। ସାଧାରଣ ପାଠକମାତ୍ରକେ ମୋହିନୀ ମୋହନଙ୍କୁ ନାସ୍ତିକମାନଙ୍କ ଦ୍ୱାରା ପ୍ରଭାବିତ ହୋଇଛନ୍ତି ବୋଲି ନ କହି, ବ୍ରାହ୍ମ ସମାଜର ନେତୃବର୍ଗଙ୍କ ଦ୍ୱାରା ପ୍ରଭାବିତ ହୋଇନାହାନ୍ତି ବୋଲି କହିବା ଅଧିକ ଯୁକ୍ତିଯୁକ୍ତ। ତେଣୁ ବର୍ତ୍ତମାନ ବ୍ରାହ୍ମଧର୍ମର କୌଣସି ସଙ୍କେତ ଆମ ସମାଜରେ ପରିଲକ୍ଷିତ ହୁଏନାହିଁ। ଏହି ଦୃଷ୍ଟିରୁ ମୋହିନୀ ମୋହନଙ୍କୁ ନାସ୍ତିକ ବୋଲି ବର୍ଣ୍ଣନା କରିବାର ମଧ୍ୟ ଯଥାର୍ଥତା କେତେ ଅଛି ତାହା ସ୍ୱତନ୍ତ୍ର ବିଚାର ସାପେକ୍ଷ। ଗୋଟିଏ କଥା ସମ୍ପୂର୍ଣ୍ଣ ସ୍ପଷ୍ଟ ଯେ, ପ୍ରତିଟି ମଣିଷର ନିଜସ୍ୱ ଦୃଷ୍ଟିରେ ଜୀବନ ଓ ଜଗତକୁ ଦେଖିବାର ସ୍ୱାଧୀନତା ବା ଅଧିକାର ନିଶ୍ଚିତ ଭାବରେ ରହିଛି। ପୁନଶ୍ଚ ମୋହିନୀ ମୋହନ ଅଶିକ୍ଷିତ ନୁହଁନ୍ତି; ବରଂ ଉଚ୍ଚ ଶିକ୍ଷିତ ଆଉ ଦର୍ଶନର ଅଧ୍ୟାପକ ତଥା ଦାର୍ଶନିକ। ତେଣୁ ସେ ଯଦି ନିଜସ୍ୱ ସ୍ୱତନ୍ତ୍ର ବିଚାର ଧାରା ପ୍ରୟୋଗରେ ଭିନ୍ନ ଦୃଷ୍ଟିରୁ ଧର୍ମକୁ ବା ବ୍ରାହ୍ମ ସମାଜକୁ ଦେଖିପାରିଲେ, ତା'ହେଲେ ଏହା ଓଡ଼ିଆ ସାହିତ୍ୟ ପାଇଁ ଗୌରବର ବିଷୟ ବୋଲି ସ୍ୱୀକାର କରିବାର ଯଥେଷ୍ଟ କାରଣ ରହିଛି। ସମସ୍ତେ ଯେ ସମାନ ଦୃଷ୍ଟିଭଙ୍ଗୀ ନେଇ ଜୀବନ ବଞ୍ଚିବେ ବା ବଞ୍ଚିବାକୁ ବାଧ୍ୟ ଏପରି କୌଣସି ନିୟମ ପ୍ରଣୟନ କରାଯାଇନପାରେ। ଅନ୍ୟର ପ୍ରଭାବରେ ଅନ୍ଧବିଶ୍ୱାସୀ ହୋଇ ଆସ୍ତିକ ହେବା ଅପେକ୍ଷା ନିଜସ୍ୱ ଦୃଷ୍ଟିଭଙ୍ଗୀରେ ସତ୍ୟାବିଷ୍କାରକରି ନାସ୍ତିକ ହେବା ଶତଗୁଣରେ ଶ୍ରେୟସ୍କର। ମୋହିନୀ ମୋହନ ଏପରି ପ୍ରବନ୍ଧ ରଚନା କରିବା ଦ୍ୱାରା ପ୍ରତ୍ୟେକ ଲେଖକଙ୍କୁ ପ୍ରଦାନ କରିଛନ୍ତି ଏକ ଆହ୍ୱାନ ଯେ, ସମ୍ପୂର୍ଣ୍ଣ ଭାବରେ ନିଜସ୍ୱ ଦୃଷ୍ଟିଭଙ୍ଗୀ ନେଇ ଜୀବନକୁ ନିରୀକ୍ଷଣ କରାଯାଉ। ପାରମ୍ପରିକ ବିଶ୍ୱାସକୁ ମାନି ନେଉଥିବା ସୁନାପୁଅ ନ ହୋଇ, ପରମ୍ପରା ବିରୋଧରେ ଲେଖନୀ ଚାଳନା କରି ଅମାନିଆ ହେବାରେ ନିହିତ ରହିଛି ପ୍ରକୃତ ମନୁଷ୍ୟତ୍ୱ। ମୋହିନୀ ମୋହନ ସେ ଦୃଷ୍ଟିରୁ ଓଡ଼ିଆ ଗଦ୍ୟ ସାହିତ୍ୟରେ ହେଉଛନ୍ତି ଏକ ଭିନ୍ନ ସ୍ୱର ଓ ସେହିପରି ହେଉଛନ୍ତି ଭିନ୍ନ ଚେତନାର କ୍ରାନ୍ତିକାରୀ ନାୟକ।

■

ମୋହିନୀ ମୋହନଙ୍କ ଦୃଷ୍ଟିରେ 'ଓଡ଼ିଆ କାହାଣୀ'

'ଓଡ଼ିଆ କାହାଣୀ' ଅନେକଙ୍କୁ ଲାଗିପାରେ କଳ୍ପନା ପ୍ରସୂତ, ଅସଙ୍ଗତ ଓ ଅସ୍ୱାଭାବିକ। ସାମ୍ପ୍ରତିକ କାଳରେ ଏହାର ଆବଶ୍ୟକତା ନାହିଁ ବୋଲି ଅନେକେ ମନେ କରିପାରନ୍ତି। କେବଳ ଶିଶୁ-ମାନସର ଚିତ୍ତ ବିନୋଦନ ପାଇଁ ଏହା ଉଦ୍ଦିଷ୍ଟ ବୋଲି ସ୍ଥୂଳତଃ ଅନୁଭବ ହୁଏ। ଏପରି କାରଣକୁ ଭୁଲ୍ ପ୍ରମାଣିତ କରିଛନ୍ତି ମୋହିନୀ ମୋହନ। ମନସ୍ତାତ୍ତ୍ୱିକ ଦୃଷ୍ଟିରୁ ଏହି ବିଷୟ ସମୀକ୍ଷା କରି ସେ ଦର୍ଶାଇ ଦେଇଛନ୍ତି ଯେ ପ୍ରାଚୀନ ମାନବର ଜ୍ଞାନ, କଳ୍ପନା, ଚିନ୍ତା, ଭାବ, ରୀତିନୀତି ଆଚାର ଓ ବ୍ୟବହାରର ମହତ୍ତ୍ୱ ହୃଦୟଙ୍ଗମ କରିବାରେ ଏହି କାହାଣୀଗୁଡ଼ିକର ପ୍ରୟୋଜନୀୟତା କେତେ ଅଧିକ।

ଭିନ୍ନ ଭିନ୍ନ ଦେଶର କାହାଣୀ ମଧ୍ୟରେ ଯେଉଁ ସାଦୃଶ୍ୟ ପରିଲକ୍ଷିତ ହୁଏ, ତାହାର କାରଣ ନିର୍ଦ୍ଧାରଣ କରି ଲେଖକ ଦର୍ଶାଇ ଦେଇଛନ୍ତି ଯେ, ଆର୍ଯ୍ୟମାନଙ୍କର ବିଭିନ୍ନ ଭୂଖଣ୍ଡକୁ ଯାତ୍ରା ଅବସରରେ ଏସବୁ କାହାଣୀ ପରିବ୍ୟାପ୍ତ ହୋଇଯାଇଛି ମାନବ ସମାଜରେ। ତେବେ ନିର୍ଦ୍ଦିଷ୍ଟ ଭାବରେ କୌଣସି କାରଣ ସପକ୍ଷରେ ଯୁକ୍ତି ପ୍ରଦର୍ଶନ କରିବା ପ୍ରାବନ୍ଧିକଙ୍କ ଲକ୍ଷ୍ୟ ନୁହେଁ। ଗୋଟିଏ କଥା କିନ୍ତୁ ସେ ପ୍ରତିପାଦନ କରିଦେଇଛନ୍ତି ଭିନ୍ନ ଭିନ୍ନ ଦେଶର ଧର୍ମ, କଳ୍ପନା ଓ ସାହିତ୍ୟ ମଧ୍ୟରେ ଅଦ୍ଭୁତ ସାମଞ୍ଜସ୍ୟ ରହିଛି, ଯାହା ମାନବାତ୍ମାର ଐକ୍ୟକୁ ପ୍ରମାଣିତ କରିଦିଏ।

ଅନେକଙ୍କ ମତରେ ଓଡ଼ିଶାର କାହାଣୀଗୁଡ଼ିକ ଏହି ଭୂଖଣ୍ଡରେ ସୃଷ୍ଟି ହୋଇଛନ୍ତି। ମୋହିନୀ ମୋହନ ଯଦିଓ ଏହାକୁ ସମ୍ପୂର୍ଣ୍ଣ ଅସ୍ୱୀକାର କରିପାରିନାହାନ୍ତି, ତଥାପି ଅନ୍ୟ ଦେଶର କାହାଣୀ ଆମ ଅଞ୍ଚଳକୁ ପ୍ରବେଶ କରିଥିବା କଦାପି ଅବାସ୍ତବ

ହୋଇନପାରେ ବୋଲି ସୁସ୍ପଷ୍ଟ ସୂଚନା ପ୍ରଦାନ କରିଛନ୍ତି । ମୋହିନୀ ମୋହନ ଦେଶ ବିଦେଶର ଶତାଧିକ କାହାଣୀ ଅଧ୍ୟୟନ କରିଛନ୍ତି ଅପୂର୍ବ ଉତ୍ସାହ ନେଇ, ଏହା ତାଙ୍କର ପ୍ରାଚୀନତା ପ୍ରତି ଗଭୀର ସଂପ୍ରୀତିର ପରିଚାୟକ । କାହାଣୀଗୁଡ଼ିକର ବିଷୟବସ୍ତୁ ମନେ ରଖିବାରେ ମଧ୍ୟ ସେ ଥିଲେ ନିଷ୍ଠାପର । ଦର୍ଶନର ଅଧ୍ୟାପକ ହୋଇ ଏକ ମହାନ୍ ସତ୍ୟ ସେ ଆବିଷ୍କାର କରି କହିଛନ୍ତି ଯେ – "ସେ ଯୁଗରେ ଲୋକେ ଇହ ସର୍ବସ୍ୱବାଦୀ ନଥିଲେ । ସେମାନେ ବିଶ୍ୱାସ କରୁଥିଲେ ଯେ 'ଦେବଲୋକ'ରେ ଦେବତାମାନଙ୍କର ଅଧିଷ୍ଠାନ । ତାହାର ନିମ୍ନରେ ରହିଛି ପିତୃଲୋକ । ଏଠାରେ ପିତୃପୁରୁଷମାନଙ୍କ ବସବାସ । ପିତୃଲୋକର ତଳେ ନରଲୋକ ଓ ନରଲୋକ ତଳେ ରହିଛି ନାଗଲୋକ । ନାଗଲୋକରେ ସର୍ପମାନଙ୍କର ଯାତାୟତ । ସେମାନେ ପୁଣି କଥାବାର୍ତ୍ତା କରିପାରନ୍ତି ମନୁଷ୍ୟ ପରି ।" କାହାଣୀ ଯୁଗରେ ଓଡ଼ିଆମାନେ ସମୁଦ୍ରଯାତ୍ରା କରୁଥିବା ବର୍ଣ୍ଣିତ ହୋଇଛି । ଅନ୍ୟ ପ୍ରଦେଶମାନଙ୍କ କାହାଣୀରେ ଦସ୍ୟୁ ଓ ତସ୍କରଙ୍କ କଥା ଉଲ୍ଲିଖିତ ହୋଇଥିଲେ ମଧ୍ୟ ଓଡ଼ିଆ କାହାଣୀଗୁଡ଼ିକରେ ଲିପିବଦ୍ଧ ହୋଇରହିଛି ଶାନ୍ତିର ସନ୍ଦେଶ । ଓଡ଼ିଶାର ସରଳ ଜନତା ସର୍ବଦା ଯେ ଶାନ୍ତି ସନ୍ଧାନ ଓ ଜୀବନର ମହତ୍ତର ଲକ୍ଷ୍ୟ ଅନୁସନ୍ଧାନରେ ଚିରକାଳ ଥିଲେ ବ୍ୟାପୃତ ଏହାକୁ ନିଜସ୍ୱ ଉପଲବଧି ସଂଯୁକ୍ତ କରି ପ୍ରକାଶ କରିଛନ୍ତି ମୋହିନୀ ମୋହନ ।

ମୋହିନୀ ମୋହନ ସେନାପତି ଓଡ଼ିଆ ମାଟି ପ୍ରତି କେତେ ଥିଲେ ଅନୁରକ୍ତ ଓ ମମତାସକ୍ତ ତାହା ଅନୁଭବ କରିପାରିବେ ପ୍ରତିଟି ସମଦରଦୀ ପାଠକ । ଯିଏ ଯେତିକି ମୌଳିକ ଚିନ୍ତନର ଅଧିକାରୀ ହୁଅନ୍ତୁ ନା କାହିଁକି, ସେମାନେ ସର୍ବଦା ଜନ୍ମଭୂମି ସହିତ ସମ୍ବନ୍ଧିତ ହୋଇ ରହିଥାଆନ୍ତି ନିଶ୍ଚିତ ଭାବରେ । ଯେଉଁ ପାଣିପବନ ଓ ଆଲୋକରୁ ସେମାନଙ୍କ ଚେତନା କ୍ରମବିକଶିତ ହୋଇଉଠିଛି ତାହା ତାଙ୍କର ଅସ୍ଥି-ମଜ୍ଜା-ଗତ । ସେଥିପାଇଁ କୌଣସି ଦୁଷ୍ଟଶକ୍ତି ନାହିଁ, ଯିଏ ତାଙ୍କୁ ଜନ୍ମଭୂମିର ମମତାରୁ ବିଚ୍ୟୁତ କରିଦେବାରେ ସକ୍ଷମ । ଅନେକଙ୍କ ଏକ ଭ୍ରାନ୍ତଧାରଣଶ ରହିଛି ଯେ, ମୋହିନୀମୋହନ ପରମ୍ପରାର ପରିପନ୍ଥୀ । କିନ୍ତୁ ଏହା ଯେ ସବୁ କ୍ଷେତ୍ରରେ ପ୍ରଯୁଜ୍ୟ ହୋଇନପାରେ ତାହାର ଜ୍ୱଳନ୍ତ ପ୍ରମାଣ ହେଉଛି ତାଙ୍କ ଦ୍ୱାରା ଉଚିତ ହୋଇଥିବା ମୌଳିକ ଚିନ୍ତା-ସମ୍ପନ୍ନ ଏପରି କ୍ଷୁଦ୍ରପ୍ରବନ୍ଧ । ମୋହିନୀ ମୋହନଙ୍କୁ ଯଥାର୍ଥ ଭାବରେ ବୁଝିବାକୁ ହେଲେ ଏସବୁ ଲେଖାର ପୁଙ୍ଖାନୁପୁଙ୍ଖ ଅଧ୍ୟୟନ ଏକାନ୍ତ ଆବଶ୍ୟକ । ମୋହିନୀମୋହନ ଲୋକଆତ୍ମା ସହିତ କିପରି ଥିଲେ ସଂଯୁକ୍ତ ଓ ମଣିଷର ବ୍ୟକ୍ତିତ୍ୱ ଗଠନ କରିବାରେ କାହାଣୀ କିପରି ନେଇପାରେ ଉଲ୍ଲେଖନୀୟ ଭୂମିକା, ତାହା ଏଥିରେ ପ୍ରତିପନ୍ନ । ଜଣେ ପ୍ରକୃତ ସାହିତ୍ୟ ସ୍ରଷ୍ଟା କେବେହେଲେ ନିଜ ଭୂଖଣ୍ଡରୁ ବିଚ୍ଛିନ୍ନ ହୋଇପାରେ ନାହିଁ ।

ଠିକ୍ ସେହିପରି ସେହି ସ୍ରଷ୍ଟା ସମଗ୍ର ପୃଥିବୀ ପ୍ରତି ଅନୁରକ୍ତ ହେବାରେ କେହି ସୁଦ୍ଧା ପ୍ରତିବନ୍ଧକ ସୃଷ୍ଟି କରିପାରିବେ ନାହିଁ । ମୋହିନୀ ମୋହନ ହେଉଛନ୍ତି ଏହାର ଏକ ଶ୍ରେଷ୍ଠ ଉଦାହରଣ । ସେ ଯେପରି ଓଡ଼ିଶାକୁ ଭଲ ପାଇଛନ୍ତି ସେପରି ମଧ୍ୟ ବୈଦେଶିକ ଜଗତ ପ୍ରତି ସର୍ବଦା ପ୍ରକାଶ କରିଛନ୍ତି, ତାଙ୍କ ଅନ୍ତର୍ଗତ ଉନ୍ମୁଖତା । ମୋହିନୀ ମୋନଙ୍କ ପରି ନବଚେତନାର ଲେଖକ ଯେ କୌଣସି ସାହିତ୍ୟ-ଜଗତ ପାଇଁ ଯେ ଗୌରବାବହ ଏଥିରେ ସନ୍ଦେହ କାହିଁ ?

ମୋହିନୀ ମୋହନଙ୍କ ଦୃଷ୍ଟିରେ ଦାର୍ଶନିକ 'ନିଟ୍‌ଜେ'

ବୋଧହୁଏ ମୋହିନୀ ମୋହନ ସେନାପତି ହିଁ ସବୁପ୍ରଥମେ ଓଡ଼ିଆ ପାଠକମାନଙ୍କ ସହିତ ପୃଥିବୀ ବିଖ୍ୟାତ ଦାର୍ଶନିକ ଫ୍ରେଡେରିକ ନିଟ୍‌ଜେଙ୍କ ସମ୍ପର୍କ ପ୍ରତିଷ୍ଠା କରିଦେଇଛନ୍ତି। ନିଟ୍‌ଜେଙ୍କର ଜନ୍ମଭୂମି ହେଉଛି ଜର୍ମାନୀ। ୧୮୪୪ ମସିହାରେ ତାଙ୍କର ଆବିର୍ଭାବ ଓ ୧୯୦୦ ମସିହା ଅଗଷ୍ଟ ମାସ ୨୫ ତାରିଖରେ ତାଙ୍କର ଘଟିଥିଲା ତିରୋଭାବ। ମୋହିନୀ ମୋହନ ଏହି ଜଗତ ବିଖ୍ୟାତ ଦାର୍ଶନିକଙ୍କ ପ୍ରତି ଆକୃଷ୍ଟ ହେବାର କାରଣ ହେଉଛି, ସେ ଥିଲେ ସତ୍ୟପ୍ରିୟ ଓ ସତ୍ୟାନୁସନ୍ଧାନୀ। ପ୍ରଥମେ ସେ ଧର୍ମବିଶ୍ୱାସୀ ଥିଲେ କିନ୍ତୁ ଯୌବନ କାଳରେ ଏହି ପ୍ରଚଳିତ ରୀତିନୀତିରୁ ସେ ହୋଇଯାଇଛନ୍ତି ସମ୍ପୂର୍ଣ୍ଣ ମୁକ୍ତ। ମୋହିନୀ ମୋହନଙ୍କ ଜୀବନ ସହିତ ତାଙ୍କର ସାଦୃଶ୍ୟ ଉଲ୍ଲେଖନୀୟ। ସେଥିପାଇଁ ହୁଏତ ମୋହିନୀ ମୋହନ ତାଙ୍କ ଦାର୍ଶନିକ ମତସହିତ ନିଜକୁ କରିପାରିଥିଲେ ସମ୍ପୂର୍ଣ୍ଣ ସଂଯୁକ୍ତ।

ମାନବ ଓ ଜଗତ ସମ୍ପର୍କରେ ନିଟ୍‌ଜେ ବିସ୍ତୃତ ଆଲୋଚନା କରି ଏହି ସିଦ୍ଧାନ୍ତରେ ଉପନୀତ ହୋଇଛନ୍ତି ଯେ ମଣିଷର ନିଜର ବୋଲି କିଛି ନାହିଁ କିମ୍ବା ଏ ଜଗତ ମଧ୍ୟରେ ପରମାତ୍ମା ମଧ୍ୟ ନାହାନ୍ତି। ମାନବ ଜଡ଼ ପରମାଣୁର ସମଷ୍ଟି ମାତ୍ର। ଏହା ମୃତ୍ୟୁ ଆଘାତରେ ଯେତେବେଳେ ହୋଇଯାଏ ଚୂର୍ଣ୍ଣୀଭୂତ ସେତେବେଳେ ମାନବୀୟ ଚେତନା ମଧ୍ୟ ଚିରକାଳ ପାଇଁ ହୋଇଯାଏ ତିରୋହିତ। ନିଟ୍‌ଜେ ମଣିଷ ଯେଉଁ ନିୟମ ମଧ୍ୟରେ ବନ୍ଧନଯୁକ୍ତ, ସେଥିରୁ କାହାର ମୁକ୍ତିନାହିଁ ବୋଲି ଘୋଷଣା କରିଛନ୍ତି। ମଣିଷ ଆପଣା ଆୟତ୍ତରେ ରହିପାରେ ନାହିଁ। ଭାଗ୍ୟଚକ୍ରର ଘୂର୍ଣ୍ଣନ

ମଧ୍ୟରେ ସେ ଏକ କ୍ରୀଡ଼ନକ ସଦୃଶ। ଆମେ ଯେଉଁ ନୀତି ବା ନୈତିକତା ସମ୍ପର୍କରେ ବଦ୍ଧମୂଳ ଧାରଣା ମଧ୍ୟରେ ସୀମାବଦ୍ଧ ହୋଇରହିଛୁ ତାହାର ଯେ, କୌଣସି ଚିରନ୍ତନ ମୂଲ୍ୟ ନାହିଁ ଏହାହିଁ ନିଟ୍‌ଜେ ବର୍ଣ୍ଣନା କରିଛନ୍ତି ସୁଦୀର୍ଘ ଭାବରେ। ତାଙ୍କ ମତ ହେଲା, ମୋ ପାଇଁ ଯାହା ଭଲ ଅନ୍ୟ ପାଇଁ ମନ୍ଦ ସାବ୍ୟସ୍ତ ହେବାରେ କିଛି ଆଶ୍ଚର୍ଯ୍ୟ ହେବାର ନାହିଁ। ପୂର୍ବକାଳର ସମାଜରେ ଯେଉଁ ନୀତି ପ୍ରଚଳିତ; ଆଜିର ସମାଜରେ ତାହା ଅନୈତିକ ବୋଲି ପ୍ରତ୍ୟାଖ୍ୟାତ।

ନିଟ୍‌ଜେ ଦୁଇ ପ୍ରକାରର ନୀତି ସମ୍ପର୍କରେ ଯାହା ଉଲ୍ଲେଖ କରିଛନ୍ତି, ତାହା ଆଜି ମଧ୍ୟ ଅକ୍ଷରେ ଅକ୍ଷରେ କିପରି ସତ୍ୟ ତାହା ବିଚାରର ବିଷୟ। ପ୍ରଭୁନୀତି ଓ ଦାସ-ନୀତି ଅର୍ଥାତ୍ Master-morality ଓ Slave-morality ଏହା ହିଁ ପୃଥିବୀକୁ ରଖିଛି କବଳିତ କରି। ପ୍ରଭୁମାନେ ଯାହାକୁ ଭଲ କହନ୍ତି ଦାସମାନେ ତାହାକୁ ମନ୍ଦ ବୋଲି ଉପଲବ୍ଧି କରିଥାନ୍ତି। ଦାସମାନେ ଯାହାକୁ ଭଲ କହନ୍ତି ପ୍ରଭୁମାନେ ସେହିପରି ତାକୁ ମନ୍ଦ ବୋଲି ମନେକରନ୍ତି। ଯେତେବେଳେ ସଭ୍ୟତାର ଉଦୟକାଳ, ସେତେବେଳେ ବଳିଷ୍ଠ ଓ ଧୂର୍ତ୍ତ ଲୋକମାନେ ଦୁର୍ବଳ ଓ ମୂର୍ଖ ଲୋକମାନଙ୍କ ଉପରେ ନିଜର ପ୍ରଭାବ ବିସ୍ତାର କରିଥିଲେ। ଏହି ଚତୁର ଲୋକଙ୍କ ବଂଶଜମାନେ ହୋଇଛନ୍ତି ବିଭିନ୍ନ ଦେଶର ଶାସକ। ଯେଉଁମାନେ ଅତ୍ୟାଚାରିତ ହୋଇ ରହିଛନ୍ତି ସେମାନେ ପ୍ରଭୁମାନଙ୍କ ନିଷ୍ଠୁରତାକୁ ଘୃଣା କରିଛନ୍ତି ସ୍ୱାଭାବିକ ଭାବରେ।

ମୋହିନୀ ମୋହନଙ୍କ ଏହି ଉପସ୍ଥାପନାରେ ନିଟ୍‌ଜେଙ୍କ କେଉଁ ନୀତି ପ୍ରତି ସମର୍ଥନ ଥିଲା ତାହା ଜାଣି ପାଠକ ବିସ୍ମିତ ହୋଇଯାଏ। କାରଣ ନିଟ୍‌ଜେ ପ୍ରଭୁ ନୀତିର ପକ୍ଷପାତୀ। ତାଙ୍କର ମତ ହେଲା ଅଧିକାଂଶ ବ୍ୟକ୍ତି ବିନାଶପ୍ରାପ୍ତ ହେଲେ ମଧ୍ୟ କ୍ଷତିନାହିଁ। ଆଉ ଅତି ଅଳ୍ପ ଲୋକ ଯଦି ସଭ୍ୟତା ଏବଂ ଉନ୍ନତିର ସର୍ବୋଚ୍ଚ ଶିଖରକୁ ଆରୋହଣ କରିପାରିଛନ୍ତି, ତାହା ହେଲେ ମାନବ ସମାଜ ପାଇଁ ଏହା ହିତକାରକ। ମୋହିନୀ ମୋହନଙ୍କ ଏହି ତର୍ଜମାରୁ ନିଟ୍‌ଜେଙ୍କ ଦର୍ଶନକୁ ସ୍ପଷ୍ଟ ଭାବରେ ବୁଝିବା ହେଉଛି ଜଟିଳ ବ୍ୟାପାର।

ବାସ୍ତବରେ ନିଟ୍‌ଜେଙ୍କର ଦୃଷ୍ଟିଭଙ୍ଗୀ ହେଉଛି ସାମ୍ପ୍ରତିକ ମନୁଷ୍ୟ, ପଶୁମାନଙ୍କ ଠାରୁ ଯେପରି ଶ୍ରେଷ୍ଠ, ଭବିଷ୍ୟତର ମଣିଷମାନେ ବର୍ତ୍ତମାନର ମଣିଷମାନଙ୍କ ଠାରୁ ହୋଇପାରିବେ ସମୁନ୍ନତ। ନିଟ୍‌ଜେଙ୍କ ଭାଷାରେ ଏମାନେ ହେଉଛନ୍ତି Super ManÖ ନିଟ୍‌ଜେ ଏହି ସୁପରମ୍ୟାନମାନଙ୍କ ଅଭ୍ୟୁଦୟ ସକାଶେ ଦୁର୍ବଳ ଓ ଅସଭ୍ୟ ଜାତିମାନଙ୍କ ଧ୍ୱଂସର ଔଚିତ୍ୟ ଦର୍ଶାଇଦେଇଛନ୍ତି। ସେହିପରି ସମସ୍ତେ ଯେ ବିବାହ କରିବା ପାଇଁ ଉପଯୁକ୍ତ ନୁହଁନ୍ତି, ତାହା ମଧ୍ୟ ପ୍ରତିପାଦନ କରିଛନ୍ତି। ବିବାହ ପୂର୍ବରୁ

ମେଡ଼ିକାଲ ସାର୍ଟିଫିକେଟ୍‌ର ଆବଶ୍ୟକତା ଉପରେ ଗୁରୁତ୍ୱ ଆରୋପ କରିଛନ୍ତି। ଈଶ୍ୱରଙ୍କ ସମ୍ପର୍କିତ କାଳ୍ପନିକ ମତ ତାଙ୍କ ପାଇଁ ଥିଲା ଅବିଶ୍ୱାସ୍ୟ। ଧର୍ମ, ଶାସନ କରିବାର ଏକ ଉପାୟ ବୋଲି ତାଙ୍କର ମତ। ନିଟ୍‌ଜେ ସେଥିପାଇଁ ନିର୍ଦ୍ଦିଷ୍ଟ ଏକ ଧର୍ମର ବିପକ୍ଷରେ ସ୍ୱର ଉତ୍ତୋଳନ କରିଥିଲେ। ଖ୍ରୀଷ୍ଟଧର୍ମ ସବୁ ପ୍ରକାରର ମଣିଷ ଜାତି ପ୍ରତି ସମ୍ବେଦନଶୀଳ ହେବା ବିଜ୍ଞାନ ପରିପନ୍ଥୀ ବୋଲି ଭାବୁଥିଲେ।

ନିଟ୍‌ଜେଙ୍କର ଦାର୍ଶନିକ ବ୍ୟାଖ୍ୟା ସମସ୍ତଙ୍କ ପାଇଁ ଗ୍ରହଣଯୋଗ୍ୟ ହୋଇନପାରେ। ତଥାପି ନିଟ୍‌ଜେଙ୍କର କେତୋଟି ଦୃଷ୍ଟିଭଙ୍ଗୀ ଯଥାର୍ଥ ଭାବରେ ବୁଝିପାରିବାର ଆବଶ୍ୟକତା ଅଛି ନିଶ୍ଚୟ। ମୋହିନୀ ମୋହନ ଯେହେତୁ ଥିଲେ ପରମ୍ପରା - ପରିପନ୍ଥୀ ସେଥିପାଇଁ ନିଟ୍‌ଜେଙ୍କ ଦର୍ଶନ ପ୍ରତି ସମର୍ଥନର ସଙ୍କେତ ବହନ କରେ ଏ ପ୍ରବନ୍ଧଟି। ପରବର୍ତ୍ତୀ ସମୟରେ ନିଟଜେଙ୍କ ଦର୍ଶନର ବିଶ୍ଳେଷଣ ହୋଇଛି ବିଭିନ୍ନ ଲେଖକ ଲେଖିକାଙ୍କ ଦ୍ୱାରା। ତେବେ ମୋହିନୀ ମୋହନ ନିଟ୍‌ଜେଙ୍କ ପରି ଜଣେ ସତ୍ୟାନୁସନ୍ଧାନୀ ଦାର୍ଶନିକଙ୍କୁ ଓଡ଼ିଆ ପାଠକମାନଙ୍କ ସହିତ ସମ୍ବନ୍ଧିତ କରିଦେଇପାରିବା ହେଉଛି ଏକାନ୍ତ ମହତ୍ତ୍ୱପୂର୍ଣ୍ଣ। ଏ ଦୃଷ୍ଟିରୁ ମୋହିନୀ ମୋହନଙ୍କ ଅବଦାନକୁ ସରକାରାତ୍ମକ ଭାବରେ ଗ୍ରହଣ ଓ ବିଚାର କରିବାରେ ରହିଛି ସୁଗଭୀର ତାତ୍ପର୍ଯ୍ୟ।

■

'ଆମେରିକା ଆବିଷ୍କାର'ରେ ମୋହିନୀ ମୋହନ

ଆମେ ସମସ୍ତେ ଏହା ଜାଣୁ ଯେ, ଆମେରିକାର ଆବିଷ୍କାରକ ହେଉଛନ୍ତି କଲମ୍ବସ୍ ପେଲସ୍। ସେ ଆମେରିକାକୁ କିପରି ଆବିଷ୍କାର କରିଥିଲେ ତାହା ମୋହିନୀମୋହନ ସେନାପତି ଏହି କ୍ଷୁଦ୍ର ପ୍ରବନ୍ଧରେ ଆଲୋକପାତ କରିଛନ୍ତି। ଜୀବନର ଅନ୍ତିମ ପର୍ଯ୍ୟାୟରେ ଯୁବକ ସୁଲଭ ଉତ୍ସାହ ନେଇ କଲମ୍ବସ୍ ପୃଥିବୀର ଅଜ୍ଞାତଦେଶ ଅନୁସନ୍ଧାନରେ ଯେତେବେଳେ ବାହାରିଥିଲେ ୧୪୪୨ ମସିହା ଅଗଷ୍ଟ ୩ ତାରିଖରେ ସ୍ପେନ୍‌ର ଏକ କ୍ଷୁଦ୍ର ବନ୍ଦରରୁ, ସେତେବେଳେ ତାଙ୍କ ବୟସ ହୋଇଥଲା ୫୨। ତିନୋଟି ଜାହାଜ ଓ ଶହେ କୋଡ଼ିଏ ଜଣ ନାବିକଙ୍କୁ ନିଜ ସହିତ ନେଇ ସେ ଏହି ଦୁଃସାହସିକ ଅଭିଯାନରେ ବାହାରିଥିଲେ। ଅନୁକୂଳ ବାୟୁର ଗତି ସେମାନଙ୍କୁ ଭସାଇ ନେଇଥିଲା ଆଫ୍ରିକାର ପଶ୍ଚିମବର୍ତ୍ତୀ ଜେନେରିସ ଦ୍ୱୀପପୁଞ୍ଜକୁ। ଏହିଠାରେ ସମସ୍ତେ ନେଇଥିଲେ ବିଶ୍ରାମ। ଏକ ବିସ୍ମୟକର ଦୃଶ୍ୟ ଦେଖିପାରିଲେ ନାବିକମାନେ। ତାହା ହେଲା ଟେନେରିକ ଆଗ୍ନେୟଗିରିର ଅଗ୍ନ୍ୟୁତ୍ପାତ। ପର୍ବତର ଶିଖର ପ୍ରଦେଶ ଦେଖିନପାରିବାରୁ ସେମାନେ ପୃଥିବୀ ବାହାରକୁ କାଳେ ପଳାଇ ଆସିଛନ୍ତି ବୋଲି ହୋଇଗଲେ ବିବ୍ରତ। ଏଭଳି ଭୟଭୀତ ନାବିକମାନଙ୍କୁ ଆଶ୍ୱାସନା ଦେଇଥିଲେ ସ୍ୱୟଂ କଲମ୍ବସ୍ ଆଉ କହିଥିଲେ ଯେ, ସେମାନେ ନିଶ୍ଚୟ ଉପନୀତ ହେବେ ଏକ ମହାଦେଶରେ। ଯେଉଁ ମହାଦେଶ କଲମ୍ବସ୍ କେବେ ଆଖିରେ ଦେଖିବାର ସୁଯୋଗ ସୁଦ୍ଧା ପାଇନଥିଲେ ତାହାର ଏକ ଆକର୍ଷଣୀୟ ଚିତ୍ର ଉପସ୍ଥାପନ କରିଥିଲେ ନାବିକମାନଙ୍କ ସମ୍ମୁଖରେ। ନାବିକମାନେ ମଧ୍ୟ ଦେଖିଲେ ସମୁଦ୍ର ବକ୍ଷରେ ଭାସମାନ

ବୃକ୍ଷଲତା । କଲମ୍ବସ୍‌ଙ୍କର ଯେଉଁ ଅସାମାନ୍ୟ ପ୍ରତିଭା ଥିଲା ସେଇଥିରୁ ହିଁ ଜାଣିଥିଲେ ଯେ ସ୍ଥଳଭାଗ ଏଠାରୁ ପ୍ରାୟ ଦୁଇ ବା ଅଢ଼େଇ ହଜାର ମାଇଲ୍ ଦୂରରେ ଅବସ୍ଥିତ । କିନ୍ତୁ ଏହି ସତ୍ୟକୁ ନାବିକମାନଙ୍କ ନିକଟରୁ ସେ ରଖିଲେ ଗୋପନ । କାରଣ, ନାବିକମାନଙ୍କ ଉତ୍ସାହ ଓ ଉଦ୍ଦୀପନାରେ କୌଣସି ବ୍ୟାଘାତ ସୃଷ୍ଟି କରିବାକୁ ସେ ଚାହିଁନାହାନ୍ତି । କଲମ୍ବସଙ୍କର ଯାତ୍ରା ସମୟରେ ବାଷ୍ପୀୟ ପୋତର ସୃଷ୍ଟି ହୋଇନଥିଲା । ନାବିକମାନେ ଅଝାଲ ଟାଙ୍ଗି ଚଳାଉଥିଲେ ଜାହାଜ । ଆହୁଲା ବାହି ବାହି ସୁଦୀର୍ଘ ଦୁଇମାସ କାଳ ସେମାନେ ଅନବରତ ଜାହାଜ ଚଳାଇବା ସତ୍ତ୍ୱେ ଦେଖାଗଲା ନାହିଁ ସ୍ଥଳଭାଗ । ନାବିକମାନଙ୍କ ଅସନ୍ତୋଷ ଓ ଅଶାନ୍ତିର ବହ୍ନି ଉପନୀତ ହୋଇଥିଲା ଶୀର୍ଷ ସୀମାରେ । ହୁଏତ ନାବିକମାନଙ୍କ ଦ୍ୱାରା କଲମ୍ବସ୍ ହୋଇଥା'ନ୍ତେ ଦଣ୍ଡିତ । ଏଭଳି ଭୟଙ୍କର ପରିସ୍ଥିତିରେ ସୁଦ୍ଧା ଅବିଚଳିତ କଲମ୍ବସ୍ ଅନୁରୋଧ କରିଥିଲେ ଆଉ ତିନୋଟି ଦିନ ଧୈର୍ଯ୍ୟଧାରଣ କରି ଅପେକ୍ଷା କରିବାପାଇଁ । ଦ୍ୱିତୀୟ ଦିବସରେ ଦେଖାଯାଇଥିଲା ଜାହାଜ ନିକଟରେ ଭାସମାନ ବୃକ୍ଷ, ଶାଣିତ ଅସ୍ତ୍ର ମାଧ୍ୟମରେ ନିର୍ମିତ ବାଡ଼ିଟିଏ, ଗୋଟିଏ ବୃକ୍ଷର ଡାଳ ଯେଉଁଠାରେ ବସା ବାନ୍ଧିଛି ଗୋଟିଏ ମାଆ ଚଢ଼େଇ ନିଜ ଅଣ୍ଡାଗୁଡ଼ିକୁ ଘୋଡ଼ାଇରଖି । କଲମ୍ବସ୍‌ଙ୍କ ପ୍ରତି, ନାବିକମାନଙ୍କର କଠୋରତା ପରିବର୍ତ୍ତିତ ହେବାକୁ ଲାଗିଲା କୋମଳତାରେ । ନିଜେ କଲମ୍ବସ ଚାହିଁଥିଲେ ଯେ ଯିଏ ପ୍ରଥମେ ଦେଖିପାରିବେ ସ୍ଥଳଭାଗ, ତାଙ୍କୁ ଦିଆଯିବ ପୁରସ୍କାର । ମାତ୍ର ସେ ନିଜେ ହିଁ ପ୍ରଥମେ ଆବିଷ୍କାର କଲେ ସ୍ଥଳଭାଗର ଅବସ୍ଥିତି । ୧୪୯୨ ଅକ୍ଟୋବର ୧୧ ତାରିଖ ରାତ୍ରିରେ ତାଙ୍କର ଦୃଷ୍ଟି ପଥାରୂଢ଼ ହୋଇଥିଲା ଏକ ଆଲୋକ ରେଖା ।

ଯେତେବେଳେ ରାତ୍ରିର ଅସହ୍ୟ ଯନ୍ତ୍ରଣା ପହଞ୍ଚିଲା ଅନ୍ତିମ ସୋପାନକୁ ଓ ପ୍ରଭାତର ଆଲୋକରେ ସୁସ୍ପଷ୍ଟ ଦେଖାଗଲା ଚତୁର୍ଦ୍ଦିଗ, ସେତେବେଳେ ସେମାନେ ଦେଖନ୍ତି ଯେ ଗୋଟିଏ ଦ୍ୱୀପ ମଧ୍ୟରେ ରହିଛି ଅରଣ୍ୟ । ଆଉ ଦୃଶ୍ୟମାନ ହେଉଛି କେତେକ ଆବାସ ଗୃହ । ବୃକ୍ଷଲତା ଆଢୁଆଳରେ ରହି କେତେଜଣ ଅର୍ଦ୍ଧନଗ୍ନ ନରନାରୀ ଭୟଭୀତ ମନରେ ଓ ବିସ୍ମିତ ଚାହାଣିରେ ଦେଖୁଥିଲେ କଲମ୍ବସ୍ ଓ ତାଙ୍କର ନାବିକ ବୃନ୍ଦଙ୍କୁ । ମୋହିନୀ ମୋହନ ସେନାପତି ଏ ମୁହୂର୍ତ୍ତଟିକୁ ଯେମିତି ବର୍ଣ୍ଣନା କରିଛନ୍ତି ତାହା ପାଠ କରିବା ମାତ୍ରକେ ହୃଦୟରେ ସୃଷ୍ଟି ହୁଏ ଏକ ଅଦ୍ଭୁତ ଭାବାବେଗ । ତାଙ୍କ ବର୍ଣ୍ଣନାକୁ ଅବିକଳ ଏଠାରେ ଉଦ୍ଧାର କରାଯାଉ । 'କଲମ୍ବସ୍ ତାଙ୍କର ଉତ୍କୃଷ୍ଟ ପୋଷାକରେ ସଜ୍ଜିତ ହୋଇ ଗୋଟିଏ ନୌକାରେ ଚଢ଼ି ସମୁଦ୍ର କୂଳକୁ ଗଲେ । ସେ ନୌକାରୁ ଓହ୍ଲାଇ ଭୂମି ଚୁମ୍ବନ କଲେ ଏବଂ ଘାସରେ ମୁହଁ ପୋତି କାନ୍ଦିବାକୁ ଲାଗିଲେ ।'

ମଣିଷ ହେଉଛି ଏ ପୃଥିବୀର ଏକ ମହାନ୍ ବିସ୍ମୟ। ସିଏ କେବେହେଲେ ଅଳ୍ପକରେ ସନ୍ତୁଷ୍ଟ ହୋଇପାରେ ନାହିଁ। ତା' ମନର ଜିଜ୍ଞାସା ତୃପ୍ତ ହୁଏ ନାହିଁ କେବେ। ସେ ଚାହେଁ ନୂତନ ବିଷୟ ଆବିଷ୍କାର କରିବା ପାଇଁ। ଚାହେଁ ପୁଣି ଏ ପୃଥିବୀ ବକ୍ଷରେ କେଉଁଠି ମଣିଷର ସତ୍ତା ରହିଛି। ସେସବୁକୁ ଜାଣିବାର ଆଗ୍ରହ ତା' ଭିତରେ ରହିଛି ଆଶ୍ଚର୍ଯ୍ୟଜନକ ଭାବରେ। ଏହି ଜିଜ୍ଞାସା ହିଁ କଲମ୍ବସ୍‌ଙ୍କୁ ନେଇ ଯାଇଥିଲା ସମୁଦ୍ରର ଗୋଟିଏ ସ୍ଥଳରୁ ଆଉ ଏକ ସ୍ଥଳଭାଗ ପର୍ଯ୍ୟନ୍ତ। ତେଣୁ ଯେତେବେଳେ ସେ ଆବିଷ୍କାର କରିଛନ୍ତି ଆମେରିକା, ସେତେବେଳେ ଯେଉଁ ପୁଲକ ଓ ସଫଳତା ହାସଲ କରିଛନ୍ତି ତାହା ହିଁ ତାଙ୍କ ଚକ୍ଷୁ ଯୁଗଳକୁ କରିଦେଇଛି ଅଶ୍ରୁସ୍ନାତ। କଲମ୍ବସ୍ ଭାବିଥିଲେ ଯେ ସେ ଭାରତବର୍ଷରେ ଉପସ୍ଥିତ ହୋଇଛନ୍ତି। କିନ୍ତୁ ପରବର୍ତ୍ତୀ ସମୟରେ ଜାଣିପାରିଛନ୍ତି ପ୍ରକୃତ ସତ୍ୟ।

ମୋହିନୀ ମୋହନ ସେନାପତିଙ୍କ ରଚିତ ଏହି କ୍ଷୁଦ୍ର ପ୍ରବନ୍ଧଟି ତାଙ୍କ ବିଷୟ ନିର୍ବାଚନ ଦକ୍ଷତାର ପ୍ରକୃତ ପରିଚାୟକ। ସେ ଏପରି ଜଣେ ବ୍ୟକ୍ତିତ୍ୱଙ୍କୁ ଚୟନ କରିଛନ୍ତି ପ୍ରବନ୍ଧ ରଚନା କରିବା ନିମନ୍ତେ ଯିଏ ହେଉଛନ୍ତି ଜଣେ ଦୁଃସାହସିକ ଅଭିଯାତ୍ରୀ। ଏହା ହିଁ ପ୍ରାବନ୍ଧିକଙ୍କ ବିଶେଷତ୍ୱ ପ୍ରତିପାଦନ କରିଦେଇଥାଏ ସ୍ୱତଃସ୍ଫୂର୍ତ୍ତ ଭାବରେ। ସେ ସମୟରେ ପାଠକମାନଙ୍କ ପ୍ରତି ଏପରି ଚରିତ୍ର ଗଦ୍ୟାକାରରେ ଉପହାର ଦେଇ ସେ ଅତୀତକୁ ନେଇଯାଇଛନ୍ତି ଅପୂର୍ବ ଅନୁରାଗର ସହିତ। ଯଦିଓ କଲମ୍ବସ୍‌ଙ୍କ ଆଶା ଓ ଆଶଙ୍କାରେ ଆଲୋଡ଼ିତ ହୃଦୟକୁ ସେ ବିସ୍ତୃତ ଭାବରେ ରୂପଦାନ କରିପାରିନାହାନ୍ତି; ତଥାପି ତାହାର ସୁସ୍ପଷ୍ଟ ସଂକେତ ରଖିଯାଇଛନ୍ତି ଏଠାରେ। ମୋହିନୀମୋହନ ଥିଲେ ଦର୍ଶନର ଅଧ୍ୟାପକ, କିନ୍ତୁ ଏପରି ବୈଜ୍ଞାନିକ ବା ଭୌଗୋଳିକ ବିଷୟକୁ ନିର୍ବାଚନ କରି ସେ ତାଙ୍କର ବିସ୍ତାରିତ ଚେତନାର ସଫଳ ପରିଚୟ ପ୍ରଦାନ କରିଛନ୍ତି। ତେଣୁ ଆକାରରେ କ୍ଷୁଦ୍ରକାୟ ହେଲେ ମଧ୍ୟ ଏପରି ଗଦ୍ୟ ସୃଷ୍ଟି ତାଙ୍କ ଜ୍ଞାନ ଅନ୍ୱେଷଣଧର୍ମୀ ପ୍ରତିଭାର ରଶ୍ମି ବିକିରଣ କରିଦେଇ ପାରିଛି, ଏଥିରେ ସନ୍ଦେହ ନାହିଁ।

■

ମୌଳିକ ଚିନ୍ତକ ମୋହିନୀମୋହନ

ଲେଖକ ଭାବରେ ପ୍ରତିଷ୍ଠା ଅର୍ଜନ କରିବାର କୌଣସି ଅଭିଳାଷ ନଥିଲା ମୋହିନୀ ମୋହନଙ୍କର। ଯେ କୌଣସି ବିଷୟରେ କିଛି ନା କିଛି ଲେଖି ଲେଖକୀୟ ସ୍ୱୀକୃତି ଲାଭ ଲୋଭରୁ ସେ ଥିଲେ ବହୁ ଊର୍ଦ୍ଧ୍ୱରେ। ସେ ଥିଲେ ସତ୍ୟସନ୍ଧାନୀ, ଏପରି ଏକ ମୌଳିକ ଚିନ୍ତକ, ଯାହା କେହି ଏହାପୂର୍ବରୁ କଳ୍ପନା କରିନଥିଲେ। ସାଧାରଣ ଅଥବା ବିଜ୍ଞଜନଙ୍କ ଦ୍ୱାରା ଆଦୃତ କିମ୍ବା ପ୍ରଶଂସିତ ହେବାପାଇଁ ସେ କଲମ ଚାଳନା କରିନାହାନ୍ତି। ଯେଉଁ ବିଷୟସବୁ ତାଙ୍କ ଚେତନାକୁ କରିଛି ଆନ୍ଦୋଳିତ, ତାହାକୁ ହିଁ ସେ ପ୍ରଦାନ କରିଛନ୍ତି ପ୍ରବନ୍ଧ ରୂପ। ଏହା ଲେଖିବା ଦ୍ୱାରା ସେ ପ୍ରଶଂସିତ ହେବା ଅପେକ୍ଷା ସମାଲୋଚନାର ଶରବ୍ୟ ହେବାର ଆଶଙ୍କା ଅଧିକ ଥିଲେ ମଧ୍ୟ ସେ ଭୟଭୀତ ହୋଇ ନୀରବ ରହିନାହାନ୍ତି। ନିନ୍ଦିତ ଓ ପ୍ରତ୍ୟାଖ୍ୟାତ ହେବାର ସମସ୍ତ ଆଶଙ୍କା ଥିବା ସତ୍ତ୍ୱେ, ଯେତେବେଳେ ଜଣେ ଲେଖନୀ ଚାଳନା କରେ, ସେତିକିବେଳେ ହିଁ ସିଏ ପ୍ରକୃତରେ ଦେଇଥାଏ ତା'ର ଲେଖକୀୟ ବ୍ୟକ୍ତିତ୍ୱର ପ୍ରକୃତ ପରିଚୟ। ତାଙ୍କ ଲିଖିତ ପ୍ରବନ୍ଧ 'ଉତ୍କଳ ସାହିତ୍ୟ ସମାଜ'ରେ ଯେତେବେଳେ ତାଙ୍କରି ଦ୍ୱାରା ହିଁ ଉପସ୍ଥାପିତ ହୋଇଥିଲା, ସେତେବେଳେ କଠୋର ସମାଲୋଚନାର ଶରବିଦ୍ଧ ହୋଇସାରିଥିଲା ତାଙ୍କ ଉପରେ। ଏସବୁ ସତ୍ତ୍ୱେ ନିଜସ୍ୱ ବିଚାରରୁ ସେ କଦାପି ଓହରି ଯାଇନାହାନ୍ତି। ଯାହା ପ୍ରକୃତ ବାସ୍ତବତା ବୋଲି ସେ ହୃଦୟଙ୍ଗମ କରିଛନ୍ତି ସେହି ସୁଦୃଢ଼ ପ୍ରତ୍ୟୟ ନେଇ ବଞ୍ଚିଛନ୍ତି ଏକ ସ୍ୱତନ୍ତ୍ର ଶୈଳୀର ଜୀବନ। ସେ ଫକୀରମୋହନଙ୍କ ପୁତ୍ର ଭାବରେ ଆଉ ଏକ ଫକୀରମୋହନଙ୍କ କ୍ଷୁଦ୍ର ପ୍ରତିରୂପ ହେବାକୁ ଚାହିଁନାହାନ୍ତି। ସେ ଚାହିଁଛନ୍ତି ଗୋଟା ସୁଦ୍ଧା ମୋହିନୀ ମୋହନ ହେବାକୁ। ଏହା ତାଙ୍କ ସରଳ ହୃଦୟବତ୍ତାର ଯେ ସୌନ୍ଦର୍ଯ୍ୟମୟ ପ୍ରତିଫଳନ ଏହାକୁ ଅଭିନବ ସମ୍ମାନ ପ୍ରଦର୍ଶନ କରିବା ହେଉଛି ଏକବିଂଶ ଶତାବ୍ଦୀର ଆହ୍ୱାନ। ମୋହିନୀ

ମୋହନଙ୍କ ସ୍ୱଭାବ ଥିଲା ସରଳ ଓ ସଚ୍ଚୋଟ। ସେ ଥିଲେ ସମାଜରେ ଜଣେ ଗଣ୍ୟମାନ୍ୟ ଭଦ୍ରବ୍ୟକ୍ତି। କୌଣସି ପ୍ରକାର କୁଟିଳତା ତାଙ୍କ ନିକଟରେ ଦେଖାଯାଇ ନଥିଲା। ତାଙ୍କ ଗଦ୍ୟ ସୃଷ୍ଟିରେ ମଧ୍ୟ ସେପରି ଜଟିଳତା ବା କୁଟିଳତାର ସାମାନ୍ୟ ସଙ୍କେତ ମଧ୍ୟ ଅନୁପସ୍ଥିତ।

ଏହି ସରଳ ପ୍ରାଣର ଅଧିକାରୀ ହୋଇଥିବାରୁ ସେ ସତ୍ୟ ସନ୍ଧାନ ପାଇଁ ସାହସ କରିପାରିଥିଲେ। ନିଜସ୍ୱ ଉପଲବ୍ଧି ଠାରୁ ଆଉ ମହତ୍ତର ବିଷୟ ରହିଛି କ'ଣ ତାହା ସେ ଜାଣିନଥିଲେ। ସକ୍ରେଟିସ୍ କହିଛନ୍ତି - "Know thyself" ଅର୍ଥାତ୍ 'ନିଜକୁ ହିଁ ଜାଣ'। ଏଇ ନିଜକୁ ଜାଣିବାର, ଚିହ୍ନିବାର ଅନୁଭବ କରିବାର ଶକ୍ତି ସାମର୍ଥ୍ୟ ସାହସ ଓ ସଦିଚ୍ଛା ସମସ୍ତଙ୍କ ମଧ୍ୟରେ ବିଦ୍ୟମାନ ନଥାଏ। ଆତ୍ମୋପଲବ୍ଧି ବା ଆତ୍ମାନୁସନ୍ଧାନ ଠାରୁ ଦୂରବର୍ତ୍ତୀ ହୋଇ ଯେଉଁମାନେ ସାହିତ୍ୟ ସୃଷ୍ଟି କରନ୍ତି, ତାହାକୁ ଆମେ କୃତ୍ରିମ ସାହିତ୍ୟ ବୋଲି ହିଁ କହିବା। ଏହି ସକଳ ପ୍ରକାରର କୃତ୍ରିମ ସାଜସଜ୍ଜାକୁ ଓହ୍ଲାଇଦେଲା ପରେ ମଣିଷ ସ୍ୱ-ସ୍ୱରୂପରେ ପ୍ରକଟ ହୋଇଉଠେ। ଏହି ନିଦା ମଣିଷ ହିଁ ଆମର ଏକାନ୍ତ ଅଭିଳଷିତ ହେବା ସମୁଚିତ ନୁହେଁ କି ? ଯିଏ ଯେମିତି, ଠିକ୍ ସେମିତି ଭାବରେ ସେ ଆପଣାକୁ ପ୍ରକଟ କରିଦେବା ଠାରୁ ଆଉ ହୃଦୟସ୍ପର୍ଶୀ ବିଷୟ କ'ଣ ଅଛି ପ୍ରକୃତରେ ? ଏପରି ନବଚେତନାର ଲେଖକ ଯେ କୌଣସି ସାହିତ୍ୟର ହେଉଛନ୍ତି ପ୍ରକୃତ ରତ୍ନ। ସେ ଦୃଷ୍ଟିରୁ ମୋହିନୀ ମୋହନଙ୍କୁ ଲାଭକରି ଓଡ଼ିଆ ସାହିତ୍ୟ ଯେ ଗୌରବାନ୍ୱିତ - ଏହା ଆଜି ନିର୍ବିବାଦରେ କୁହାଯାଇପାରେ।

■

ଆଧୁନିକତା ଓ ମୋହିନୀ ମୋହନ-ମାନସ

ଆଧୁନିକତାର ବ୍ୟାଖ୍ୟା ଓ ବିଶ୍ଳେଷଣ ବିଭିନ୍ନ ସମୟରେ ଯେତେ ଭିନ୍ନ ପ୍ରକାରେ କରାଯାଇଥିଲେ ମଧ୍ୟ ଏହାର ପ୍ରକୃତ ଅର୍ଥ ମଧ୍ୟରେ ଛଦ୍ମତାବିହୀନ ଏକ ସମ୍ବେଦନଶୀଳ ଜୀବନକୁ ଯେ ବୁଝାଇବ - ଏହାକୁ କେହି ଅସ୍ୱୀକାର କରିପାରିବେ ନାହିଁ। ମୋହିନୀ ମୋହନ ସେହିପରି ଏକ ମୁକ୍ତ ଜୀବନାନୁରାଗର ଯଥାର୍ଥତା ବର୍ଣ୍ଣନା କରିଥିବା ଯୋଗୁଁ ସେ ହେଉଛନ୍ତି ଆଧୁନିକତାର ବାର୍ତ୍ତାବହ। ସମଗ୍ର ବିଶ୍ୱ ସାହିତ୍ୟର ଅନେକ ଜ୍ଞାନଦୀପ୍ତ ଗ୍ରନ୍ଥପାଠ କରିବା ଦ୍ୱାରା, ସେସବୁ ପୁସ୍ତକରେ ଉନ୍ମୋଚିତ ହୋଇଯାଇଥିବା ସତ୍ୟକୁ ନିଜ ଅନ୍ତଃସ୍ଥଳରେ ମୋହିନୀମୋହନ ଯେଉଁ ଉଚ୍ଚକୋଟୀର ସମ୍ମାନ ପ୍ରଦର୍ଶନ କରିଛନ୍ତି ସେପରି ଦୁଃସାହସ ଏହା ପୂର୍ବରୁ କେହି କରିଥିବାର ଦୃଷ୍ଟାନ୍ତ ଅନୁପସ୍ଥିତ। ଅଧିକାଂଶ ଲେଖକ ସମାଜକୁ ଦୃଷ୍ଟିରେ ରଖି ରଚନା କରିଥାନ୍ତି ସେମାନଙ୍କ କୃତି। ଯାହା ସମାଜଦ୍ୱାରା ଗ୍ରହଣୀୟ ହୋଇପାରିବ ନାହିଁ ବା କୌଣସି ନା କୌଣସି ଦୃଷ୍ଟିରୁ ତୀବ୍ର ସମାଲୋଚନାର ଶରବ୍ୟ ହୋଇପାରେ ସେପରି ସାହିତ୍ୟ ସୃଷ୍ଟି କରିବାପାଇଁ ସେମାନେ ଆଦୌ ସମର୍ଥ ନୁହଁନ୍ତି।

କିନ୍ତୁ ଆଧୁନିକତାର ଆବାହନ କରିବା ପ୍ରତ୍ୟେକ ସ୍ରଷ୍ଟାଙ୍କ ନୈତିକ ଦାୟିତ୍ୱ। ସେହି ଦାୟିତ୍ୱ ପ୍ରତି ବୀତସ୍ପୃହତା ପ୍ରଦର୍ଶନ କରିବା ପ୍ରକୃତ ମାନବତାର ପରିପନ୍ଥୀ। ଅପରପକ୍ଷରେ ଯେଉଁ ଲେଖକମାନେ ପରିସ୍ଥିତିର ପ୍ରତିକୂଳତା ସତ୍ତ୍ୱେ ନିଜସ୍ୱ ପ୍ରାଣର ଅନୁଭୂତ ସତ୍ୟ ଉନ୍ମୋଚନ କରିବାରେ ପ୍ରତିବଦ୍ଧ, ସେଇମାନେ ହିଁ ନବ-ଚେତନାର ଆବାହକ।

ମୋହିନୀ ମୋହନ କେବେ ହେଲେ କାହାରି ଭୟଭୀତ ଦୃଷ୍ଟିର ପ୍ରଭାବକୁ ସ୍ୱୀକାର ନକରି ଯାହା ମାନବ ଜୀବନ ନିମନ୍ତେ ମଙ୍ଗଳକର ବୋଲି ମନେ କରିଛନ୍ତି, ତାହା ହିଁ ନିର୍ଭୀକ ଭାବରେ ଦର୍ଶାଇ ଦେଇପାରନ୍ତି। ତାଙ୍କ ରଚିତ

ପ୍ରବନ୍ଧଗୁଡ଼ିକରେ ଏହି ଚେତନାର ଉଚ୍ଛ୍ୱାସ ପରିଲକ୍ଷିତ। ସେଥିପାଇଁ ବିବାହ, ଜୀବଜନ୍ତୁଙ୍କ ପ୍ରତିଯତ୍ନ ଓ ଏକ ମୁକ୍ତ ଜୀବନଧାରାର ସ୍ୱପ୍ନରେ ସେ ଅଧୀର ହୋଇଉଠିଛନ୍ତି। ତାଙ୍କ ପ୍ରସ୍ତାବ, ନିଷ୍ପତ୍ତି, ଦୃଷ୍ଟିଭଙ୍ଗୀ ଆଦିକୁ କିଏ ଗ୍ରହଣ କରିବେ ବା ପ୍ରତ୍ୟାଖ୍ୟାନ କରିବେ - ତାହା ବିଚାରକୁ ନ ନେଇ ନିଜସ୍ୱ ଜାଗ୍ରତ ଚେତନାର ପରିଚୟ ପ୍ରଦାନ କରିଛନ୍ତି ପ୍ରଭାବଶାଳୀ ଓ ପ୍ରମାଣିକ ଭାବରେ।

'ବିବିଧ ପ୍ରସଙ୍ଗ' ପୁସ୍ତକରେ ବିବିଧ ବିଷୟ ଉପସ୍ଥାପିତ ହୋଇଥିଲେ ମଧ୍ୟ ସେ ସବୁ ପ୍ରସଙ୍ଗ ମଧ୍ୟରେ ମୋହିନୀ ମୋହନଙ୍କ ଚେତନାର ଗୋଟିଏ ସ୍ୱର ହିଁ ନିନାଦିତ ହୋଇଉଠିଛି। ଯେଉଁ ବିଷୟ ସବୁ ତାଙ୍କ ମସ୍ତିଷ୍କରେ ଧ୍ୱନିତ ହୋଇଛି, ତାହାର ପ୍ରତିଧ୍ୱନି ଶୁଣିବାକୁ ସେ ପାଠକ ସମାଜକୁ ଆନ୍ତରିକ ଆହ୍ୱାନ ଜଣାଇଛନ୍ତି। ଯାହା ସମାଜ ବା ବ୍ୟକ୍ତିଦ୍ୱାରା ଅଗ୍ରାହ୍ୟ ହୋଇପାରେ ତାହାକୁ ମଧ୍ୟ ଲେଖିବାରେ ମୋହିନୀ ମୋହନ ଆଦୌ ପଶ୍ଚାଦପଦ ହୋଇନାହାନ୍ତି କେବେହେଲେ।

ମୋହିନୀ ମୋହନଙ୍କ ଏ ଯେଉଁ ଦୁଃସାହସିକ ସାହିତ୍ୟ-ଯାତ୍ରା, ଅନ୍ୟମାନଙ୍କ ଠାରୁ ସମ୍ପୂର୍ଣ୍ଣ ସ୍ୱତନ୍ତ୍ର ଓ ଭିନ୍ନ। ଏହି ଭିନ୍ନତା ହିଁ ଜଣେ ଲେଖକର ପ୍ରକୃତ ଆତ୍ମିକ ପରିଚୟ। ସତକଥା କହିବାକୁ ଗଲେ କେହି କାହା ସହିତ ସମାନ ନ ହେବା ସ୍ୱାଭାବିକ। ଏ ଦୃଷ୍ଟିରୁ ସମସ୍ତେ ମଧ୍ୟ ପରସ୍ପର ଠାରୁ ବହୁ ଭାବରେ ଅଲଗା। ନିଜର ସ୍ୱାତନ୍ତ୍ର୍ୟକୁ ଜାଣିବା, ତଦନୁଯାୟୀ ନିର୍ଭୀକତାର ସହିତ ଜୀବନ ବଞ୍ଚିବା ହେଉଛି ମନୁଷ୍ୟତାର ଶ୍ରେଷ୍ଠ ପରିଚୟ। ଅଥଚ ଏ ପୃଥିବୀରେ ସହସ୍ର ସହସ୍ର ବ୍ୟକ୍ତି ନିଜ ବ୍ୟକ୍ତିତ୍ୱକୁ ବଳିଦିଅନ୍ତି। ମୋହିନୀ ମୋହନ ତାହା ତାଙ୍କ ଜୀବନରେ କରିନାହାନ୍ତି ଏବଂ ତାଙ୍କର ବ୍ୟକ୍ତିତ୍ୱର ବିକାଶ ନିମନ୍ତେ ସାହିତ୍ୟ ଶିଳ୍ପୀର ଯେତିକି ପ୍ରଯତ୍ନ କରିବା ଆବଶ୍ୟକ ତାହାହିଁ କରିଛନ୍ତି। ଏପରି ବିନୀତ ଅଥଚ ଦୁଃସାହସୀ ଶିଳ୍ପୀ ଓଡ଼ିଆ ସାହିତ୍ୟରେ ବିରଳ ହୋଇଥିଲେ ମଧ୍ୟ ତାଙ୍କର ବୈଭିନ୍ନ୍ୟକୁ ଅନ୍ୟମାନେ ଉଦାରତାର ସହିତ ଗ୍ରହଣ କରିପାରିନଥିବା ଦୁର୍ଭାଗ୍ୟର ବିଷୟ। ତେବେ ସେ ଯାହା ହେଉନା କାହିଁକି, ସେ ଓଡ଼ିଆ ପ୍ରବନ୍ଧ ସାହିତ୍ୟରେ ସର୍ବାଧୁନିକ ଚେତନାର ଯେ ଶ୍ରେଷ୍ଠ ଶିଳ୍ପୀ ଏହା ବିଚାର କରିନେବା ଏକାନ୍ତ ଯୁକ୍ତିସଙ୍ଗତ।

■

ଅଧ୍ୟାପକ ମୋହିନୀ ମୋହନ

ମୋହିନୀ ମୋହନ ସେନାପତି ଯେ ଦର୍ଶନର ଅଧ୍ୟାପକ ଥିଲେ, ଏ ବିଷୟ କାହାକୁ ଅଛପା ନୁହେଁ। ଅଧ୍ୟାପକ ଭାବରେ ତାଙ୍କର ଅବଦାନର ମୂଲ୍ୟାଙ୍କନ ଏ ପର୍ଯ୍ୟନ୍ତ ସମ୍ଭବ ହୋଇନାହିଁ। ଜଣେ ଅଧ୍ୟାପକଙ୍କ ପ୍ରକୃତ ଅବଦାନ ଚିହ୍ନଟ କରିବାର ନିର୍ଭୁଲ ମାର୍ଗ ହେଉଛି ଛାତ୍ରଛାତ୍ରୀମାନଙ୍କ ହୃଦୟରେ ତାଙ୍କର ସ୍ଥାନ ଅନୁସନ୍ଧାନ। ମୋହିନୀ ମୋହନଙ୍କ ଛାତ୍ର କେଉଁମାନେ ଥିଲେ ଓ ସେମାନଙ୍କ ମଧ୍ୟରୁ ବିଶେଷ ପରିଚିତି ଲାଭ କରିଛନ୍ତି କିଏ କିଏ ତାହାର ତାଲିକା ପ୍ରସ୍ତୁତ କରିବା ବର୍ତ୍ତମାନ ଏକ କଷ୍ଟସାଧ୍ୟ ବିଷୟ। ତାଙ୍କଠାରୁ ପ୍ରତ୍ୟକ୍ଷ ଭାବରେ ଶିକ୍ଷାଗ୍ରହଣ କରିଥିବା ଛାତ୍ରଛାତ୍ରୀମାନଙ୍କୁ ନ ଚିହ୍ନି, ନ ଜାଣି ମୋହିନୀ ମୋହନଙ୍କ ଅବଦାନକୁ ଉଲ୍ଲେଖ କରିବାର ଉଦ୍ୟମ କେତେଦୂର ଯୁକ୍ତିସଙ୍ଗତ ? ଏ ଲେଖକ ମୋହିନୀ ମୋହନଙ୍କ ଛାତ୍ରଛାତ୍ରୀମାନଙ୍କୁ ଜାଣିବାର ଅବକାଶ ପାଇନଥିବା ସତ୍ତ୍ୱେ ସେ ବିଷୟରେ ଯେ, କିଞ୍ଚିତ ଆଲାକପାତ କରିବାକୁ ଯାଉଛି, ତାହା ନିଶ୍ଚିତ ଭାବରେ କଠିନ ଦାୟିତ୍ୱ ଓ ଏହା ଅନ୍ୟମାନଙ୍କ ଦ୍ୱାରା କେତେଦୂର ଗ୍ରହଣୀୟ ହେବ ତାହା ମଧ୍ୟ ନିର୍ଣ୍ଣୟ କରାଯାଇପାରିବ ନାହିଁ।

ସେ ଯାହା ହେଉନା କାହିଁକି, ଯେହେତୁ ଏ ଲେଖକ ମଧ୍ୟ ଜଣେ ଅଧ୍ୟାପକ ସେ ଦୃଷ୍ଟିରୁ ମୋହିନୀ ମୋହନଙ୍କ ଆକଳନ କରିବା ତା ପକ୍ଷରେ ସମ୍ପୂର୍ଣ୍ଣ ଅସମ୍ଭବ ନୁହେଁ। ମୋହିନୀ ମୋହନ ସେନାପତି ରେଭେନ୍‌ସା ମହାବିଦ୍ୟାଳୟରେ ସୁଦୀର୍ଘ ପଚିଶ ବର୍ଷ କାଳ ଅଧ୍ୟାପନା କରି ଛାତ୍ରଛାତ୍ରୀମାନଙ୍କୁ ଯେ ନୂତନ ଚିନ୍ତା ଚେତନାରେ ଉଦ୍‌ବୁଦ୍ଧ କରିଥିଲେ ଏଥିରେ ତିଳେମାତ୍ର ସନ୍ଦେହ ନାହିଁ। ସେ ଗତାନୁଗତିକ ଧାରାରେ ଶିକ୍ଷାଦାନ କରିବା ସପକ୍ଷରେ ନଥିଲେ କେବେ। ଯେଉଁ ଅଧ୍ୟାପକମାନେ ପାଠ୍ୟ ବିଷୟ ମଧ୍ୟରେ ଛାତ୍ରଛାତ୍ରୀମାନଙ୍କୁ ସୀମିତ କରିରଖିଥାନ୍ତି, ତାହା ଯେ ଅଧ୍ୟାପନାର ଅଧୋଗତି, ଏ ବିଷୟରେ ସଚେତନ ଥିଲେ ସେ।

ତେଣୁ ଯାହା ରହିଥାଏ କୋର୍ସ ଅନ୍ତର୍ଭୁକ୍ତ ହୋଇ, ତାହାକୁ ଆଧାର କରି ସେ ଛାତ୍ରଛାତ୍ରୀମାନଙ୍କୁ ଜ୍ଞାନର ଓ ଅନୁଭବର ଦିଗ୍‌ଦିଗନ୍ତକୁ ନେଇଯାଇ ପାରୁଥିଲେ। ସେ ଥିଲେ ସ୍ୱାଧୀନ ଚେତନା-ସମ୍ପନ୍ନ ଅଧ୍ୟାପକ। ନିଜର ଛାତ୍ରଛାତ୍ରୀମାନଙ୍କୁ ମଧ୍ୟ ସ୍ୱାଧୀନ ଓ ମୁକ୍ତ ଚିନ୍ତନ ଓ ଜୀବନ ସକାଶେ ସେ ପ୍ରଦାନ କରୁଥିଲେ ଅନ୍ୟ ଅଧ୍ୟାପକମାନଙ୍କ ଠାରୁ ଭିନ୍ନ ଦିଗ୍‌ଦର୍ଶନ। ଏକଦା ତାଙ୍କର ଛାତ୍ରମାନେ ତାଙ୍କୁ ଆମନ୍ତ୍ରଣ ଜଣାଇଥିଲେ ବିବାହ ବିଧିର ନୃଶଂସତା ସମ୍ପର୍କରେ ଭାଷଣ ଦେବାପାଇଁ। ମୋହିନୀ ମୋହନ ବିଭିନ୍ନ ଦୃଷ୍ଟିକୋଣରୁ ବୈପ୍ଳବିକ ଭାଷଣ ଦେଇଥିଲେ। ତାହା ସେ ସମୟରେ ଗଭୀର ଆଲୋଡ଼ନ ସୃଷ୍ଟି କରିଥିଲା ସଚେତନ ଜନସମାଜରେ। ତାଙ୍କ ଭାଷଣ ଷ୍ଟେଟସ୍‌ମେନ୍, ଦୈନିକ ସମ୍ବାଦପତ୍ରରେ ପ୍ରକାଶିତ ହୋଇଥିଲା ଓ ଭାରତବର୍ଷର ଅନ୍ୟାନ୍ୟ ପତ୍ରପତ୍ରିକାରେ ମଧ୍ୟ ତାହା ସ୍ଥାନିତ ହୋଇଥିଲା। ଶ୍ରେଣୀ କକ୍ଷ ମଧ୍ୟରେ ମୋହିନୀ ମୋହନଙ୍କ ଦୃଷ୍ଟିକୋଣର ପ୍ରତିବାଦ କରିବା କୌଣସି ଛାତ୍ର ଛାତ୍ରୀମାନଙ୍କ ପକ୍ଷରେ ସମ୍ଭବ ନଥିଲା, କିନ୍ତୁ ଯେତେବେଳେ ଏକ ବିଧିବଦ୍ଧ ଭାବରେ ଆୟୋଜିତ ସଭାରେ ସେ ତାଙ୍କର ସ୍ୱାଧୀନ ମତବ୍ୟକ୍ତ କଲେ ସେତେବେଳେ ସମାଜର ବିଶିଷ୍ଟ ବ୍ୟକ୍ତିମାନେ ପ୍ରତିବାଦର ସ୍ୱର ଉତ୍ତୋଳନ କରିଥିଲେ। 'ଅମୃତ ବଜାର' ପତ୍ରିକାରେ ମୋହିନୀ ମୋହନ ଏ ସବୁ ପ୍ରତିବାଦର ଯୁକ୍ତିଯୁକ୍ତ ଉତ୍ତର ଉପସ୍ଥାପନ କରିଥିଲେ। ମାତ୍ର ସେତିକିରେ ନାଟକ ସମାପ୍ତ ହୋଇଯାଇନଥିଲା ସେହି ପ୍ରତିବାଦର ଧାରା ପ୍ରବାହ। ମୋହିନୀ ମୋହନଙ୍କ ପତ୍ର ବିରୁଦ୍ଧରେ ମଧ୍ୟ ଆହୁରି ଅନେକ ପତ୍ର ପ୍ରକାଶିତ ହୋଇଥିଲା।

ଏହି ବିତର୍କ ଆୟୋଜନରେ ତାଙ୍କର ଛାତ୍ରମାନଙ୍କ ଯେ ପ୍ରଚ୍ଛନ୍ନ ହସ୍ତ ନଥିଲା ଏହା କୁହାଯାଇପାରିବ ନାହିଁ। ଅନେକ ଛାତ୍ରଙ୍କ ମନରେ ପ୍ରତିବାଦ କରିବାର ମନୋଭାବ ଲୁକ୍‌କାୟିତ ହୋଇ ରହିଥିବା ଅସମ୍ଭବ ନୁହେଁ। ତେବେ ମୋହିନୀମୋହନ ଯେ କୌଣସି ବିତର୍କରେ ଅଂଶଗ୍ରହଣ କରିବା ସକାଶେ ଅନିଚ୍ଛୁକ ଥିଲେ ତାହା ନୁହେଁ। ଛାତ୍ରମାନଙ୍କୁ ଶ୍ରେଣୀ କକ୍ଷରେ ଯାହା ସେ କହୁଥିଲେ ତାହା ପାଠ୍ୟକ୍ରମ ଅନ୍ତର୍ଗତ ବିଷୟ ମଧ୍ୟରେ ସୀମାବଦ୍ଧ ହୋଇରହିବା ଥିଲା କଳ୍ପନାତୀତ। ମୋହିନୀ ମୋହନ କେବଳ ଦରମା ପାଇବାପାଇଁ ହୋଇନଥିଲେ ଅଧ୍ୟାପକ। ସେ ଛାତ୍ରଛାତ୍ରୀମାନଙ୍କୁ ଚେତନାସମ୍ପନ୍ନ ପ୍ରାଣବାନ୍ ମଣିଷ ଭାବରେ ଦେଖିବାକୁ ଆକାଂକ୍ଷା ପୋଷଣ କରିଥିଲେ। ଜଣେ ଅଧ୍ୟାପକଙ୍କ ଅଭିମତ ସହିତ ସମସ୍ତେ ଯେ ଏକମତ ହୋଇପାରିବେ, ସେପରି ଆଶା କରିବା ଆଦୌ ଯୁକ୍ତିଯୁକ୍ତି ନୁହେଁ। ମୋହିନୀ ମୋହନ ତ ପଢ଼ାଉଥିଲେ ମୁକ୍ତମାନସିକତା ନେଇ। ଶ୍ରେଣୀ କକ୍ଷରେ ଛାତ୍ରମାନଙ୍କୁ

ସେ ସ୍ୱାଧୀନଚେତା କରି ଗଢ଼ିବାପାଇଁ ଚାହୁଁଥିଲେ । ମାତ୍ର ସେହି ଛାତ୍ରମାନଙ୍କୁ ପ୍ରଶ୍ନ ପଚାରିବା ପାଇଁ ଓ ତାହାର ସନ୍ତୋଷଜନକ ଉତ୍ତର ଦେବାପାଇଁ ମୋହିନୀ ମୋହନଙ୍କର କେତେ ନିଷ୍ଠା ଓ ଶ୍ରଦ୍ଧାଶୀଳତା ରହିଥିଲା ତାହାର ଉଲ୍ଲେଖ ସେ ନିଜେ କୌଣସି ସ୍ଥାନରେ କରିଥିବା ଲକ୍ଷ୍ୟ କରାଯାଉନାହିଁ। କେବଳ ଛାତ୍ରଛାତ୍ରୀମାନଙ୍କୁ ସ୍ୱାଧୀନ ଚିନ୍ତକ କରିବା ପାଇଁ ନିଜ ଦୃଷ୍ଟିକୋଣ ସେମାନଙ୍କ ଉପରେ ଲଦି ଦେଉଥିଲେ ନା ସେମାନଙ୍କ ସହ ଭାବ ବିନିମୟ କରିବା ଉତ୍ସାହ ପ୍ରଦାନ କରୁଥିଲେ - ଏହା ଅନୁଲ୍ଲିଖିତ। ଛାତ୍ରମାନଙ୍କ ଉପରେ କୌଣସି ଜୀବନଦୃଷ୍ଟି ଲଦିଦେବାର ଅଧିକାର କୌଣସି ଅଧ୍ୟାପକଙ୍କର ନାହିଁ। ତେଣୁ ନୂତନ ଚିନ୍ତାଚେତନାର ପ୍ରକାଶ କରିବା ସଙ୍ଗେ ସଙ୍ଗେ ଛାତ୍ରମାନଙ୍କ ସହିତ ଉକ୍ତ ବିଷୟରେ ସେ ଆଲୋଚନାର ସକାରାତ୍ମକ ମନୋଭାବ କେତେମାତ୍ରାରେ ପ୍ରଦର୍ଶନ କରିପାରିଥିଲେ ତାହାହିଁ ଗୁରୁତ୍ୱପୂର୍ଣ୍ଣ। ଏ ସମ୍ପର୍କରେ ମୋହିନୀ ମୋହନ ନିଜେ ଯଦି କିଞ୍ଚିତ ଆଲୋକପାତ କରିଥାଆନ୍ତେ, ତା'ହେଲେ ମୋହିନୀ ମୋହନଙ୍କ ଅଧ୍ୟାପନାର ଶୈଳୀ ସମ୍ପର୍କରେ ଜଣାପଡ଼ିଥାଆନ୍ତା। ତେବେ ଏତିକି କଥା ଅନସ୍ୱୀକାର୍ଯ୍ୟ ଯେ କେହି ତାଙ୍କ ମତ ସହିତ କେତେ ଏକମତ ହୋଇପାରିଛନ୍ତି ତା' ଠାରୁ ଅଧିକ ମହତ୍ତ୍ୱପୂର୍ଣ୍ଣ ବିଷୟ ହେଲା ପ୍ରତିଟି ଛାତ୍ରଛାତ୍ରୀଙ୍କୁ ନିଜସ୍ୱ ଧାରାରେ ଚିନ୍ତା କରିବାର ସାହସ ପ୍ରଦାନ କରିବା। ମୋହିନୀ ମୋହନ ଏହି ଦୁର୍ଲଭ ସାହସିକ ମନୋବୃତ୍ତି ଯେ ସୃଷ୍ଟି କରିପାରିଛନ୍ତି, ତାହାହିଁ ଅଧ୍ୟାପନା ଜଗତକୁ ତାଙ୍କର ଶ୍ରେଷ୍ଠ ଅବଦାନ।

■

ଫକୀରମୋହନଙ୍କ ସୁପୁତ୍ର ମୋହିନୀ ମୋହନ

ସମଗ୍ର ଓଡ଼ିଶାବାସୀଙ୍କ ଏକ ଧାରଣା ରହିଆସିଛି ଯେ, ମୋହିନୀମୋହନ ବାସ୍ତବରେ ଫକୀରମୋହନଙ୍କ ସୁଯୋଗ୍ୟ ପୁତ୍ରସନ୍ତାନ ନୁହଁନ୍ତି। କେତେକ ଦୃଷ୍ଟିରୁ ଏହାକୁ ଅନେକେ ସମ୍ପୂର୍ଣ୍ଣ ଯଥାର୍ଥ ବୋଲି ଅନୁଭବ କରୁଥିବାବେଳେ ଆଉ କିଛି ବାସ୍ତବବାଦୀ ସମୀକ୍ଷକ ଏହା ଯେ ମୋହିନୀମୋହନଙ୍କ ପ୍ରକୃତ ସ୍ୱରୂପ ନୁହେଁ ତାହା ବ୍ୟକ୍ତ କରିଥିବା ଏକାନ୍ତ ଅର୍ଥପୂର୍ଣ୍ଣ।

ଫକୀରମୋହନ ଥିଲେ ଈଶ୍ୱର ବିଶ୍ୱାସୀ। ଅର୍ଥାତ୍ ଆସ୍ତିକ। ମୋହିନୀ ମୋହନ ଥିଲେ ଈଶ୍ୱରଙ୍କୁ ସ୍ୱୀକାର କରୁନଥିବା ନାସ୍ତିକ। ଏହି କାରଣରୁ ଫକୀରମୋହନଙ୍କ ହୃଦୟରେ ଯେଉଁ ପୀଡ଼ା ଜାତ ହୋଇଥିଲା ତାହାର ସତ୍ୟତାକୁ କେହି ଅସ୍ୱୀକାର କରିପାରିବେ ନାହିଁ। ମାତ୍ର ଏଥିରେ ମୋହିନୀ ମୋହନଙ୍କର ଦୋଷ ଦର୍ଶନ କରିବା ନିଶ୍ଚୟ ତାଙ୍କ ପ୍ରତି ହେବ ଅନ୍ୟାୟୋଚିତ ବିଚାର। ମୋହିନୀ ମୋହନ ସମ୍ପୂର୍ଣ୍ଣ ଅନ୍ଧଭାବରେ ଯେ ଭଗବାନଙ୍କୁ ସ୍ୱୀକାର କରିପାରିନାହାନ୍ତି ଏହା ତାଙ୍କ ଆତ୍ମଦର୍ଶନର ପରିଚୟ। ପିତା ଯେଉଁ ଆଦର୍ଶ ଅନୁସରଣ କରି ଜୀବନ ନିର୍ବାହ କରିବେ, ପୁତ୍ର ମଧ୍ୟ ସତ୍ୟାନୁସନ୍ଧାନ ବିନା ଏକ ନିର୍ଜୀବ କଣ୍ଢେଇପରି ଠିକ୍ ସେହି ଆଦର୍ଶ ଅନୁରୂପ ହେବେ, ଏହା ଆଶା କରିବା କେତେଦୂର ସମୀଚୀନ ? ମୋହିନୀମୋହନ ଯେ ନିଜପାଇଁ ଏକ ସ୍ୱତନ୍ତ୍ର ପଥ ନିର୍ମାଣ କରିଛନ୍ତି ଏହା ଅଭିନନ୍ଦନୀୟ ହେବାର ଯଥାର୍ଥତା ରହିଛି। ଫକୀରମୋହନ ଥିଲେ ଜଣେ ଶ୍ରେଷ୍ଠ ସମାଜ-ସଂସ୍କାରକ। ଏହି ମନୋବୃତ୍ତି ମୋହିନୀମୋହନଙ୍କ ମଧ୍ୟରେ ଆହୁରି ତେଜସ୍କ୍ରିୟ ଅଗ୍ନିକଣା ସୃଷ୍ଟି କରିଛି। ଅର୍ଥାତ୍ ମୋହିନୀ ମୋହନ ମଧ୍ୟ ସମସ୍ତ ପ୍ରକାରର ଅନ୍ଧ ଅନୁକରଣ ବିରୁଦ୍ଧରେ ଛିଡ଼ା

ହୋଇଛନ୍ତି ସୁଦୃଢ଼ ଆତ୍ମବଳ ନେଇ । ମନେହୁଏ ଯେ ସତେଯେପରି ଫକୀରମୋହନ ନିଜ ଜନ୍ମିତ ପୁତ୍ର ଭିତରେ ନିଜର ଅଧିକ ପ୍ରଭାବଶାଳୀ ରୂପ ଚିହ୍ନିପାରିନାହାନ୍ତି। ଉଭୟ ପିତାପୁତ୍ରଙ୍କ ମଧ୍ୟରେ ଯେଉଁ ବ୍ୟବଧାନ ସୃଷ୍ଟି ହୋଇଛି ତାହା ସମାଜ ନିର୍ମିତ ଆବର୍ଜନାପୂର୍ଣ୍ଣ ଦୁର୍ଗନ୍ଧଯୁକ୍ତ ଏକ ନାଳ ସଦୃଶ। ଏହାକୁ ଆଘ୍ରାଣ ନକରି କିମ୍ବା ଏହି ନାଳର ସୀମାରେ ଅଟକିନଯାଇ ମୋହିନୀ ମୋହନଙ୍କ ଅନ୍ତର୍ମନକୁ ନିରୀକ୍ଷଣ କରିବା ହେଉଛି ସାମ୍ପ୍ରତିକ ସମୟର ବଳିଷ୍ଠ ଆହ୍ୱାନ। ମୋହିନୀ ମୋହନ ନିଜେ ସ୍ୱୀକାର କରିଛନ୍ତି ଯେ, ତାଙ୍କ ଭିତରେ ଯଦି କିଞ୍ଚିତ ସାହିତ୍ୟାନୁରାଗ ରହିଛି, ତାହା ଫକୀରମୋହନଙ୍କ ଅବଦାନ। ଏପରି ଏକ ବାକ୍ୟ ରଚନା କରିବା କ'ଣ ତାଙ୍କ ପିତୃଭକ୍ତିର ପରିଚୟ ନୁହେଁ? ସେ ଯେ ପୁଣି ତତ୍କାଳୀନ କବି ଲେଖକଙ୍କ କାବ୍ୟକବିତା ପାଠ କରୁଥିଲେ ତାହାବି ପିତୃ-ଦତ୍ତ ସାହିତ୍ୟ ସଂପ୍ରୀତିର ଶ୍ରେଷ୍ଠ ଉଦାହରଣ। ଏହି ଆସ୍ତିକତା ଓ ନାସ୍ତିକତା ବ୍ୟତୀତ ଆଉ ଯଦି ଅନ୍ୟ କୌଣସି ଜ୍ୱଳନ୍ତ ଉଦାହରଣ ଥାଏ ଫକୀରମୋହନଙ୍କୁ ଜାଣିଶୁଣି ପୀଡ଼ା ଦେବାପାଇଁ, ତାହେଲେ ବି ଏହାକୁ ପିତାପୁତ୍ରଙ୍କ ବ୍ୟକ୍ତିଗତ ସ୍ତରର ମନୋମାଳିନ୍ୟ ବୋଲି କୁହାଯାଇପାରେ । ଏପରି ବୁଝାମଣାର ଅଭାବ ରହିଥାଏ ପ୍ରାୟ ପ୍ରତିଟି ପରିବାରରେ। ଏହାକୁ ଭିତ୍ତିକରି ସାଧାରଣ ଦୋଷଦର୍ଶୀ ମଣିଷଙ୍କ ପରି ମୋହିନୀ ମୋହନଙ୍କ ସମ୍ପର୍କରେ ଅନୁଦାରତା ପ୍ରକାଶ କରିବା କେଉଁ ଦୃଷ୍ଟିରୁ ବା ଯୁକ୍ତି ସଙ୍ଗତ ? ଫକୀରମୋହନଙ୍କ ଅନ୍ତରରେ ଯେଉଁ ଆଘାତ ଲାଗିଥିବ ତାହା ଆମମାନଙ୍କୁ ମଧ୍ୟ କଷ୍ଟଦେବା ସ୍ୱାଭାବିକ। ଯାହାକିଛି ରହିଥାଏ ପୁତ୍ରର ଅଧିକାରକୁଭୁକ୍ତ ତା ମଧ୍ୟରେ ପିତାଙ୍କୁ କଷ୍ଟ ଦେବାପରି ଶବ୍ଦ ଉଚ୍ଚାରଣ କରିବା ମଧ୍ୟ ତାହାର ଅନ୍ତର୍ଭୁକ୍ତ। ପିତା ହେଉଛନ୍ତି ନଭଶ୍ଚୁମ୍ବୀ ହିମାଳୟ ସଦୃଶ। ସେ ହେଉଛନ୍ତି ଏକ ଦିଗନ୍ତସ୍ପର୍ଶୀ ମହାସାଗର । ଫକୀରମୋହନଙ୍କ କଷ୍ଟଭୋଗ ଆମ ଆଖିରେ ପଡ଼େ। ମାତ୍ର ସେ ଯେ ଅନନ୍ତ କ୍ଷମାର ମହାସମୁଦ୍ର ଏ ଦୃଶ୍ୟ ଉନ୍ମୋଚନ କରିବାର ଶକ୍ତି କାହିଁ ଆମର ? ମୋହିନୀ ମୋହନ ନିଜ ମାତାପିତାଙ୍କ ସୁଗଭୀର ମମତାମୟ ବନ୍ଧନ ନିଜ ଆଖିରେ ଦେଖିଛନ୍ତି। ସେ କେବଳ ଫକୀରମୋହନଙ୍କର ନୁହଁନ୍ତି; କୃଷ୍ଣକୁମାରୀଙ୍କ ଗର୍ଭଜାତ ସନ୍ତାନ। ମାତା କୃଷ୍ଣକୁମାରୀଙ୍କ ସ୍ନେହପୂର୍ଣ୍ଣ ହୃଦୟର ପବିତ୍ରତା ଯେ ତାଙ୍କ ଶରୀର ଓ ପ୍ରାଣ ମଧ୍ୟରେ ନିହିତ ଥିଲା ଏହି ଗଭୀରତର ସତ୍ୟକୁ ଆମେ ସ୍ୱୀକାର କରିବାପାଇଁ ବାଧ୍ୟ ନିଶ୍ଚୟ। ମୋହିନୀ ମୋହନ ଘରକୁ ନ ଫେରିବା ପର୍ଯ୍ୟନ୍ତ କୃଷ୍ଣକୁମାରୀ ଅନ୍ନସ୍ପର୍ଶ ମଧ୍ୟ କରିପାରୁନଥିଲେ। ମୋହିନୀ ମୋହନଙ୍କ ଅନ୍ତର ତଳେ ଏହି ଦୃଶ୍ୟ କି ସମ୍ବେଦନଶୀଳତା ସୃଷ୍ଟି କରିଥିବ ତାହା ସେ ନିଜେ ବି ଜାଣିପାରିବା କଳ୍ପନାତୀତ। ପୁନଶ୍ଚ ମୋହିନୀ ମୋହନଙ୍କୁ ମାତ୍ର

ବାର ତେର ବର୍ଷ ବୟସ ହେଉଥିବାବେଳେ କୃଷ୍ଣକୁମାରୀଙ୍କ ଘଟେ ଅକାଳ ଦେହାନ୍ତ। ଏହାପରେ ମୋହିନୀ ମୋହନ କାହାର ମମତା - ବଳୟ ମଧ୍ୟରେ ରହି ବଞ୍ଚିଛନ୍ତି ଜୀବନ ? ସେ ଯେ ଫକୀରମୋହନଙ୍କ ବ୍ୟତୀତ ଆଉ କେହି ହୋଇନପାରନ୍ତି, ଏହା ଅତ୍ୟନ୍ତ ସହଜରେ ଆମେ ଉପଲବ୍ଧି କରିପାରିବା। କୃଷ୍ଣକୁମାରୀଙ୍କ ଅନୁପସ୍ଥିତିରେ ଫକୀରମୋହନ ଯେଉଁ କର୍ତ୍ତବ୍ୟ ପାଳନ କରୁଥିଲେ ତାହା ଉଭୟ ଜନକ ଓ ଜନନୀର। ଫକୀରମୋହନଙ୍କ ଠାରୁ ଲାଭ କରିଥିବା ଏହି ବିରଳ ସ୍ନେହାନୁଭୂତି ଯଦି ମୋହିନୀ ମୋହନ ବୁଝିନପାରନ୍ତି, ତାହେଲେ ତାଙ୍କ ଶରୀରର ପ୍ରତିଟି ଜୀବକୋଷ ଓ ରକ୍ତବିନ୍ଦୁ ତାହା ଅନୁଭବ କରିପାରିଥିବେ ନିଶ୍ଚୟ ଏଥିରେ ସନ୍ଦେହ ପ୍ରକାଶ କରିବା ଅମାର୍ଜନୀୟ ଅପରାଧ।

ଯେତେଯାହା ହେଉନା କାହିଁକି, ମୋହିନୀ ମୋହନଙ୍କ ପରିଚୟ ହେଉଛି ସେ ଫକୀର ମୋହନଙ୍କ ପୁତ୍ର ସନ୍ତାନ। ସବୁ ଦିଗରୁ ସୁଗଭୀର ଭାବରେ ଚିନ୍ତାକରି ତାଙ୍କୁ ଫକୀରମୋହନଙ୍କ ସୁଯୋଗ୍ୟ ପୁତ୍ର ସନ୍ତାନ ଭାବରେ ଗ୍ରହଣ କରିବା ଦ୍ୱାରା ଉଭୟ ପିତାପୁତ୍ରଙ୍କ ପ୍ରତି ଯଥୋଚିତ ସମ୍ମାନ ପ୍ରଦର୍ଶନ ସମ୍ଭବ ହେବ। ଉଭୟଙ୍କ ମଧ୍ୟରେ ରହିଥିବା ସମସ୍ତ ତିକ୍ତତାକୁ ମହାକାଳ ଯେ ଲିଭାଇଦେଇପାରିଛି ଏହା ଅନୁଭବ କରିପାରିବା ହିଁ ଏକାନ୍ତ ମହତ୍ତ୍ୱପୂର୍ଣ୍ଣ। ଯାହା ମହାକାଳର ପ୍ରବଳ ସ୍ରୋତରେ ଭାସିଯାଇନାହିଁ ତାହା ହେଲା ଫକୀରମୋହନ ଓ ମୋହିନୀମୋହନଙ୍କ ମଧ୍ୟରେ ରହିଥିବା ନିବିଡ଼, ଭାବାର୍ଦ୍ର ପାରସ୍ପରିକ ପିତାପୁତ୍ରର ଆତ୍ମିକ ବନ୍ଧନ। ଆଜି ତେଣୁ ମୋହିନୀମୋହନଙ୍କୁ ସୁପୁତ୍ର ବୋଲି ଅଭିହିତ କରିବା ଫକୀରମୋହନଙ୍କ ପ୍ରତି ଆମର ଶ୍ରେଷ୍ଠ ଭକ୍ତିଅର୍ଘ୍ୟ ଅର୍ପଣ।

■

ଦାର୍ଶନିକ ମୋହନୀ ମୋହନ

ମୋହିନୀ ମୋହନ ସେନାପତି ମହାବିଦ୍ୟାଳୟ ସ୍ତରରେ ଶିକ୍ଷାଲାଭ ପାଇଁ ଯେତେବେଳେ ପ୍ରବେଶ କରନ୍ତି, ସେତିକିବେଳେ ଦର୍ଶନଶାସ୍ତ୍ର ଅଧ୍ୟୟନ କରିବାର ଅନୁପ୍ରେରଣା ଲାଭ କରନ୍ତି ନିଜ ଅନ୍ତର୍ଲୋକରୁ। ଯେଉଁମାନେ ଦର୍ଶନ ବିଷୟ ନେଇ ଉଚ୍ଚଶିକ୍ଷା ଲାଭ କରନ୍ତି, ସେମାନେ ସମସ୍ତେ ଯେ ଦାର୍ଶନିକ ହୋଇଯାଆନ୍ତି, ତାହା ନୁହେଁ। ଯେଉଁମାନଙ୍କ ଅନ୍ତରରେ ଜୀବନଜଗତ ସମ୍ପର୍କିତ ଜିଜ୍ଞାସା ସୃଷ୍ଟି ହୁଏ ନାହିଁ, ସେମାନେ ଦାର୍ଶନିକ ହେବାର ସମ୍ଭାବନା ହିଁ ନଥାଏ। ବାସ୍ତବରେ ଯେଉଁ ମଣିଷମାନେ ଥାଆନ୍ତି ଅସନ୍ତୁଷ୍ଟ ଓ ଗତାନୁଗତିକ ଧାରାକୁ ସ୍ୱୀକାର କରିପାରନ୍ତି ନାହିଁ, ସେମାନଙ୍କ ଚେତନାରେ ସୃଷ୍ଟି ହୁଏ ନବ ନବ ପ୍ରଶ୍ନର ଅଗ୍ନିଶିଖା। ତାଙ୍କ ମସ୍ତିଷ୍କ ଆଦୌ ସ୍ଥିର ରହିପାରେ ନାହିଁ। ବିଚଳିତ, ଅଶାନ୍ତ ଓ ଅତୃପ୍ତ ମନନେଇ ସେମାନେ ସତ୍ୟର ସନ୍ଧାନରେ ରହିଥାନ୍ତି ବ୍ୟାକୁଳଚିତ୍ତ। ମୋହିନୀ ମୋହନଙ୍କ ସ୍ରଷ୍ଟା ମାନସ ସେପରି ନାନାବିଧ ଝଡ଼ଝଞ୍ଜାର ସମ୍ମୁଖୀନ ହୋଇଛି। ଶାନ୍ତି ନୁହେଁ ସତ୍ୟର ନବାବିଷ୍କାର ନିମନ୍ତେ ସେମାନେ ରହିଥାନ୍ତି ଚିନ୍ତାଗ୍ରସ୍ତ।

ମୋହିନୀମୋହନ ଯେତେବେଳେ ଭକ୍ତକବି ମଧୁସୂଦନ ରାଓଙ୍କ ବାସଗୃହରେ ଅବସ୍ଥାନ କରି ବ୍ରାହ୍ମଧର୍ମ ସଂସ୍ପର୍ଶରେ ଆସିଥିଲେ, ସେତେବେଳେ ଯଦି ସେହି ଧାର୍ମିକ ପରମ୍ପରାକୁ ସ୍ୱୀକାର କରିନେଇ ହୋଇଥାନ୍ତେ ଶାନ୍ତିପ୍ରିୟ ସୁନାପିଲା, ତା ହେଲେ ଆଜି ଯେଉଁ ମୋହିନୀମୋହନଙ୍କୁ ଓଡ଼ିଆ ସାହିତ୍ୟ ଲାଭ କରିପାରିଛି, ସେଥିରୁ ଏହା ବଞ୍ଚିତ ହୋଇ ରହିଥାନ୍ତା ନିଶ୍ଚୟ। ମୋହିନୀ ମୋହନ କେବଳ ବ୍ରାହ୍ମଧର୍ମ ନୁହେଁ ଏ ପୃଥିବୀର ବିଭିନ୍ନ ଧର୍ମଗ୍ରନ୍ଥ ଓ ଦର୍ଶନଗ୍ରନ୍ଥ ପାଠ କରିଛନ୍ତି ଅପୂର୍ବ ଅନ୍ୱେଷଣର ଅସନ୍ତୋଷ ନେଇ। ସମ୍ପୂର୍ଣ୍ଣ ଭାବରେ ନିଜର ମୌଳିକ ଦୃଷ୍ଟିକୋଣରୁ ସେ ପରଖିଛନ୍ତି ସମସ୍ତ ପ୍ରକାରର ଦାର୍ଶନିକ ଉପଲବ୍ଧିକୁ। ସମସ୍ତ ଗ୍ରନ୍ଥ ପାଠକରିବା ପରେ ସୁଦ୍ଧା, ସେ କୌଣସି ନିର୍ଦ୍ଦିଷ୍ଟ ଦାର୍ଶନିକଙ୍କ ଦ୍ୱାରା ପ୍ରଭାବିତ ହୋଇନାହାନ୍ତି।

କାହାରି ମତକୁ ସମ୍ପୂର୍ଣ୍ଣ ଭାବରେ ଗ୍ରହଣ କରିପାରିନାହାନ୍ତି। ତେବେ ବିଭିନ୍ନ ଦର୍ଶନ ତତ୍ତ୍ୱର ସାରସତ୍ୟକୁ ସେ ଗ୍ରହଣ କରିବାରେ ଆଦୌ ଅନୁଦାରତା ପ୍ରକାଶ ମଧ୍ୟ କରିନାହାନ୍ତି।

ମୋହିନୀ ମୋହନଙ୍କ ପରି ମୌଳିକ ଚିନ୍ତାଚେତନାର ଜଣେ ଦାର୍ଶନିକ ବାସ୍ତବିକ ବିରଳ। ସେ ନାନାପ୍ରକାରର ପରୀକ୍ଷା ନିରୀକ୍ଷା କରି ଯାହା ଯଥାର୍ଥ ବୋଲି ଉପଲବ୍ଧି କରିଛନ୍ତି, ତାହାକୁ ନିର୍ଭୀକ ଭାବରେ ପ୍ରକାଶ କରି ରଚନା କରିଛନ୍ତି ମୌଳିକ - ଚିନ୍ତନ-ସମୃଦ୍ଧ ମାତ୍ର କେତୋଟି ନିର୍ଦ୍ଦିଷ୍ଟ ପ୍ରବନ୍ଧ। ସେ ସମୟରେ ଏହା ଉତ୍କଳ ସାହିତ୍ୟ ସମାଜର ସଭାରେ ଉପସ୍ଥାପନ କରିଛନ୍ତି। ତାଙ୍କ ଦ୍ୱାରା ପଠିତ ପ୍ରବନ୍ଧଗୁଡ଼ିକ ସମ୍ପର୍କରେ ନିଶ୍ଚୟ ଯେ, ତର୍କବିତର୍କ ହୋଇଥିବ ଏଥିରେ ସନ୍ଦେହ ନାହିଁ। ମାତ୍ର ସେସବୁ ବିତର୍କର ବିଷୟବସ୍ତୁ ଅପ୍ରକାଶିତ ରହିଥିବା ଯୋଗୁ ବିଜ୍ଞ ଶ୍ରୋତାମାନଙ୍କ ଉପଲବ୍ଧ କେତେ ପରିମାଣରେ ଥିଲା ସକାରାତ୍ମକ ବା ନକାରାତ୍ମକ ତାହା ଆଜି ଲାଭ କରିବାରୁ ଆମେ ବଞ୍ଚିତ। ସାହିତ୍ୟ ସମାଜର ସଭାକାର୍ଯ୍ୟର ବିବରଣୀ ଲିପିବଦ୍ଧ ହୋଇଥିବା ଖାତାରେ ଏହାର ଉଲ୍ଲେଖ ଥାଇପାରେ, କିନ୍ତୁ ତାହା ଅନୁସନ୍ଧାନ ସାପେକ୍ଷ। ତେବେ ବି ମନେହୁଏ ମୋହିନୀ ମୋହନଙ୍କ ଅଭିମତ ସ୍ୱୀକାର କରିନେବା ପଣ୍ଡିତମାନଙ୍କ ପକ୍ଷରେ ହୋଇଥିବ ଅସମ୍ଭବ। ସେକାଳ କାହିଁକି, ଏ କାଳରେ ମଧ୍ୟ ମୋହିନୀ ମୋହନଙ୍କୁ କେତେ ଜଣ ପାଠକ ଗ୍ରହଣ କରିପାରିବେ, ତାହା ନିର୍ଦ୍ଧାରଣ କରିବା ସହଜସାଧ୍ୟ ହୋଇନପାରେ। ମୋହିନୀ ମୋହନଙ୍କ ଦୃଷ୍ଟିକୋଣକୁ ଆଜିର ସମାଜ ଗ୍ରହଣ କରିବାପାଇଁ ଯେ ଉପଯୁକ୍ତ ହୋଇପାରିନାହିଁ, ଏହା ପ୍ରତ୍ୟେକ ସଚେତନ ପାଠକ ଜାଣିସାରିଛନ୍ତି। ତଥାପି ମୋହିନୀ ମୋହନଙ୍କ ସ୍ୱତନ୍ତ୍ର ଚିନ୍ତାଧାରା ଦ୍ୱାରା କେହି ମଧ୍ୟ ସର୍ବାଂଶରେ ଏକମତ ହୋଇନପାରିବା ସ୍ୱାଭାବିକ।

ମୋହିନୀ ମୋହନଙ୍କ ସ୍ୱତନ୍ତ୍ର ଦର୍ଶନଟି କ'ଣ ଏହା ଯଦି କେହି ଆମକୁ ପଚାରନ୍ତି ତାହାର ଉତ୍ତର ହେବ କ'ଣ ? ଏହାହିଁ ସୁସ୍ପଷ୍ଟ ଭାବରେ ବିଶ୍ଳେଷିତ ହେବା ଏକାନ୍ତ ଆବଶ୍ୟକ। ମୋହିନୀ ମୋହନ କୌଣସି ସାମାଜିକ ରୀତିନୀତିକୁ ଆଦୌ ଗ୍ରହଣ କରିପାରିନାହାନ୍ତି। ଗୋଟିଏ ଦୃଷ୍ଟିରୁ ଦେଖିଲେ ତାଙ୍କ ଦର୍ଶନ ହେଉଛି ସମ୍ପୂର୍ଣ୍ଣ ବୈପ୍ଳବିକ। ସେ ସମାଜକୁ ଗଢ଼ିବା ପାଇଁ ଚାହିଁନାହାନ୍ତି। ଚାହିଁଛନ୍ତି ଏହାକୁ ସମ୍ପୂର୍ଣ୍ଣ ଭାବରେ ଭାଙ୍ଗିଦେବା ପାଇଁ। ପ୍ରଚଳିତ ନୂତନ ନିୟମକୁ ଉଲ୍ଲଙ୍ଘିତ କରିବାପାଇଁ। ଏପରି ଏକ ମାନବ ସମାଜର ସ୍ୱପ୍ନ ସେ ଦେଖିଛନ୍ତି ଯାହା ସଂପୂର୍ଣ୍ଣ ନୂତନ। ବିଶେଷତଃ ବୈବାହିକ ସମ୍ବନ୍ଧ ସମ୍ପର୍କରୁ ସେ ମାନବ ସମାଜକୁ ମୁକ୍ତ କରିବାପାଇଁ ଯେପରି ଚାହିଁଛନ୍ତି ତାହା ଅସମ୍ଭବ ମନେ ହେଲେ ମଧ୍ୟ ଅବୈଜ୍ଞାନିକ ନୁହେଁ। ଆଗାମୀ ଭବିଷ୍ୟତରେ ଏ ସମାଜର କି କି

ପରିବର୍ତ୍ତନ ବା ରୂପାନ୍ତର ଘଟିପାରେ ତାହା କିଏ ବା କହିପାରିବ ? ନିକଟ ଭବିଷ୍ୟତରେ ନୁହେଁ, ତାର ଆହୁରି ଆଗକୁ ଯାଇ ବିଚାର କଲେ ମୋହିନୀମୋହନଙ୍କ ଦର୍ଶନ ବା ଆଦର୍ଶର ସେ ସଫଳ ରୂପାୟନ ସମ୍ଭବ ନୁହେଁ, ଏହାମଧ୍ୟ କେହି କହିପାରିବେ ନାହିଁ। ମୋହିନୀ ମୋହନ ଯେ ଏ କଥାଟି ଜାଣିନଥିଲେ, ତାହା ନୁହେଁ। ଯାହା ଅସମ୍ଭବ ତାହାକୁ ପ୍ରକାଶ କରିବାରେ ସେ ଆଦୌ ସଙ୍କୁଚିତ ବା କୁଣ୍ଠିତ ହୋଇନାହାନ୍ତି। ଏହାହିଁ ଜଣେ ସତ୍ୟାନୁରକ୍ତ ଦାର୍ଶନିକଙ୍କର ପ୍ରକୃତ ପରିଚୟ। ଏଭଳି ଦୁଃସାହସିକ ଲେଖନୀ ଚାଳନା କରିବା ପାଇଁ ଯେଉଁ ସୁଦୃଢ଼ ଇଚ୍ଛାଶକ୍ତିର ପ୍ରୟୋଜନ ରହିଛି ତାହା ସମ୍ପୂର୍ଣ୍ଣ ଭାବରେ ଯେ ମୋହିନୀ ମୋହନଙ୍କର ଏହା କିଏ ବା ଅସ୍ୱୀକାର କରିପାରିବ ? ନିଜ ମତ ସମାଜ ଦ୍ୱାରା ଉପେକ୍ଷିତ ହେବ, ଏହା ଜାଣି ମଧ୍ୟ, ଆପଣାର ଲେଖନୀକୁ ଯିଏ ରଖିପାରନ୍ତି ସକ୍ରିୟ ତାଙ୍କ ଦୁଃସାହସ ନିଶ୍ଚିତ ଭାବରେ ନମସ୍ୟ। ଏସବୁ ଲେଖା ହୁଏତ ସାଂପ୍ରତିକ କାଳର ଆବର୍ଜନା ସ୍ତୁପ ମଧ୍ୟରେ ବିଲୀନ ହୋଇଯିବ, ଏ ସମ୍ପର୍କରେ ସଚେତନ ରହି ମଧ୍ୟ ଯାହା ସର୍ବୋତ୍ତମ ବୋଲି ମୋହିନୀ ମୋହନ ଭାବିଛନ୍ତି ତାହା ଲେଖିଯାଇଛନ୍ତି, ନିଷ୍କାମ ଭାବରେ। ମଣିଷମାନଙ୍କ ସମ୍ପର୍କରେ ସେ ଯେପରି ବିଚାର କରିଛନ୍ତି, ସେହିପରି ଜୀବଜନ୍ତୁଙ୍କ ପ୍ରତି ଅପୂର୍ବ ସମ୍ବେଦନଶୀଳତା ପ୍ରକାଶ କରିଛନ୍ତି ବୋଧହୁଏ ଓଡ଼ିଆ ସାହିତ୍ୟରେ ପ୍ରଥମ କରି। ସମ୍ପ୍ରତି ଯେତେବେଳେ ଜୀବଜନ୍ତୁଙ୍କ ଉପଯୁକ୍ତ ସଂରକ୍ଷଣ ପାଇଁ ଅନେକ କଠିନ ନିୟମ ପ୍ରବର୍ତ୍ତନ କରାଯାଉଛି, ଏଭଳି ସଙ୍କଟ ବେଳେ ମୋହିନୀ ମୋହନଙ୍କ ବିଚାରଧାରା କେତେ ଉପଯୋଗୀ ତାହା ପ୍ରମାଣିତ ହୋଇଯାଉଛି ପ୍ରତିଟି ମୁହୂର୍ତ୍ତରେ। ଅନ୍ୟ ବିଷୟ ସମାଜ ଦ୍ୱାରା ଗୃହୀତ ହୋଇନପାରିଲେ ସୁଦ୍ଧା ଏଭଳି ସହାନୁଭୂତି ସମ୍ପନ୍ନ ବର୍ଣ୍ଣନା ଯେ ପ୍ରେରଣାଦାୟକ ଆଜି କେତେ ପରିମାଣରେ ତାହା ନିରୂପଣ କରିବା ଏକାନ୍ତ ସହଜସାଧ୍ୟ। ମାତ୍ର ମଣିଷ ଏତେ ସ୍ୱାର୍ଥପର, ନିଷ୍ଠୁର ଓ ଅବିବେକୀ ଯେ ଏପରି ପ୍ରବନ୍ଧର ସନ୍ଦେଶକୁ ମଧ୍ୟ ସେ ହୃଦୟଙ୍ଗମ କରିବା ପାଇଁ ଅସମର୍ଥ, ଏହା ଏକ ଅପ୍ରିୟ ସତ୍ୟ।

ମୋହିନୀ ମୋହନଙ୍କ ଚିନ୍ତାଧାରା ବୈଜ୍ଞାନିକ ଭିତ୍ତି ଉପରେ ପ୍ରତିଷ୍ଠିତ। ବିଜ୍ଞାନ ଓ ଦର୍ଶନର ଏକ ସମନ୍ୱିତ ରୂପ ହେଉଛି ତାଙ୍କର ବକ୍ତବ୍ୟ। ମଣିଷକୁ ହେଉ ଅଥବା ଜୀବଜନ୍ତୁଙ୍କୁ ସେ ଦେଖିବାକୁ ଚାହୁଁଥିଲେ ସ୍ୱାଧୀନ ରୂପରେ। ତାଙ୍କ ଦର୍ଶନରେ ଓ ସକଳ ପ୍ରକାରର ବନ୍ଧନକୁ ଭାଙ୍ଗି ଦିଆଯାଇଛି। ଏପରି ଏକ କ୍ରାନ୍ତିକାରୀ ଭାବନା ମୋହିନୀ ମୋହନଙ୍କ ମସ୍ତିଷ୍କକୁ ଯେପରି ଆଲୋଡ଼ିତ କରିଛି ତାହା ବିଶ୍ୱବ୍ୟାପୀ ପ୍ରସାରିତ ହେବା ନିହାତି ଆବଶ୍ୟକ। ଏ ପ୍ରବନ୍ଧଗୁଡ଼ିକ ଇଂରାଜୀ ଭାଷାରେ ଅନୁଦିତ ହେବାର ଜରୁରୀ ଆବଶ୍ୟକତା ରହିଛି। ଏହାଦ୍ୱାରା ମୋହିନୀ ମୋହନ ପୃଥିବୀର

ଜଣେ ଅଗ୍ରଗଣ୍ୟ ଦାର୍ଶନିକ ଭାବରେ ଗୃହୀତ, ସ୍ୱୀକୃତ, ଚର୍ଚ୍ଚିତ ଓ ସୁପରିଚିତ ହୋଇପାରିବେ। ଏହାହିଁ ଓଡ଼ିଆ ଜାତିର ଏକ ମୌଳିକ ଅବଦାନ ଭାବରେ ଯେ ଅଭିନନ୍ଦିତ ହେବ - ଏହି ଆସ୍ଥାଶୀଳତା ଶକ୍ତିଶାଳୀ ହେବା ଆବଶ୍ୟକ।

ମୋହିନୀ ମୋହନ ନାସ୍ତିକ ?

ଯେଉଁମାନେ ଭଗବାନଙ୍କ ଅସ୍ତିତ୍ୱକୁ ସ୍ୱୀକାର କରନ୍ତି ନାହିଁ, ସେମାନଙ୍କୁ ଆମେ ନାସ୍ତିକ ବୋଲି କହିଥାଉଁ। ସେଭଳି ଈଶ୍ୱରବିଶ୍ୱାସ ଶୂନ୍ୟ ମଣିଷ କୌଣସି ଦେବଦେବୀଙ୍କ ପୂଜା ଆରାଧନା କରନ୍ତି ନାହିଁ। କୌଣସି ମନ୍ଦିର ମସ୍‌ଜିଦ୍ ବା ଚର୍ଚ୍ଚକୁ ଯାଆନ୍ତି ନାହିଁ। କୌଣସି ଧର୍ମସଭାରେ ଯୋଗ ଦିଅନ୍ତି ନାହିଁ। ଆମେ ଯେ ଭାବୁ ଏ ସମଗ୍ର ପୃଥିବୀ ଓ ବିଶ୍ୱବ୍ରହ୍ମାଣ୍ଡ କେହିଜଣେ ସର୍ବଶକ୍ତିମାନ ଅକଳ୍ପନୀୟ ସତ୍ତାଦ୍ୱାରା ପରିଚାଳିତ ହେଉଛି ବୋଲି ସେମାନଙ୍କର ଏଥିରେ କୌଣସି ଆସ୍ଥା ନଥାଏ।

ମୋହିନୀମୋହନ ସେନାପତିଙ୍କ ବିଚାର ବିମର୍ଶ ପ୍ରତି ଦୃଷ୍ଟିଦେଲେ ଜଣାପଡ଼େ ଯେ, ସେ ମଧ୍ୟ ନାସ୍ତିକମାନଙ୍କ ଆଚରଣ ଠାରୁ ହୋଇନଥିବେ ଭିନ୍ନ। ସିଏ ତ ବ୍ରାହ୍ମଧର୍ମରୁ ମୁକ୍ତହେଲେ ଆପଣାର ତାର୍କିକ ବୁଦ୍ଧିମତ୍ତା ଦ୍ୱାରା। ଏହାପରେ ଯେ ସେ ଆଉ ଅନ୍ୟ କୌଣସି ଧର୍ମ ବା ଦେବତାଙ୍କୁ ବିଶ୍ୱାସ କରିଥିବେ ବୋଲି ମନେହୁଏ ନାହିଁ। ଏପରିକି ଏହି ବିଷୟକୁ କେନ୍ଦ୍ରକରି ତାଙ୍କ ପିତା ଫକୀରମୋହନଙ୍କ ସହିତ ତାଙ୍କର ଅନେକ ଯୁକ୍ତିତର୍କ ହୋଇଥିବା ଲୋକମୁଖରୁ ଶୁଣାଯାଏ। ପିତାପୁତ୍ରଙ୍କ ମଧ୍ୟରେ ଘଟିଥିବା ଏପରି ତିକ୍ତ ଅନୁଭୂତି ଉଭୟଙ୍କୁ ଆହତ କରିଥିବ। ମନେ ମନେ ଚିନ୍ତା କରିବାକୁ ପଡ଼େ ଯେ ଫକୀରମୋହନ କାହିଁକି ମୋହିନୀ ମୋହନଙ୍କୁ ଧର୍ମ - ବିଶ୍ୱାସୀ କରିବା ପାଇଁ ଚାହୁଁଥିଲେ ? ସେ କ'ଣ ଜାଣିନଥିଲେ ଯେ କାହାରି ହୃଦୟ ଭିତରେ 'ବିଶ୍ୱାସ' ଭାବଟିକୁ ପ୍ରତିଷ୍ଠା କରାଯାଇନପାରେ ? ଈଶ୍ୱରଙ୍କୁ ବାଧ୍ୟବାଧକତାରେ ପୂଜା କରିବାକୁ କହିବା ଅତ୍ୟନ୍ତ ଅସଙ୍ଗତ ବ୍ୟାପାର। ପୁତ୍ର ଯେ ପିତାପରି ହିଁ ହେବେ ଏଥିରେ କୌଣସି ନିଶ୍ଚିତତା ନ ଥାଏ। ଯେ କୌଣସି ଲୋକଙ୍କୁ ଧର୍ମାସକ୍ତ ହେବାପାଇଁ ବାଧ୍ୟ କରିବା ହେଉଛି ଅଧାର୍ମିକ କାର୍ଯ୍ୟ। ଏହି ସାଧାରଣ ସତ୍ୟକୁ କାହିଁକି

ଫକୀରମୋହନଙ୍କ ପରି ସ୍ରଷ୍ଟା ବୁଝିପାରୁନଥିଲେ ? ପ୍ରତ୍ୟେକ ମଣିଷ ହେଉଛନ୍ତି ସ୍ୱତନ୍ତ୍ର ଏକ ଏକ ସତ୍ତା। କାହାରି ଉପରେ ଅଧିକାର ସାବ୍ୟସ୍ତ କରିବାର ଅଧିକାର କାହାରି ନାହିଁ। କିଏ ଈଶ୍ୱରଙ୍କୁ ବିଶ୍ୱାସ କଲା କିମ୍ବା ନକଲା ସେ ବିଷୟରେ ବିବ୍ରତ ହେବାର ଆବଶ୍ୟକତା ମଧ୍ୟ ଆଦୌ ନାହିଁ। ପ୍ରକୃତ କଥା ହେଲା, ଜଣେ ମଣିଷର, ଅନ୍ୟ ମଣିଷକୁ ଯଦି ଉପଯୁକ୍ତ ସ୍ନେହ, ସମ୍ମାନ ଦେଇପାରୁଛି, ତାହେଲେ ଈଶ୍ୱର ବିଶ୍ୱାସ କ'ଣ ଅପରିହାର୍ଯ୍ୟ ? ଯଦି ଫକୀରମୋହନ ଓ ମୋହିନୀ ମୋହନ ପରସ୍ପରକୁ ସ୍ୱୀକାର କରିନେଇଥାନ୍ତେ ତାହେଲେ ସେମାନଙ୍କ ବା ସମାଜର କ'ଣ କ୍ଷତିସାଧନ ହୋଇଥାଆନ୍ତା ? ଜୀବନରେ ନିଜ ପ୍ରିୟ ଲୋକଙ୍କ ଠାରୁ ଜିତିଯିବା ଯେତିକି ଆନନ୍ଦ ଦେଇଥାଏ, ହାରିଯିବାର ଅନୁଭୂତି ତହିଁରୁ ଶହେ ଗୁଣ ଅଧିକ ଆନନ୍ଦ ପ୍ରଦାନ କରେ। ଏହି ମନସ୍ତତ୍ତ୍ୱ ନା ବୁଝିଲେ ଫକୀରମୋହନ ନା ମୋହିନୀ ମୋହନ !

ଯେଉଁମାନେ ମୋହିନୀ ମୋହନଙ୍କୁ ଧାର୍ମିକ ହେବେ ବୋଲି ବିଶ୍ୱାସ କରୁଥିଲେ, ସେମାନେ ମୋହିନୀ ମୋହନଙ୍କ ବିପରୀତ ବ୍ୟବହାରରେ ବିମର୍ଷତା ଅନୁଭବ କରିବା କେତେ ଦୂର ସମୀଚୀନ ? ନାସ୍ତିକକୁ ନାସ୍ତିକ ବୋଲି ମାନିନେବାରେ ବା ଗ୍ରହଣ କରିବାରେ ଅସୁବିଧା ହେଉଛି କେଉଁଠି ଏହା ଏ ଲେଖକ ଏ ପର୍ଯ୍ୟନ୍ତ ବୁଝି ପାରିନାହିଁ। ଜଣେ ମଣିଷ ଗୋଟିଏ ଯନ୍ତ୍ର ନୁହେଁ। ଆମେ ଯେପରି ଚାହିଁବା ତାକୁ ସେହିପରି ଗଢ଼ିଦେବା ସମ୍ଭବ କି ? ପୁଣି ଏପରି ଇଚ୍ଛା କରିବା କ'ଣ ମନୁଷ୍ୟତା ପରିପନ୍ଥୀ ବିଷୟ ନୁହଁ ? ତେଣୁ ଯେଉଁ ମଣିଷ ଯେପରି ଭାବରେ ଗଠିତ ହୋଇଛି ତାକୁ ସେହିପରି ଭାବରେ ଗ୍ରହଣ ନକରି ଗୋଟିଏ ସମାନ ଛାଞ୍ଚରେ ସମସ୍ତଙ୍କୁ ପକାଇବାର ଚେତନା ପରିପନ୍ଥୀ ବିଷୟ ନୁହେଁ କି ?

ନାସ୍ତିକ ହୋଇଥିବାରୁ ମୋହିନୀ ମୋହନ ସାହିତ୍ୟ ଜଗତରେ, ଯେତେ ଆଦୃତ ହେବା ଆଶା କରାଯାଇପାରେ ତାହା ଏ ପର୍ଯ୍ୟନ୍ତ ସମ୍ଭବ ହୋଇପାରିନାହିଁ। ମୋହିନୀ ମୋହନଙ୍କ ସାହିତ୍ୟ ସମ୍ପର୍କରେ ମଧ୍ୟ ଆଶାନୁରୂପ ଆଲୋଚନା କରାଯାଇପାରିନାହିଁ। ସେ ଜଣେ ବିଶିଷ୍ଟ ଗଦ୍ୟଶିଳ୍ପୀ ହୋଇଥିଲେ ମଧ୍ୟ ତାଙ୍କ ପ୍ରତିଭାର ବିସ୍ତୃତ ଅନୁଶୀଳନ ହୋଇପାରିନାହିଁ। ତାଙ୍କ ଜୟନ୍ତୀ ବା ଶ୍ରାଦ୍ଧ ପାଳନ ହେବା ତ ବହୁଦୂରର କଥା। ତାଙ୍କୁ ଆମେ ଏକ ପ୍ରକାରେ ବିସ୍ମୃତ ହୋଇଯାଇଛୁ। ଏ ସବୁର କାରଣ ହେଲା ସେ ଥିଲେ ନାସ୍ତିକ। ଅନ୍ୟ କାହାଦ୍ୱାରା ପ୍ରଭାବିତ ନ ହୋଇ ନିଜ ବିଶ୍ୱାସ ଉପରେ ଆସ୍ଥାଶୀଳ ହୋଇଯିଏ ଜୀବନ ଯାତ୍ରା କରିପାରେ, ତା' ଠାରୁ ନିର୍ଭୀକ ବ୍ୟକ୍ତି ଆଉ କିଏ ଅଛି ? ଅନ୍ଧ ଭାବରେ ଅନ୍ୟମାନେ ଯାହା କରୁଛନ୍ତି ସେପରି କରିବା ଅପେକ୍ଷା ଯିଏ ନିଜ ପରି ହୋଇପାରେ, ସେ ହେଉଛି ଦୁଃସାହସିକ ପଥର ଅଭିଯାତ୍ରୀ।

ତେଣୁ ଏପରି ନାସ୍ତିକମାନେ ନିନ୍ଦିତ ନ ହୋଇ ପ୍ରଶଂସିତ ହେବାର ବହୁ କାରଣ ରହିଛି ।

ଏ ଦୃଷ୍ଟିରୁ ନାସ୍ତିକ ମୋହିନୀ ମୋହନ ଆମ ସମସ୍ତଙ୍କର ଏକାନ୍ତ ନମସ୍ୟ ।

ମନୋବିଜ୍ଞାନୀ ମୋହିନୀମୋହନ

ମୋହିନୀ ମୋହନ ସେନାପତି ବିଜ୍ଞାନର ଛାତ୍ର ନ ଥିଲେ। ଏପରିକି ମନୋବିଜ୍ଞାନ ମଧ୍ୟ ତାଙ୍କ ଅଧ୍ୟୟନ ଅନ୍ତର୍ଗତ ବିଷୟ ନଥିଲା। ସେ ତ ଥିଲେ ଦର୍ଶନର ଛାତ୍ର। ତେବେ କେବଳ ଦର୍ଶନ ଗ୍ରନ୍ଥ ପାଠ କରିବା ମଧ୍ୟରେ ସେ ଆବଦ୍ଧ ହୋଇ ରହିନଥିଲେ। ବିଭିନ୍ନ ପ୍ରକାରର ପୁସ୍ତକ ଅଧ୍ୟୟନ କରିବା ଓ ସେଥିରେ ପ୍ରତିଫଳିତ ନବଚେତନାର ଆବିଷ୍କାର କରିବା ନିମିତ୍ତ ତାଙ୍କର ତୀକ୍ଷ୍ଣ ଦୃଷ୍ଟିଶକ୍ତି ଥିଲା ସର୍ବଦା ସଜାଗ। ନିଜେ ଯେହେତୁ ସେ ଥିଲେ ସାମାଜିକ ବ୍ୟବସ୍ଥା ସମ୍ପର୍କରେ ଅସନ୍ତୁଷ୍ଟ; ତେଣୁ ବ୍ୟବସ୍ଥା ବିରୋଧୀ ଗ୍ରନ୍ଥ ତାଙ୍କ ପାଇଁ ସୃଷ୍ଟି କରୁଥିଲା ନୂତନ ନୂତନ ଆକର୍ଷଣ। ପୁନଶ୍ଚ ସେ ଯୁକ୍ତିବାଦୀ ହୋଇଥିବାରୁ, ଯାହା ପ୍ରକୃତରେ ପ୍ରମାଣସିଦ୍ଧ ତାକୁ ହିଁ ଗ୍ରହଣ କରୁଥିଲେ ଅତ୍ୟନ୍ତ ନିଷ୍ଠା ସହକାରେ। ମନସ୍ତତ୍ତ୍ୱବିତ୍‌ମାନେ ମଣିଷର ମନକୁ ଯେପରି ତନ୍ନ ତନ୍ନ କରି ନିରୀକ୍ଷଣ କରିଛନ୍ତି, ସେହି ନିରୀକ୍ଷା ଶକ୍ତିରେ ମୋହିନୀ ମୋହନଙ୍କ ମସ୍ତିଷ୍କର ସ୍ନାୟୁତନ୍ତ୍ରୀ ସର୍ବଦା ଜାଗ୍ରତ ହୋଇ ରହିଥିଲା, ସୁଦୀର୍ଘ କାଳ ପର୍ଯ୍ୟନ୍ତ।

ମଣିଷର ମନ ହେଉଛି ବିଭିନ୍ନ ବିଚିତ୍ର ଉପାଦାନରେ ଭରପୂର। ମଣିଷ ଯାହା କହେ ବା ଯେପରି ଜୀବନଯାପନ କରେ, ଏହା ମଧ୍ୟରେ ଯେ ନ ଥାଏ କୌଣସି ସାମଞ୍ଜସ୍ୟ ତାହା ଯଥାର୍ଥ ଭାବରେ ଉପଲବ୍ଧି କରି ପାରିଥିଲେ ଲେଖକ ଏକାନ୍ତ ସତ୍ୟନିଷ୍ଠ ଭାବରେ। ଆମର ସମାଜ ମଣିଷର ବାସ୍ତବ ମନସ୍ତତ୍ତ୍ୱ ଆଧାରରେ ପ୍ରତିଷ୍ଠିତ ହୋଇନାହିଁ। ସମାଜ କହିଲେ ଆମେ ବୁଝୁ ଏକ ଶୃଙ୍ଖଳା, ସଂଯମ ଓ ନିୟନ୍ତ୍ରଣ। ଏହାକୁ ଯିଏ ଲଂଘନ କରିବାର ଦୁଃସାହସ ପ୍ରଦର୍ଶନ କରେ ତାକୁ ସମାଜ କଦାପି ସ୍ୱୀକାର କରିପାରେ ନାହିଁ। ସେଥିପାଇଁ ନିୟମ ଲଂଘନକାରୀଙ୍କୁ ଆଖ୍ୟା ଦିଆଯାଏ ଅସାମାଜିକ ବୋଲି। ସେଥିପାଇଁ ମାନସିକ ସ୍ତରରେ ଅନେକ କାମନା

ବାସନାକୁ ମଣିଷ ଚାପିରଖେ ତା' ନିଜ ମଧ୍ୟରେ। ଏହାରି ଦ୍ୱାରା ହିଁ ସୃଷ୍ଟି ହୁଏ ବ୍ୟାପକ ଅନୈତିକ କାର୍ଯ୍ୟ କଳାପ। ମଣିଷ ଏହି କାରଣରୁ ଯାହା ସମାଜ ଦ୍ୱାରା ଅସ୍ୱୀକୃତ ସେପରି ବାସନାକୁ ଚରିତାର୍ଥ କରେ, ଅନ୍ୟମାନଙ୍କ ଦୃଷ୍ଟି ଆଢୁଆଳରେ। କେତେକ କବି ଓ ଲେଖକମାନେ ପ୍ରାୟତଃ ଥାଆନ୍ତି ନୀତି-ନିଷ୍ଠ। ଅନୈତିକ ବ୍ୟବହାର ଘୃଣା ବ୍ୟଞ୍ଜକ ସାବ୍ୟସ୍ତ ହୁଏ। ସମାଜରେ ଭଲ ମଣିଷ ଓ ମନ୍ଦ ମଣିଷ ଭାବରେ ମଣିଷକୁ ଭାଗ ଭାଗ କରିଦେବା ଦ୍ୱାରା, ବ୍ୟାହତ ହୁଏ ସ୍ୱାଭାବିକ ସନ୍ତୁଳନ।

ମୋହିନୀ ମୋହନ ମାନବୀୟ ମନସ୍ତତ୍ତ୍ୱ ଅନୁଧ୍ୟାନ କାଳରେ ସର୍ବଦା ପ୍ରତ୍ୟାବର୍ତ୍ତନ କରନ୍ତି, ଆଦିମ ଜୀବନସ୍ତରକୁ। ପ୍ରାକ୍-ଐତିହାସିକ ଯୁଗରେ ନଥିଲା କୌଣସି ବାଧାବନ୍ଧନ। ସେପରି ନଥିଲା ମଧ୍ୟ ଭଲ-ମନ୍ଦ କିମ୍ବା ପାପ-ପୁଣ୍ୟର ସଂକୀର୍ଣ୍ଣ ବିଚାରବୋଧ। ଏହି ଦୃଷ୍ଟିଭଙ୍ଗୀ ଦେଇ ଜୀବନ ପ୍ରବାହର ସାଂପ୍ରତିକ ସ୍ଥିତି ପ୍ରତି ଦୃଷ୍ଟିଦେଲେ ଜଣାଯାଏ ଯେ, ପ୍ରକୃତି କୋଳରେ ମଣିଷର ଜୀବନ-ଯାପନ ପ୍ରଣାଳୀରେ ଯେଉଁ ଅକୃତ୍ରିମତା ରହିଥିଲା ସେଥିରେ ହିଁ ଫୁଟି ଉଠୁଥିଲା ମଣିଷର ସକଳ ପ୍ରବୃତ୍ତିର ଅନିୟନ୍ତ୍ରିତ ଆବେଗ। ଏହି କାରଣରୁ ଯାହାକୁ ଆଜି ଆମେ ଏକ ସଭ୍ୟ ସମାଜ ବୋଲି ଦାବି କରୁଛୁ ତାହା ହିଁ ହେଉଛି ପ୍ରାକୃତିକ ଭାବ-ପ୍ରବାହକୁ ଅବରୁଦ୍ଧ କରିଦେଇଥିବା ଏକ ସଂକୀର୍ଣ୍ଣ ପ୍ରାଚୀରର କୃତ୍ରିମ ବଳୟ।

ମୋହିନୀମୋହନ ସେନାପତିଙ୍କ ଚିନ୍ତାଧାରା ସ୍ୱାଭାବିକ ଓ ମନୋବିଶ୍ଳେଷଣ ମୂଳକ,ଏହାକୁ ଅସ୍ୱୀକାର କରାଯାଇପାରିବ ନାହିଁ। କିନ୍ତୁ ବର୍ତ୍ତମାନ ଯାହାକୁ ଆମେ ସଭ୍ୟତାର ବିକାଶ ବୋଲି ବର୍ଣ୍ଣନା କରୁଛୁ, ସେଥିରୁ ପଶ୍ଚାତଦିଗକୁ ପ୍ରତ୍ୟାବର୍ତ୍ତନ କରିବା କ'ଣ ସମ୍ଭବ ? ତେବେ ମଣିଷର ଯେଉଁ ସ୍ୱାଧୀନ ଜୀବନଯାପନ ସମ୍ପର୍କରେ ମୋହିନୀମୋହନ ଆଲୋକପାତ କରିଛନ୍ତି, ତାହାର ବାସ୍ତବ ରୂପାୟନ ବର୍ତ୍ତମାନ ଦେଖାଦେଇଛି ଆମେରିକାରେ। ବୈବାହିକ ସମ୍ପର୍କରେ ଆବଦ୍ଧ ନ ହୋଇ ସ୍ୱାଧୀନ ଭାବରେ ଜୀବନସାଥୀ ନିର୍ବାଚନ କରିବା, ପରସ୍ପର ମଧ୍ୟରେ ପ୍ରେମଭାବ ବ୍ୟାହତ ହେଲେ ପରସ୍ପରଠାରୁ ଆନନ୍ଦ ସହକାରେ ବିଚ୍ଛିନ୍ନ ହୋଇଯିବା ଓ ପୁନଶ୍ଚ ନୂତନ ସାଥୀ ସହ ସଂପର୍କ ସ୍ଥାପନ କରିବା - ଏପରି ସ୍ୱାଧୀନତା ସମ୍ଭବ ହେଉଛି ଆମେରିକାରେ। ଏହାକୁ ଭାରତବର୍ଷରେ ବିଶୃଙ୍ଖଳିତ ଜୀବନଶୈଳୀର ଅଶାଳୀନ ପରିପ୍ରକାଶ ଭାବରେ ଗ୍ରହଣ କରାଯିବ ନିଶ୍ଚୟ। ତଥାପି ପାଶ୍ଚାତ୍ୟ ଦେଶର ପ୍ରଭାବରେ ଭାରତରେ ମଧ୍ୟ ଏପରି ଘଟଣା ଆଉ ଦୁର୍ଲଭ ହୋଇ ରହିନାହିଁ। ମୋହିନୀମୋହନ ଏକ ପ୍ରସଙ୍ଗରେ ଉଲ୍ଲେଖ କରିଛନ୍ତି ଯେ - 'ଜଣେ ପୁରୁଷ ଓ ଜଣେ ନାରୀ ସମଗ୍ର

ଜୀବନବ୍ୟାପୀ ଏକ ସଙ୍ଗରେ ରହିବା କି କଷ୍ଟକର ତାହା ବର୍ଣ୍ଣନାତୀତ।' ଏଠାରେ ଆମ ମନରେ ଏକ ପ୍ରଶ୍ନ ଉଠିପାରେ ଯେ ସାରାଜୀବନ ବାରମ୍ବାର ଜୀବନସାଥୀ ପରିବର୍ତ୍ତନ କରନ୍ତି ଯେଉଁମାନେ, ସେମାନେ କ'ଣ ମାନବିକ ଦୁଃଖରୁ ମୁକ୍ତ ହୋଇ ପାରିଛନ୍ତି ? ଜଣକ ସହିତ ସମଗ୍ର ଜୀବନ ବାଧ୍ୟବାଧକତାରେ ବିତାଇବା ଯେପରି କଷ୍ଟକର, ସେହିପରି ଜଣକ ପରେ ଜଣେ ନୂତନ ନୂତନ ସାଥୀଙ୍କ ସହିତ ସଂଯୋଗିତ ହେବା ଓ ମନୋମାଳିନ୍ୟ ସୃଷ୍ଟି ହେବାଦ୍ୱାରା ଏପରି ସମ୍ପର୍କ ବାରମ୍ବାର ଭାଙ୍ଗିଯାଉଥିବାର ମାନସିକ ଯନ୍ତ୍ରଣା ମଧ୍ୟ କ'ଣ କମ୍ ହୃଦୟ ବିଦାରକ ! ମୋହିନୀ ମୋହନ ଏହି ଦୁଇ ଦିଗ ସମ୍ପର୍କରେ ଯଦି ଅଧିକ ବିସ୍ତୃତ ଆଲୋଚନା ପୂର୍ବକ ଏକ ସୁସ୍ଥ ସମାଜର ନିର୍ମାଣ ପାଇଁ ପ୍ରଦର୍ଶନ କରିଦେଇ ପାରିଥାନ୍ତେ ସର୍ବଗ୍ରହଣଯୋଗ୍ୟ ଏକ ବ୍ୟବସ୍ଥା, ତା' ହେଲେ ତାଙ୍କର ମନୋବିଶ୍ଳେଷଣ ଯେପରି ସାର୍ଥକ ହୋଇଥାଆନ୍ତା, ଠିକ୍ ସେହିପରି ସୁସ୍ଥ ଜୀବନଧାରାର ଦିଗ୍‌ଦର୍ଶକ ଭାବରେ ତାଙ୍କର ଅବଦାନ ସମଗ୍ର ପୃଥିବୀ ସକାଶେ ହୋଇପାରିଥାନ୍ତା ଏକାନ୍ତ ଅନୁସରଣୀୟ। ମାତ୍ର ମୋହିନୀମୋହନ ସେହିପରି ଭାରସାମ୍ୟ-ଯୁକ୍ତ ମାନବ-ଜୀବନ ବା ମାନବ-ସମାଜର ଯେ ଯଥାର୍ଥ ଚିତ୍ରାଙ୍କନ ଉପହାର ଦେଇପାରିଲେ ନାହିଁ ତାହା ତାଙ୍କୁ କେବଳ ମନୋବିଶ୍ଳେଷକ ଭାବରେ ଅଟକାଇ ଦେଇଛି। ଆହୁରି ଆହୁରି ଆଗକୁ ଆଗକୁ ଚିନ୍ତା କରିବା ସକାଶେ ସ୍ୱାଧୀନ ଚିନ୍ତାଧାରା ସେ ଯେ ସୃଷ୍ଟି କରିଛନ୍ତି ଏହାକୁ ଅସ୍ୱୀକାର କରିପାରିବା ନାହିଁ। ଏସବୁ ଦୃଷ୍ଟିକୋଣରୁ ମୋହିନୀ ମୋହନଙ୍କୁ ମାନବୀୟ ଆଦିମ ପ୍ରବୃତ୍ତିର ଶ୍ରେଷ୍ଠ ବିଶ୍ଳେଷକ ଭାବରେ ଉଚ୍ଚତର ସ୍ଥାନ ଅର୍ପଣ କରାଯାଇ ପାରିଲେ ମଧ୍ୟ ତାଙ୍କୁ ଆଧୁନିକ ସମାଜ - ନିର୍ମାଣ ଗୌରବ ଦିଆଯାଇ ପାରିବ ନାହିଁ। ଏ କ୍ଷେତ୍ରରେ କେବଳ, ମୋହିନୀମୋହନ ନୁହଁନ୍ତି ପ୍ରାୟ ସମସ୍ତ ଭାବୁକ ଚିନ୍ତକ ଓ ସଂସ୍କାରକ ଯଥାର୍ଥ ପଥ ନିର୍ଦ୍ଦେଶ ଏ ପର୍ଯ୍ୟନ୍ତ କରିପାରି ନାହାନ୍ତି। ମଣିଷ ସମାଜକୁ ସୁସ୍ଥ ଓ ଶୃଙ୍ଖଳିତ କରିବା କାହା ପକ୍ଷରେ ସମ୍ଭବ ? ତାହା ବିଶିଷ୍ଟ ଚିନ୍ତାନାୟକମାନଙ୍କ ବିଚାର ବିବେଚନା ଶକ୍ତିକୁ ମଧ୍ୟ କରିଛି ପରାହତ। ମୋହିନୀମୋହନ ତାଙ୍କ ସମୟରେ ଯେ ଚିନ୍ତାନାୟକମାନଙ୍କ ନୂତନ ବିଷୟ ଉତ୍‌ଥାପନ କରିବାର ସାହସ ପ୍ରଦର୍ଶନ କରିପାରିଛନ୍ତି, ତାହାହିଁ ଯେ ଅଭିନନ୍ଦନୀୟ, ଏଥିରେ ସନ୍ଦେହ ନାହିଁ।

■

ମୋହିନୀ ମୋହନଙ୍କ ନାସ୍ତିକତା : ଅନେକ ପ୍ରଶ୍ନ

ମୋହିନୀ ମୋହନ ଯେଉଁ ସମସ୍ତ କାରଣ ଦର୍ଶାଇ ଈଶ୍ୱରଙ୍କ ଅସ୍ତିତ୍ୱକୁ ଅସ୍ୱୀକାର କରିଛନ୍ତି ତାହାର ନିଷ୍ପକ୍ଷ ବିଚାର କରାଯାଇପାରିବ ନିଶ୍ଚୟ। ତାଙ୍କର ରଚନା ମଧ୍ୟରେ ସେ ଏକଥା ହିଁ ପ୍ରମାଣ କରିବାକୁ ଚାହିଁଛନ୍ତି ଯେ ଈଶ୍ୱରାନୁଭୂତି ଏକ ଭାବ ପ୍ରବଣତା ବ୍ୟତୀତ ଅନ୍ୟକିଛି ନୁହେଁ। ଯେଉଁମାନେ ବାସ୍ତବରେ ସ୍ଥିର ଓ ପ୍ରକୃତିସ୍ଥ ସେମାନେ କୌଣସି କଳ୍ପନା ପ୍ରସୂତ ଭାବାବେଗର କବଳିତ ହୋଇନଥାନ୍ତି। ଅପରପକ୍ଷରେ ଯେଉଁମାନେ ଈଶ୍ୱର କଳ୍ପନାରେ ଅଭିନିବିଷ୍ଟ ସେମାନେ ସତ୍ୟ ନୁହେଁ, ଏକ ମାୟାଲୋକ ମଧ୍ୟରେ ପ୍ରବେଶ କରିଥାଆନ୍ତି। ମୋହିନୀ ମୋହନଙ୍କ ଉପସ୍ଥାପିତ ଯୁକ୍ତିସବୁ ଅକାଟ୍ୟ ମନେହେବା ସ୍ୱାଭାବିକ। କିନ୍ତୁ ଏଠାରେ ଏକ ତାତ୍ପର୍ଯ୍ୟପୂର୍ଣ୍ଣ ପ୍ରଶ୍ନ ଉତ୍‌ଥାପିତ ହେଉଛି ଯେ, କିଏ ବାସ୍ତବିକ ପ୍ରକୃତିସ୍ଥ ? ଅର୍ଥାତ୍, ଯେଉଁମାନେ ଈଶ୍ୱରଙ୍କ କଳ୍ପନାରେ ଧ୍ୟାନମଗ୍ନ ସେମାନେ ଯଦି ପ୍ରକୃତିସ୍ଥ ତା'ହେଲେ ଆବେଗ ବିହୀନ ନୀରସ ଜୀବନ ବିତାଉଥିବା ବିଜ୍ଞ ବ୍ୟକ୍ତିଙ୍କୁ ପ୍ରକୃତିସ୍ଥ ବୋଲି କୁହାଯାଇପାରିବ ? ଏ ସମଗ୍ର ବିଶ୍ୱବ୍ରହ୍ମାଣ୍ଡ ଓ ପୃଥିବୀର ସଂରଚନା ଯେପରି ହୋଇଛି ଓ ପ୍ରତିଟି ବୃକ୍ଷଲତା, ପଶୁପକ୍ଷୀ ଯେଉଁ ବୈଚିତ୍ର୍ୟ ସୃଷ୍ଟିକରି ଚାଲିଛନ୍ତି ଏହାକୁ ଦେଖିବା ଓ ଅନୁଭବ କରିବାରେ ଯିଏ ବିସ୍ମିତ ଓ ଭାବାପ୍ଳୁତ ହୋଇଯାଇପାରେନାହିଁ ତା' ଭିତରେ କ'ଣ ହୃଦୟଟିଏ ରହିଛି ବୋଲି କୁହାଯାଇପାରିବ କି ? ମୋହିନୀ ମୋହନ ଫକୀରମୋହନଙ୍କୁ ନିଜର ପିତା ଭାବରେ ଓ କୃଷ୍ଣକୁମାରୀଙ୍କୁ ମାତା ଭାବରେ ଯେ ଜାଣନ୍ତି, ସ୍ୱୀକାର କରିଛନ୍ତି ଏପରିକି ସେମାନଙ୍କ ସହିତ ତର୍କ ମଧ୍ୟ କରନ୍ତି - ଏହା ମଧ୍ୟରେ ତାଙ୍କର କ'ଣ ସାମାନ୍ୟ ଶ୍ରଦ୍ଧାଶୀଳତାର ମାନବିକ ସମ୍ବେଗ

ଅନୁପସ୍ଥିତ ? କୃଷ୍ଣକୁମାରୀ ମୋହିନୀ ମୋହନ ଘରକୁ ନ ଫେରିବା ପର୍ଯ୍ୟନ୍ତ ଯେ ଅନ୍ନସ୍ପର୍ଶ କରିନଥାନ୍ତି ଏହା ମୋହିନୀ ମୋହନଙ୍କ ମଧ୍ୟରେ ମାତୃ ହୃଦୟ ପ୍ରତି ସାମାନ୍ୟ ମମତା ଜାଗ୍ରତ କରିପାରୁନଥିଲା କି ? ଯଦି ମୋହିନୀ ମୋହନ ଥିଲେ ଆବେଗ ବିହୀନ ଏକ ମାନବସତ୍ତା ତା ହେଲେ ପଲ୍ଲୀକବି ନନ୍ଦକିଶୋର ବଳଙ୍କ କବିତା ବାରମ୍ବାର ଆବୃତ୍ତି କରୁଥିଲେ କାହିଁକି ? ଏସବୁ ଛୋଟ ବଡ଼ ଘଟଣା ମଧ୍ୟଦେଇ ଗତି କଲାବେଳେ ମୋହିନୀମୋହନଙ୍କ ଅନ୍ତରରେ କିଛି ଆଲୋଡ଼ନ ସୃଷ୍ଟି ନ ହେବା କେତେଦୂର ଯଥାର୍ଥ ଓ ବିଶ୍ୱାସଯୋଗ୍ୟ ? ଅର୍ଥାତ୍, ନିଜ ଅନ୍ତରର ଭାବ-ସ୍ପନ୍ଦନକୁ ଅଚେତନ ଭାବରେ ସେ ଚାପି ଦେଉନଥିଲେ ତ ! ତେଣୁ ମୋହିନୀମୋହନ ଯେ ଥିଲେ ନିଜ ଅଜାଣତରେ ଅଚେତନ ଓ ଭାବୁଥିଲେ ଯେ ସେ ରହିଛନ୍ତି ସଚେତନ ଆଉ ପ୍ରକୃତିସ୍ଥ ହୋଇ ଏପରି ବ୍ୟାଖ୍ୟା କରାଯିବା ଅସମୀଚୀନ ହୋଇପାରେ କି?

ମୋହିନୀ ମୋହନ ଯେଉଁ ଧର୍ମ ଉପାସନା ଓ ଦୀକ୍ଷା ଗ୍ରହଣରୁ ହେଲେ ମୁକ୍ତ ତାହା ହିଁ ତ ପ୍ରତିପାଦନ କରିଦିଏ ଯେ ତାଙ୍କ ମଧ୍ୟରେ ରହିଥିଲା ଯେଉଁ ବ୍ୟକ୍ତିତ୍ୱର ଦୃଢ଼ତା ତାହା ବି ଏକ ବଳିଷ୍ଠ ଭିତ୍ତି ଉପରେ ପ୍ରତିଷ୍ଠିତ। ସେ ପାରମ୍ପରିକ ଈଶ୍ୱର ଅର୍ଚ୍ଚନା ଓ ସାମ୍ପ୍ରଦାୟିକ ଗୋଷ୍ଠୀ ଗଠନର ଊର୍ଦ୍ଧ୍ୱକୁ ଯେ ଉତ୍ତୋଳିତ ହୋଇଗଲେ ତାହା ହିଁ ପ୍ରମାଣିତ କରିଦିଏ ଯେ, ସେ ନିଜ ପ୍ରତି ଥିଲେ କେତେ ଆସ୍ଥାଶୀଳ। ଆପଣା ପ୍ରତି ଏହି ବିଶ୍ୱସ୍ତତା ମଧ୍ୟରେ ଫୁଟିଉଠେ ଯେଉଁ ଭିନ୍ନ ସୂକ୍ଷ୍ମ ଈଶ୍ୱର ବିଶ୍ୱାସ ବା ଅବିଶ୍ୱାସ ତାହାକୁ ବ୍ୟାଖ୍ୟା ଓ ବର୍ଣ୍ଣନା କଲେ ତାହା ହୋଇଯାଇପାରେ ଏକ ବିରାଟ ଗ୍ରନ୍ଥ। ନିଜ ଅନ୍ତଃସ୍ଥଳର ଅନୁଭବ ପ୍ରତି ବିଶ୍ୱସ୍ତ ରହିବା ତା'ହେଲେ କ'ଣ ? ସାମ୍ପ୍ରଦାୟିକ ଭାବନାର ପ୍ରଭାବରୁ ମୁକ୍ତହୋଇ ନଥିବା ଲୋକ ହିଁ ତ ନାସ୍ତିକ। ଯିଏ ପ୍ରକୃତିସ୍ଥ ସିଏସବୁ ସଂପ୍ରଦାୟ ଊର୍ଦ୍ଧ୍ୱରେ। ଏହା ହିଁ ନିରାଟ ସତ୍ୟ କଥା। କୌଣସି ଏକ ନିର୍ଦ୍ଦିଷ୍ଟ ଧର୍ମାବଲମ୍ବୀ ହେବାକୁ କେଉଁଠି ବା ବଳିଷ୍ଠ ଭାବରେ ପ୍ରମାଣିତ କରାଯାଇଛି ଯେ ତାହା ହିଁ ପ୍ରକୃତ ଈଶ୍ୱର ବିଶ୍ୱାସ ? ବରଂ ଏ ସମସ୍ତ ନିର୍ଦ୍ଧାରିତ ସୀମାଲଂଘନ ଯିଏ କରିପାରେ ସିଏ ହିଁ ପ୍ରକୃତ ସତ୍ୟସହ ସଂଯୁକ୍ତ। ସେପରି ମଣିଷ କିନ୍ତୁ ଯେ ମାନବିକ ଆଦର୍ଶକୁ ପରିତ୍ୟାଗ କରିଥାନ୍ତି ତାହା କେବେହେଲେ ସତ୍ୟ ହୋଇନପାରେ। ମୋହିନୀ ମୋହନ ଯେ ଥିଲେ ଜଣେ ଉଚ୍ଚକୋଟୀର ଭଦ୍ରବ୍ୟକ୍ତି ପୁଣି ଶାକାହାରୀ ଏହା ତାଙ୍କ ଆତ୍ମାର ସୌନ୍ଦର୍ଯ୍ୟକୁ ସ୍ୱତଃ ପ୍ରକଟ କରିଦିଏ। ଏହିପରି ମଣିଷଚେତନା ଯେତେବେଳେ ହୁଏ ଉତ୍ତରିତ, ସେତେବେଳେ ଭିନ୍ନ ଭାବବଳୟ ମଧ୍ୟକୁ ସେ ପ୍ରବେଶ କରିପାରେ ଶ୍ରଦ୍ଧାଶକ୍ତିର ମାଧ୍ୟମରେ। ଆଉ ଅନ୍ୱେଷଣ କରିଥାଏ

ସର୍ବତ୍ର ପ୍ରବାହିତ ବର୍ଣ୍ଣନାତୀତ କରୁଣାର ଚିର ପ୍ରବାହଧାରାକୁ। ମୋହିନୀ ମୋହନଙ୍କ ଚେତନାର ବିବର୍ତ୍ତନ ହିଁ ପ୍ରମାଣ କରିଦେଇଥାନ୍ତା ଯେ ତାଙ୍କର ଈଶ୍ୱର ବିଶ୍ୱାସ ହୋଇପାରେ କେତେ ସ୍ୱଚ୍ଛ, ସଚ୍ଚୋଟ ଓ ସାଧୁତା-ସ୍ନିଗ୍ଧ । ଆମେ ମୋହିନୀ ମୋହନଙ୍କ ସୃଜନଧର୍ମୀ ଚିତ୍ତର ଯେ ଯଥାର୍ଥ ପରିଚୟ ପାଇଛୁ ଏଥିରେ ସନ୍ଦେହ ନାହିଁ। ଯାହା ସିଧାସଳଖ ସୁସ୍ପଷ୍ଟ ଭାବରେ ଦେଖାଯାଏ ଖାଲି ଆଖିକୁ ମଧ୍ୟ, ତାହାକୁ ଅସ୍ୱୀକାର କରିବାର ଆଶଙ୍କା ହିଁ ନଥାଏ। ରାମକୃଷ୍ଣ ପରମହଂସ, ଶ୍ରୀ ଅରବିନ୍ଦଙ୍କ ଭଳି, ଈଶ୍ୱରଙ୍କୁ ପ୍ରତ୍ୟକ୍ଷ ଭାବରେ ଦର୍ଶନ କରିଥିବା ଅସାମାନ୍ୟ ବ୍ୟକ୍ତିତ୍ୱଙ୍କ ସଂସ୍ପର୍ଶରେ ମୋହିନୀ ମୋହନ ଯଦି ଆସିଥାଆନ୍ତେ ? ବିବେକାନନ୍ଦଙ୍କ ପରି, ତାହେଲେ ତାଙ୍କ ଅନ୍ତର୍ଚେତନା ଯେ ଈଶ୍ୱର-ପ୍ରଦତ୍ତ-ଆଶିଷରେ ହୋଇଯାଇଥାନ୍ତା ଆଲୋକ ଉଦ୍‌ଭାସିତ, ଏପରି ସମ୍ଭାବନାକୁ ଅସ୍ୱୀକାର କରାଯାଇପାରିବ କି ? ଯେଉଁମାନେ ଗତାନୁଗତିକ ଧାରାରେ କେବଳ ପୂଜାର୍ଚ୍ଚନା କରନ୍ତି ସେମାନଙ୍କ ଭାବଗ୍ରହଣ କ୍ଷମତା ଅତ୍ୟନ୍ତ କ୍ଷୀଣ। ସବୁ ବିଧିବିଧାନର ଊର୍ଦ୍ଧ୍ୱକୁ ଯାଇ ଯିଏ ମାନବିକ ସମ୍ବେଦନାରେ ହୋଇପାରେ ନମନୀୟ ତା'ଠାରୁ ଆଉ ଶ୍ରେଷ୍ଠ ଆସ୍ତିକ ଅଛି କିଏ? ଯେଉଁମାନଙ୍କ ଧାର୍ମିକ ପ୍ରମତ୍ତତା ବା ସାମ୍ପ୍ରଦାୟିକ ଉତ୍ତେଜନା ଦେଖି ମୋହିନୀ ମୋହନ ନିଜକୁ ନାସ୍ତିକ ବୋଲି ଘୋଷଣା କଲେ, ସେସବୁ ଉପାସନା ତ କଦାପି ନଥିଲା ଈଶ୍ୱର ଅନୁସନ୍ଧାନ। ଏହାରି ମଧ୍ୟରେ ବିଶିଷ୍ଟ କବି ବା ଗଭୀର ଅନୁଭବୀ ମଧ୍ୟ ଥିଲେ। ଯେପରି ଭକ୍ତକବି ମଧୁସୂଦନ ରାଓ – ତାଙ୍କ ଈଶ୍ୱର-ଉପଲବ୍ଧି ଗୋଷ୍ଠୀ ଗଠନ ଫଳରେ ହୋଇଯାଉଥିଲା ଯେ ଗାମ୍ଭୀର୍ଯ୍ୟ ବିହୀନ ଏହାହିଁ ଦେଖିପାରିଥିଲେ ମୋହିନୀ ମୋହନ ।

ଏସବୁ ସତ୍ତ୍ୱେ ଭଗବାନ ବୋଲି କୌଣସି ସୁନିର୍ଦ୍ଦିଷ୍ଟ ବିଷୟକୁ ସମସ୍ତଙ୍କ ସମ୍ମୁଖରେ ପ୍ରଦର୍ଶନ କରିବାର କ୍ଷମତା କାହାରିନାହିଁ। ନାହିଁ ମଧ୍ୟ କୌଣସି ଆବଶ୍ୟକତା । ନିଜ ନିଜ ବିଶ୍ୱାସ ବା ଅବିଶ୍ୱାସ ନେଇ ଏ ମର୍ତ୍ତ୍ୟଭୂମିରେ ବଞ୍ଚି ରହିବାର ଅଧିକାର ସମସ୍ତଙ୍କୁ ହୋଇଛି ସ୍ୱତଃପ୍ରାପ୍ତ। ମୁଁ ଈଶ୍ୱରଙ୍କୁ ବିଶ୍ୱାସ କରେ ବୋଲି ଯେ ଆଉ ଜଣକୁ ଟାଣି ଓଟାରି ମୋ ଗୋଷ୍ଠୀର ଅନ୍ତର୍ଭୁକ୍ତ କରିବି – ଏହା ହେଲା ଅନଧିକାର ପ୍ରବେଶ । ସେହିପରି ଯଦି ମୋହିନୀ ମୋହନ କରିପାରିଲେ ନାହିଁ ଈଶ୍ୱରଙ୍କୁ ବିଶ୍ୱାସ ତା' ହେଲେ ଅନ୍ୟ କାହାକୁ ପ୍ରଭାବିତ କରି ତାକୁ ନାସ୍ତିକତାର ମନ୍ତ୍ର ପ୍ରଦାନ କରିବା ମଧ୍ୟ ପ୍ରକୃତ ମାନବିକ ସଦିଚ୍ଛାର ସଙ୍କେତ ନୁହେଁ। ମୋହିନୀ ମୋହନ ଯେ ସେପରି ପ୍ରୟାସ କରିଥିବେ ଏହା ଆମ କଳ୍ପନାର ବାହାରେ। ମଣିଷର ଜୀବନ ଏକ ସରଳରେଖା କଦାପି ନୁହେଁ। ଏହା ପ୍ରତି ମୁହୂର୍ତ୍ତରେ ପରିବର୍ତ୍ତନଶୀଳ । ମୋହିନୀ ମୋହନ ବ୍ରାହ୍ମ ଉପାସନା ପ୍ରତି ଯେତେବେଳେ

ଅନୁରକ୍ତି ପ୍ରକାଶ କରିଥିଲେ ସେହି ମୋହିନୀ ମୋହନ ପୁଣି ତୁଟାଇ ଦେଲେ ସମସ୍ତ ମୋହ ଏହାଠାରୁ । ଏହି ପର୍ଯ୍ୟାୟଟି ହିଁ ମୋହିନୀ ମୋହନଙ୍କ ଯେ ଅନ୍ତିମ ଓ ଶେଷ ନିଷ୍ପତ୍ତି ତାହା ମଧ୍ୟ କଦାପି ଭରସାଯୋଗ୍ୟ ନୁହେଁ । ମଣିଷର ଜୀବନ ଦୃଷ୍ଟି ହେଉଥାଏ ନାନା କାରଣରୁ ପରିବର୍ତ୍ତିତ । ତେଣୁ ମୋହିନୀ ମୋହନଙ୍କ ଚିନ୍ତାଧାରାରେ ଯେ ହୋଇନଥାନ୍ତା କୌଣସି ପରିବର୍ତ୍ତନ ଏହା ଅମୀମାଂସିତ । ତେବେ ମୋହିନୀ ମୋହନଙ୍କ ଆତ୍ମିକ ବିକାଶର ଯେଉଁ ସ୍ତର ପର୍ଯ୍ୟନ୍ତ ଆମେ ହୋଇପାରିଛୁ ଘନିଷ୍ଠ ତାହା ଯେ ଶେଷକଥା ଏପରି ସିଦ୍ଧାନ୍ତରେ ପହଞ୍ଚିବା କ'ଣ ହୋଇପାରେ ଯଥାର୍ଥ ? ଏପରି ଅନେକ ପ୍ରଶ୍ନରେ ଦୋହଲିଯାଏ ଅନ୍ତର୍ମନ । ଏ ଜୀବନରେ ତ କେବଳ ପ୍ରଶ୍ନ ହିଁ ପ୍ରଶ୍ନ । ଉତ୍ତର କାହିଁ ?

■

ପାଶ୍ଚାତ୍ୟ ପୁସ୍ତକର ପାଠକ ମୋହିନୀ ମୋହନ

ମୋହିନୀ ମୋହନ ରେଭେନ୍ସା କଲେଜରେ ଅଧ୍ୟୟନ କରିବା ସମୟରେ ପାଶ୍ଚାତ୍ୟ ଜଗତର ବିଶିଷ୍ଟ ଲେଖକମାନଙ୍କ ପୁସ୍ତକ ଅଧ୍ୟୟନ କରିବାର ପ୍ରେରଣା ଲାଭ କରିଛନ୍ତି। ଏବଟ୍‌ଙ୍କ ଦ୍ୱାରା ରଚିତ ନେପୋଲିୟନ୍ ବୋନାପାର୍ଟଙ୍କ ଜୀବନୀ ତାଙ୍କର ଥିଲା ଅତିପ୍ରିୟ ପୁସ୍ତକ। ତାହା ପାଠ କରିବା ସମୟରେ ସେ ରୋଗଶୋକ ସବୁକିଛି ବିସ୍ମରି ଯାଆନ୍ତି। ପୁସ୍ତକ ପଠନର ଏହି ନିମଜ୍ଜମାନତା ତାଙ୍କ ଚେତନାକୁ କରିଥିଲା ପାରମ୍ପରିକ ଭାବନା ଠାରୁ ଭିନ୍ନ। ନେପୋଲିଅନ୍‌ଙ୍କ ଜୀବନ ବୃତ୍ତାନ୍ତ ଯେଉଁ ଦୁଃସାହସିକ ପଦକ୍ଷେପ ଗ୍ରହଣରେ ଥିଲା ବୈଚିତ୍ର୍ୟ ମଣ୍ଡିତ, ତାହା ମୋହିନୀ ମୋହନଙ୍କ ମନକୁ ମନ୍ତ୍ରମୁଗ୍ଧ କରିଦେଉଥିଲା। ନିଜ ଜୀବନରେ ଏହାର ସୁଗଭୀର ପ୍ରଭାବକୁ ସେ ଅସ୍ୱୀକାର କରିବା କଦାପି ସମ୍ଭବ ନଥିଲା। ମୋହିନୀ ମୋହନଙ୍କ ଚେତନା ଜଗତରେ ଯେଉଁ ତୁମୁଳ ତୋଫାନ ପ୍ରବାହିତ ହେଲା, ତାହାରି ପ୍ରକଟନ ଘଟିଲା ବାସ୍ତବ ଜୀବନ ଯାତ୍ରାରେ ତାଙ୍କର। ସେ ଜ୍ଞାନଲାଭ କରିବା ପାଇଁ କିମ୍ବା ଜଣେ ଗତାନୁଗତିକ ଧାରାର ମଣିଷ ହେବାର ଉଦ୍ଦେଶ୍ୟ ନଥିଲା। କାରଣ, ସେ କେବଳ ଏକ ଘଷରା ଜୀବନ ବଞ୍ଚିବାକୁ ଯେ ଚାହୁଁନଥିଲେ ତାହାର ସଂକେତ ମିଳିଥାଏ ସହଜ ଭାବରେ। ଏହି ନବଚେତନା ନେଇ ସେ ଅଧ୍ୟୟନ କରିଛନ୍ତି ସତ୍ୟ; ମାତ୍ର ତେବେ ସେ ଅନ୍ତର ମଧ୍ୟରେ କରିଛନ୍ତି ପ୍ରାଚ୍ୟ ଓ ପାଶ୍ଚାତ୍ୟ ଚିନ୍ତନର ତୁଳନା। ଏହି ତୁଳନାତ୍ମକ ଦୃଷ୍ଟିଭଙ୍ଗୀ ତାଙ୍କୁ ଅଧିକ ବାସ୍ତବତା ଅଭିମୁଖୀ କରିଥିଲା। ସେ ବଙ୍ଗଳା ଭାଷାର ଧର୍ମ ଜିଜ୍ଞାସା ନାମକ ପୁସ୍ତକ ପାଠ କରିଥିଲେ ଯାହା ନଗେନ୍ଦ୍ର ନାଥ ଚଟ୍ଟୋପାଧ୍ୟାୟଙ୍କ ଦ୍ୱାରା ହୋଇଥିଲା ରଚିତ। ଏହି ପୁସ୍ତକରେ

ସାକାର ନିରାକାର ଉପାସନା ସମ୍ପର୍କରେ ଚର୍ଚ୍ଚା ଲକ୍ଷ୍ୟ କରିଥିଲେ। ସେହିପରି ଯତୀନ୍ଦ୍ର ମୋହନ ସିଂହ 'ସାକାର ନିରାକାର ତତ୍ତ୍ୱ - ବିଚାର' ରଚନା କରିଥିଲେ। ଏଥିରେ ସାକାର ସପକ୍ଷରେ ଓ ନିରାକାର ବିପକ୍ଷରେ ଯେପରି ତର୍କବିତର୍କ ଉପସ୍ଥାପନ କଲେ ତା' ଫଳରେ ମୋହିନୀ ମୋହନଙ୍କ ଧର୍ମବିଶ୍ୱାସ ହୋଇଗଲା ଶିଥିଳ। ପରବର୍ତ୍ତୀ ସମୟରେ ସେ ଆସିଛନ୍ତି ବ୍ରାହ୍ମ ଉପାସନା ସଂସ୍ପର୍ଶରେ। ମାତ୍ର ଉପାସକମାନଙ୍କ ଆଚରଣରେ ତାଙ୍କର ବିଶ୍ୱାସ ଭୁଷୁଡ଼ି ପଡ଼ିଥିଲା। ଏପରି ପରିସ୍ଥିତିରେ ସେ ପାଶ୍ଚାତ୍ୟ ଦର୍ଶନ ଅଧ୍ୟୟନ ଓ ମନନ କରିବାର ପ୍ରେରଣା ଲାଭ କରିଥିଲେ। ଦର୍ଶନର ଅଧ୍ୟାପକ ଭାବରେ ସେ ବିଭିନ୍ନ ଧର୍ମ ଓ ଦର୍ଶନ ସମ୍ପର୍କିତ ଗ୍ରନ୍ଥ ମଧ୍ୟରେ ପ୍ରବେଶ କରିବା ସ୍ୱାଭାବିକ ଥିଲା। ସେ କୋଲକାତାର ଏକ ପୁସ୍ତକ ଦୋକାନରେ ଆବିଷ୍କାର କଲେ ଏକ ପୁସ୍ତକ ଯାହାର ଲେଖକ ହେଉଛନ୍ତି V.F. CalvertonÖ ପୁସ୍ତକର ନାମ ହେଲା 'The Bankruptey of Marriage' ଏହି ପୁସ୍ତକରେ ଲେଖକ ପ୍ରତିପାଦନ କରିଛନ୍ତି ଯେ ବିବାହ ପ୍ରଥା ଅକଲ୍ୟାଣ କର, ତେଣୁ ବର୍ଜନୀୟ। ବିବାହ ବିହୀନ ସମାଜ ସନ୍ଧାନରେ ବାହାରି ମୋହିନୀ ମୋହନ ଦେଖିଲେ ଆସାମରେ ଫାସୀ ଓ ସିଣ୍ଟେଙ୍ଗ ଜାତି ମଧ୍ୟରେ ଏହି ପ୍ରଥା ପ୍ରଚଳିତ ନୁହେଁ। ସେଠାକାର କଲେକ୍ଟର Keith Cautlie ଲେଖିଥିଲେ ଖଣ୍ଡେ ପୁସ୍ତକ ଯାହାର ନାମ ହେଲା 'Notes on Khasi Law' ଏହାକୁ ପାଠକରି ମୋହିନୀ ମୋହନ ଅନୁଭବ କଲେ ଯେ ବିବାହର ଆବଶ୍ୟକତା ଅପରିହାର୍ଯ୍ୟ ନୁହେଁ। ଏଭଳି ଏକ ସମାଜ ପ୍ରତ୍ୟକ୍ଷ ଭାବରେ ଦର୍ଶନ କରିବା ପାଇଁ ତାଙ୍କୁ ଭାରତ ବାହାରକୁ ଯିବାକୁ ପଡ଼ିନାହିଁ। କିନ୍ତୁ ସମଗ୍ର ପୃଥିବୀର ବହୁ ନିଭୃତ ଅଞ୍ଚଳରେ ଏପରି ବିବାହ ରହିତ ସମାଜ ଯେ ଥାଇପାରେ ତାହା ଏକାଧିକ ପାଶ୍ଚାତ୍ୟ ଗ୍ରନ୍ଥାଧ୍ୟୟନରୁ ସେ ଜାଣିପାରିଥିବେ ନିଶ୍ଚୟ। କାରଣ ଆସାମରେ ସେ ଯେଉଁ ଦୃଷ୍ଟାନ୍ତ ଦେଖିବାର ସୁଯୋଗ ଲାଭକଲେ ତାହା ଏକ ବ୍ୟତିକ୍ରମ ମାତ୍ର। ଆଧୁନିକ ସଭ୍ୟତାର ଆଲୋକ ପ୍ରବେଶ କରିପାରିନଥିବା ଏକାଧିକ ଜାତି ବା ଗୋଷ୍ଠୀ ମଧ୍ୟରେ ଏହା ଦେଖିବା ଦୁର୍ଲ୍ଲଭ ହୋଇନପାରେ। ଯଦିଓ ମୋହିନୀ ମୋହନ ପାଶ୍ଚାତ୍ୟ ଲେଖକଙ୍କ ପୁସ୍ତକ ସମ୍ପର୍କରେ ଉଲ୍ଲେଖ କରିନାହାନ୍ତି, ତା'ହେଲେ ମଧ୍ୟ ଏହା ପ୍ରାଚ୍ୟ ଅପେକ୍ଷା ପାଶ୍ଚାତ୍ୟ ଅଞ୍ଚଳରେ ଅଧିକ ସଂଖ୍ୟାରେ ଥାଇପାରେ - ଏହାର ଆଭାସ ମୋହିନୀ ମୋହନଙ୍କ ଶବ୍ଦ ଅନ୍ତରାଳରେ ପ୍ରଚ୍ଛନ୍ନ ହୋଇରହିଛି।

ଧର୍ମ ଉପରୁ ବିଶ୍ୱାସ ତୁଟିଯିବା, ବିବାହ ପ୍ରଥା ମଙ୍ଗଳକାରକ ନୁହେଁ ବୋଲି ଚିନ୍ତା କରିବା ଜଣେ ପ୍ରାଚ୍ୟ ବିଦ୍ୟାନୁରାଗୀ ମଣିଷ ପକ୍ଷରେ ଯେତିକି ସମ୍ଭବ ନୁହେଁ,

ପାଶ୍ଚାତ୍ୟ ଚିନ୍ତନ ମଧ୍ୟରେ ଏପରି ଆଭିମୁଖ୍ୟର ସମର୍ଥନ ଥାଇପାରେ। ଏ ଦୃଷ୍ଟିରୁ ବିଚାର କଲେ ମୋହିନୀ ମୋହନ ପ୍ରାଚ୍ୟର ପାରମ୍ପରିକ ବିଶ୍ୱାସ ଓ ଚଳଣୀ ଠାରୁ ଯେ ବିଚ୍ଛିନ୍ନ ହୋଇ ପଡ଼ିଥିଲେ, ତାହା ସୁନିଶ୍ଚିତ।

ଭାରତ ବ୍ୟତୀତ ଚୀନ୍‌ର ମୋସୁଅ (MOSUO) ଜାତି ମଧ୍ୟରେ ଏହି ବିବାହ ପ୍ରଥା ନଥିବା ମଧ୍ୟ ଜଣାପଡ଼େ। ସମ୍ପ୍ରତି ସମଗ୍ର ପୃଥିବୀରେ ବିବାହ ବିହୀନ ଏକତ୍ର ଜୀବନଯାପନକୁ ନ୍ୟାୟାଳୟ ମଧ୍ୟ ଯେପରି ସ୍ୱୀକୃତି ପ୍ରଦାନ କରୁଛି ତାହା ମଧ୍ୟରେ ମୋହିନୀ ମୋହନଙ୍କ ଦୂରଦୃଷ୍ଟିର ପ୍ରତିଫଳନ ଦେଖିବାକୁ ପାଇବା ଆମେ ନିଶ୍ଚୟ।

ମୋହିନୀ ମୋହନଙ୍କ ବ୍ୟକ୍ତିତ୍ୱ ଓ ସାହିତ୍ୟ: ପରିବର୍ତ୍ତନର ଆହ୍ୱାନ

ପ୍ରକୃତରେ ଜଣେ ଦାର୍ଶନିକ, ସମାଜ ଯେଉଁ ଅବସ୍ଥାରେ ଅଛି, ତାହାକୁ ସମ୍ପୂର୍ଣ୍ଣ ଭାବରେ ସ୍ୱୀକାର କରିପାରେ ନାହିଁ। ସେ ଚାହେଁ ପରିବର୍ତ୍ତନ। ମୋହିନୀ ମୋହନ ଯେ ଏହାହିଁ ଇଚ୍ଛା କରିଥିଲେ, ସାମାଜିକ ପରିବର୍ତ୍ତନ କେତେ ଜରୁରୀ। ଭାରତୀୟ ଓ ପାଶ୍ଚାତ୍ୟ ଦାର୍ଶନିକମାନେ ଯେପରି ପରିବର୍ତ୍ତନ ସପକ୍ଷରେ ସ୍ୱର ସଂଯୋଗ କରିଛନ୍ତି ତାହା ଆମର ଜୀବନଧାରା ଉପରେ ବିଶେଷ ପ୍ରଭାବ ପକାଇପାରିନଥିବା ଲକ୍ଷ୍ୟ କରାଯାଏ। କାରଣ ଏଥିପାଇଁ ଯେଉଁ କଷ୍ଟଭୋଗ କରିବାକୁ ପଡ଼େ ମଣିଷ ସେଥିପାଇଁ ଆଦୌ ପ୍ରସ୍ତୁତ ନୁହେଁ। ସଚ୍ଚୋଟ ଦାର୍ଶନିକ ମାତ୍ରକେ ମଣିଷ ମନରେ ଭରିଦିଅନ୍ତି ନୂତନ ସାହସ ଓ ପୁରାତନ ସହିତ ସଂଘର୍ଷ କରିବାର ପ୍ରଚଣ୍ଡ ଶକ୍ତି। ମୋହିନୀ ମୋହନଙ୍କ ମଧ୍ୟରେ ରହିଥିଲା ଏହିପରି ନବ ସୃଜନର ଅମିତ ତେଜ। ତାଙ୍କର ବ୍ୟକ୍ତିତ୍ୱ ଭିନ୍ନ ଉପାଦାନରେ ଗଠିତ। ଫକୀରମୋହନ ସମାଜ ସଂସ୍କାର ପାଇଁ ଲେଖନୀ ଚାଳନା କରିଛନ୍ତି। ମାତ୍ର ତାଙ୍କ ପୁତ୍ର ସନ୍ତାନ ଏତେ କ୍ରାନ୍ତିକାରୀ ବ୍ୟକ୍ତିତ୍ୱର ଅଧିକାରୀ ହେବେ – ଏହା ସେ ଆଦୌ କଳ୍ପନା କରିପାରିନଥିଲେ। ଶେଷରେ ମୋହିନୀ ମୋହନ ଈଶ୍ୱରଙ୍କ ଅସ୍ତିତ୍ୱକୁ ସ୍ୱୀକାର କରିବେ ନାହିଁ – ଏହା ଫକୀରମୋହନଙ୍କ କଳ୍ପନାର ବାହାରେ ଥିଲା। କ୍ରମବିକାଶ ଅନୁଯାୟୀ ଯାହା ହୁଏତ ଚାରି ପାଞ୍ଚଟି ପିଢ଼ି ପରବର୍ତ୍ତୀ ସମୟରେ ଘଟିଥାଆନ୍ତା, ତାହା ଚାଞ୍ଚଲ୍ୟକର ଭାବରେ ଘଟିଯାଇଛି ଫକୀରମୋହନଙ୍କ ଜୀବଦ୍ଦଶାରେ। ମୋହିନୀମୋହନ ପିତାମାତାଙ୍କ ଶ୍ରଦ୍ଧା ଓ ଆବେଗକୁ ଯଦିଓ ବୁଝିପାରୁଥିଲେ, ତଥାପି ସେ ନିଜସ୍ୱ ଅନ୍ତଃଚେତନାର ଆଲୋକ ସ୍ରୋତକୁ, ରୋକିପାରିବା ସମ୍ଭବ ହୋଇପାରିନଥିଲା।

ଭାରତର ଜଣେ ପୃଥିବୀ ବିଖ୍ୟାତ ଦାର୍ଶନିକ ଜେ. କ୍ରିଷ୍ଣମୂର୍ତ୍ତି ଏକ ପୁସ୍ତକ ରଚନା କରିଛନ୍ତି ଯାହାର ନାମ ହେଲା 'ପରିବର୍ତ୍ତନ ଏକାନ୍ତ ଜରୁରୀ'। ସେ ମଧ୍ୟ ମୋହିନୀମୋହନଙ୍କ ପରି ଈଶ୍ୱର ବିଶ୍ୱାସ ସମ୍ପର୍କରେ ଉଠାଇଛନ୍ତି ପ୍ରଶ୍ନବାଚୀ। 'ବିଶ୍ୱାସ' କରିବାକୁ ବାହାରିଲେ ତାହା ଆଉ ରହେନାହିଁ। ନମ୍ରତା ପ୍ରଦର୍ଶନ କରିବା ପାଇଁ ଚେଷ୍ଟା କଲେ ତାହା ମଧ୍ୟ ମଣିଷକୁ ପ୍ରତ୍ୟାଖ୍ୟାନ କରି ଚାଲିଯାଏ। ତାଙ୍କର 'ମେଡ଼ିଟେସନ' ବା 'ଧ୍ୟାନ' ନାମକ ପୁସ୍ତକରେ କ୍ରିଷ୍ଣମୂର୍ତ୍ତି ଦର୍ଶାଇ ଦେଇଛନ୍ତି ଯେ ଧ୍ୟାନସ୍ଥ ହେବାକୁ ବର୍ଷ ବର୍ଷ ଧରି ତପସ୍ୟା କଲେ ବି ତାହା ହୋଇଯାଏ ନିରର୍ଥକ। ଅପୂର୍ବ ସଂଯୋଗ ବଶତଃ କ୍ରିଷ୍ଣମୂର୍ତ୍ତି ଓ ମୋହିନୀ ମୋହନଙ୍କ ବିଚାର ମଧ୍ୟରେ ଯେଉଁ ସାମଞ୍ଜସ୍ୟ ପରିଦୃଷ୍ଟ ହୁଏ ତାହା ଗଭୀର ଚିନ୍ତନର ବିଷୟ ନିଶ୍ଚୟ।

ଓଡ଼ିଶା ଭଳି ଅନୁନ୍ନତ ରାଜ୍ୟରେ ମାନବିକ ଚିନ୍ତନର ଉଚ୍ଚତା କେତେଦୂରକୁ ଯିବାରେ ସକ୍ଷମ ତାହା ଆମେ ପ୍ରତ୍ୟକ୍ଷ କରୁଛୁ। ଅନ୍ୟ କାହାରି ଜୀବନ ଭିନ୍ନ ନ ହେଉ ଏହା ହିଁ ସମାଜର ଅଘୋଷିତ ଆଦେଶ। ଏହାକୁ ଯିଏ କରିବ ଅମାନ୍ୟ, ସିଏ ସମାଜ ରୂପକ ନିର୍ମମ ଓ ବିବେକ ଶୂନ୍ୟ ଅତ୍ୟାଚାରର କବଳରୁ ରକ୍ଷାପାଇବା ଅସମ୍ଭବ। ସୌଭାଗ୍ୟର ବିଷୟ ଯେ, ମୋହିନୀ ମୋହନଙ୍କ ଉପରେ ଏପରି କୌଣସି ସାମାଜିକ ନିୟମ ଲଦିଦିଆଯାଇଥିବାର ପ୍ରମାଣ ଅନୁପସ୍ଥିତ। ଓଡ଼ିଶାର ବହୁ ସଚେତନ ପାଠକ ପାଠିକା ମୋହିନୀ ମୋହନଙ୍କ ନାମସୁଦ୍ଧା ଜାଣିପାରନ୍ତି ନାହିଁ। ଏହା କ'ଣ କମ୍ କ୍ଷୋଭ ଓ ପରିତାପର ବିଷୟ ? ଅନେକ ଦାର୍ଶନିକଙ୍କ ଭାବଧାରା ବୁଝିବା ଯେପରି କଷ୍ଟକର, ମୋହିନୀ ମୋହନ ନୁହଁନ୍ତି ସେହି ପର୍ଯ୍ୟାୟର। ତାଙ୍କ ଗଦ୍ୟଧାରାର ପ୍ରବାହ ଯେପରି ସରଳ, ଜୀବନଧାରାର ପ୍ରବାହ ମଧ୍ୟ ସେହିପରି ଆଦୌ ଦୁର୍ବୋଧ୍ୟ ନୁହେଁ। ଅଥଚ ସାଧାରଣ ଠାରୁ ଆରମ୍ଭ କରି ଅସାଧାରଣ ପର୍ଯ୍ୟନ୍ତ ପାଠକମାନେ ମୋହିନୀ ମୋହନଙ୍କୁ ଜାଣିନପାରିବା ଓଡ଼ିଆ ସାହିତ୍ୟ କ୍ଷେତ୍ରରେ ଦୁର୍ଭାଗ୍ୟର ବିଷୟ। ଯାହାବି ହେଉ ନା କାହିଁକି ମନୁଷ୍ୟର ଜୀବନ ବିପନ୍ନତା ମଧ୍ୟକୁ କୌଣସି ଦାର୍ଶନିକ କଦାପି ଠେଲିଦିଅନ୍ତି ନାହିଁ। ସେମାନେ ମନୁଷ୍ୟ ଜାତିର ପରମ ହିତୈଷୀ। ସକଳ ପ୍ରକାରର ମାନସିକ ବାଧା ଓ ବ୍ୟାଧିରୁ ମୁକ୍ତ କରିଦେବା ଦାର୍ଶନିକଙ୍କ ପରମ କର୍ତ୍ତବ୍ୟ। ଏପରି କେତେଜଣ ସ୍ରଷ୍ଟା ଜୀବନର ଅର୍ଥ ବୁଝାଇବାକୁ ଯାଇ ଯେପରି ପାଠକକୁ ବିଭ୍ରାନ୍ତ କରି ତୋଳନ୍ତି, ସେଇ ଶ୍ରେଣୀର ଲେଖକ ମୋହନୀ ମୋହନ ଆଦୌ ନୁହଁନ୍ତି।

ବିଶିଷ୍ଟ ଦାର୍ଶନିକ ଜେ. କ୍ରିଷ୍ଣମୂର୍ତ୍ତି କହିଛନ୍ତି, 'ନିଜକୁ ଚିହ୍ନିଗଲେ ଦୁଃଖର ଅବସାନ ଘଟିଥାଏ।' ଆମେ ନିଜକୁ ଚିହ୍ନିବାକୁ ଡରୁ। କାରଣ ନିଜକୁ ଆମେ

ଭଲମନ୍ଦ, ନୀଚ ମହତ, ପବିତ୍ର ଅପବିତ୍ର ଏହି ଭାବରେ ଭାଗ ଭାଗ କରି ପକାଇଥାଉ ।' ମୋହିନୀ ମୋହନ ତାଙ୍କ ସମଗ୍ର ରଚନା ମଧ୍ୟରେ ଏହାକୁ ହିଁ ନାନା ଭାବରେ ବିଶ୍ଲେଷଣ କରିଛନ୍ତି ଓ ନିଜେ ନିଜର ସମ୍ମୁଖୀନ ହେବାର ନିର୍ଭୀକତା ପ୍ରଦାନ କରିଛନ୍ତି । କ୍ରିଷ୍ଣମୂର୍ତ୍ତିଙ୍କର ଏକ ପ୍ରଶ୍ନୋତ୍ତରର ଶୀର୍ଷକ ହେଉଛି, 'ନୂତନ ମାନବ'। ଯଦିଓ କ୍ରିଷ୍ଣମୂର୍ତ୍ତିଙ୍କୁ ବୁଝିବା ଏତେ ସହଜ ନୁହେଁ, ତଥାପି ସେ ଯେଉଁ ମୁକ୍ତ ମାନବର ପରିକଳ୍ପନା କରିଛନ୍ତି, ତା' ସହିତ ମୋହିନୀ ମୋହନଙ୍କ ମୁକ୍ତି ପ୍ରୟାସର ସାମଞ୍ଜସ୍ୟ ଅନୁଭବ କରିହୁଏ କେତେକ କ୍ଷେତ୍ରରେ। କ୍ରିଷ୍ଣମୂର୍ତ୍ତି କହନ୍ତି ନୂତନ ମାନବ କାହାକୁ କହାଯିବ ? ତାଙ୍କ ଭାଷାରେ – "ସେ ରାଜନୈତିକ କ୍ରିୟାକଳାପରୁ ନିଶ୍ଚିତ ରୂପେ ମୁକ୍ତ ରହିବା ଦରକାର, ଧର୍ମ ଭିତ୍ତିକ ସୂତ୍ରରେ ନିଜକୁ ଖାପ୍‌ଖୁଆଇ ନେଇ ଚଳିବା, ପରମ୍ପରାକୁ ମାନିନେବା ଇତ୍ୟାଦିରୁ ମୁକ୍ତ ରହିବା ଦରକାର – ଯାହାର କି ଅର୍ଥ ହେଲା ସମୟର ପ୍ରଭାବରୁ ସେ ମୁକ୍ତ ରହିବେ, ଅତୀତର ବୋଝରୁ ମୁକ୍ତ ରହିବେ – ଏଇ ହେଉଛି ନୂତନ ମାନବ – ଅଭିନବ ମାନବ" ।

ମୋହିନୀ ମୋହନଙ୍କ ବ୍ୟକ୍ତିତ୍ୱ ଓ ସାହିତ୍ୟର ସାରମର୍ମ ହୃଦୟଙ୍ଗମ କରିବା ଦିଗରେ ଏଭଳି ଉକ୍ତି ପାଠକକୁ ଦେଇଥାଏ ଅନନ୍ତ ଶକ୍ତି ଓ ସହାୟତା ।

■

ମୋହିନୀ ମୋହନ: ଜଣେ ଏକୁଟିଆ ମଣିଷ

ଯେଉଁମାନେ ପ୍ରକୃତରେ ସ୍ୱାଧୀନ ଚିନ୍ତକ ସେମାନଙ୍କ ଜୀବନ ପଥ ହେଉଛି ନିଃସଙ୍ଗ। ମୋହିନୀ ମୋହନ ଏହି ଦୃଷ୍ଟିରୁ ଥିଲେ ସାଥୀ - ବିହୀନ। ବ୍ରାହ୍ମଧର୍ମ ପ୍ରତି ସେ ଆକୃଷ୍ଟ ହୋଇଥିବା କଥା କିଏ ବା ନ ଜାଣେ ! ସେହି ଧର୍ମଗୋଷ୍ଠୀ ମଧ୍ୟରେ ଅନ୍ତର୍ଭୁକ୍ତ ହୋଇପାରିଥିଲେ, ତାଙ୍କର ଆତ୍ମୀୟସ୍ୱଜନ ବନ୍ଧୁବାନ୍ଧବଙ୍କ ସଂଖ୍ୟା ସମ୍ପ୍ରସାରିତ ହୋଇଯାଇଥାଆନ୍ତା। ଗୋଟିଏ ପାଖରେ ସତ୍ୟାବିଷ୍କାରର ଅସନ୍ତୋଷ ଏବଂ ଆଉ ଗୋଟିଏ ପାଖରେ ସଙ୍ଗଠନ ପରିସର - ଭୁକ୍ତ ହେବାର ପ୍ରୟୋଜନ ଆଉ ପ୍ରଲୋଭନ। ଏହି ଦ୍ୱିତୀୟ ମାର୍ଗଟିରୁ ନିଜକୁ ସମ୍ପୂର୍ଣ୍ଣ ପ୍ରତ୍ୟାହାର କରି ନେଇଆସିଲେ ସେ ନିଜକୁ ଏକ ଦୁଃସାହସସିକ ପଦକ୍ଷେପ ଗ୍ରହଣ କରି। ଜଣେ ମଣିଷ ଭାବରେ ସମାଜରେ ବଞ୍ଚିବାକୁ ହେଲେ ଯେ, କୌଣସି ଗୋଷ୍ଠୀ ଅନ୍ତର୍ଭୁକ୍ତ ହେବା ଜରୁରୀ, ଏହା ସେ ଯଦିଓ ଅନୁଭବ କରିଛନ୍ତି ନିଜସ୍ୱ ଜୀବନାନୁଭୂତି ବଳରେ; ତଥାପି ସେ ଅନ୍ଧ-ବିଶ୍ୱାସ ପରିବୃତ୍ତ ସମାଜର ସାହାଚର୍ଯ୍ୟ ନ ଚାହିଁ ସତ୍ୟର ସଂସର୍ଗ ଲାଭ କରିବାରେ ଅନୁଭବ କଲେ ଦୁର୍ଲ୍ଲଭ ଗୌରବ।

ଯେତେବେଳେ ସେ ନାସ୍ତିକତା ସମ୍ପର୍କରେ ରଚନା କଲେ ପ୍ରବନ୍ଧ ତାହା ଅଧିକାଂଶ ପାଠକଙ୍କ ସମର୍ଥନ ଲାଭକରି ନଥିବା ସ୍ୱାଭାବିକ। ତାଙ୍କର ଜନ୍ମଦାତା ପିତା ଫକୀରମୋହନ ମଧ୍ୟ କଦାପି ତାଙ୍କୁ ସମର୍ଥନ କରିପାରିନଥିଲେ। ପିତୃ-ପ୍ରାଣର ବିନା ସ୍ୱୀକୃତିରେ ପୁତ୍ରଟିଏ ବାଟ ଚାଲିବା କି କଷ୍ଟକର ତାହା ସହଜରେ ଅନୁଭବ କରିହେବ ନାହିଁ। ପିତା ସ୍ୱର୍ଗ, ପିତା ଧର୍ମ ବୋଲି ଶାସ୍ତ୍ରରେ ଯାହା ଉଲ୍ଲେଖ ରହିଛି ତାହାକୁ ଅନ୍ଧ ଭାବରେ ଅନୁସରଣ ନକରି, ସେ ସତ୍ୟ ହିଁ ସ୍ୱର୍ଗ ଓ ସତ୍ୟ ହିଁ ଧର୍ମ

ବୋଲି ଗ୍ରହଣ କରିଛନ୍ତି । ସେ ସମୟର ସମାଜରେ ମୋହିନୀ ମୋହନ ଯେ ସହଯୋଗର ହାତ ପାଇଥିବେ କି ନା ଏହାର ବିସ୍ତୃତ ବିବରଣୀ ଦୁର୍ଲ୍ଲଭ । ତଥାପି ସମସ୍ତ ପ୍ରକାରର ଅସହଯୋଗ ଓ ଅନାନ୍ତରିକତା ସତ୍ତ୍ୱେ ଏ ନିଜସ୍ୱ ସ୍ୱାଧୀନତାରୁ କଦାପି ବାହାରି ପାରିନାହାନ୍ତି । ଦଳବଦ୍ଧ ହୋଇ ରାସ୍ତାରେ ଚାଲିବା ଅପେକ୍ଷା ସେ ଏକୁଟିଆ ଦୃଢ଼ତାର ସହିତ ଆଗକୁ ଆଗକୁ ବଢ଼ିବା ପାଇଁ ଲାଭ କରିଛନ୍ତି ଅନ୍ତର୍ନିର୍ଦ୍ଦେଶ ।

ସେ ସମୟରେ କାହିଁକି, ସମ୍ପ୍ରତି ମଧ୍ୟ ତାଙ୍କ ବିଚାରଧାରା ପ୍ରତି ଯେ, କୌଣସି ଉଲ୍ଲେଖନୀୟ ସ୍ୱୀକୃତି ରହିଛି ତାହା ନୁହେଁ । ଯେଉଁମାନେ ସତ୍ୟାନୁରକ୍ତିର ବିଶେଷତ୍ୱ ବର୍ଣ୍ଣନା କରି ଲେଖିଛନ୍ତି ଆଲୋଚନା, ସେମାନେ ମଧ୍ୟ ତାଙ୍କପରି ଏକୁଟିଆ ମଣିଷ ହେବାର ନିର୍ଭୟତା ଅର୍ଜନ କରିପାରିନାହାନ୍ତି । 'ବିବିଧ ପ୍ରସଙ୍ଗ' ପୁସ୍ତକରେ ସ୍ଥାନିତ କେତେକ ସଂସ୍କାରମୂଳକ ପଦକ୍ଷେପ ସହିତ ବର୍ତ୍ତମାନର ପାଠକମାନେ ଏକମତ ହୋଇପାରନ୍ତି । କିନ୍ତୁ ସମାଜରେ ପ୍ରଚଳିତ ପ୍ରାଚୀନ ବିବାହ-ବ୍ୟବସ୍ଥା ଯେ ମୋହିନୀ ମୋହନଙ୍କ ଦ୍ୱାରା ପ୍ରଭାବିତ ହୋଇ କେହି ବର୍ଜନ କରିବେ, ଏହା ଆଶାକରିବା ଅମୂଳକ । ମୋହିନୀ ମୋହନଙ୍କ ପରବର୍ତ୍ତୀ ସମୟର କୌଣସି ଓଡ଼ିଆ ଗଦ୍ୟ ଲେଖକଙ୍କ ଚେତନାକୁ ମଧ୍ୟ ଏହା ଆନ୍ଦୋଳିତ କରିବାର ପ୍ରମାଣ ଅନୁପସ୍ଥିତ । ପିତା - ଫକୀରମୋହନଙ୍କ ବ୍ୟତୀତ ତାଙ୍କର ପତ୍ନୀ ହିରଣ ପ୍ରଭା ଓ କନ୍ୟା ସନ୍ତାନମାନେ ତାଙ୍କୁ କେଉଁ ଦୃଷ୍ଟିରୁ ବିଚାର କରୁଥିଲେ ତାହା ଆଜି ଆବିଷ୍କାର କରିବା ସମ୍ଭବ ହୋଇନପାରେ । ତଥାପି ଏହା ଅନୁମିତ ହୁଏ ଯେ ପରିବାରର କୌଣସି ସଦସ୍ୟ ତାଙ୍କୁ ବିରୋଧ କରିବାର ଦୃଷ୍ଟାନ୍ତ ନାହିଁ । 'ବିବିଧ ପ୍ରସଙ୍ଗ' ବହିଟି ୧୯୩୯ ମସିହାରେ ପ୍ରକାଶିତ ହେବାପରେ ପାଠକୀୟ ଆଦୃତି ଲାଭରୁ ବଞ୍ଚିତ ସେଇ ପୁସ୍ତକର ଆଉ ପୁନଃ ପ୍ରକାଶନ ହେଉନଥିଲା । ଏହି କେତୋଟି ବର୍ଷ ମଧ୍ୟରେ ତାହାର ନୂତନ ସଂସ୍କରଣ ପ୍ରକାଶିତ ହେବା ଏହାର ପାଠକୀୟ ଆଦୃତି ଯୋଗୁଁ ଯେ ହୋଇପାରିଛି ତାହା ନୁହେଁ । କେବଳ ଲେଖକ, ଗବେଷକ ଓ ସାହିତ୍ୟର ଅତ୍ୟନ୍ତ ସଚେତନ ପାଠକ ସାହିତ୍ୟ ଛାତ୍ରଛାତ୍ରୀମାନଙ୍କ ଜାଣିବା ସକାଶେ ଏହାର ପ୍ରକାଶନ ସମ୍ଭବ ହୋଇଛି । ଅର୍ଥାତ୍, ତାହା ଗ୍ରନ୍ଥାଗାରମାନଙ୍କରେ ରହିବ ସଂରକ୍ଷିତ ହୋଇ । ଏହାକୁ ସ୍ୱତଃସ୍ଫୂର୍ତ୍ତ ଭାବରେ କେହି ପାଠ କରିବେ ନାହିଁ, ଏହା ଏକ ନିଷ୍ଠୁର ଅପ୍ରିୟ ବାସ୍ତବତା ।

ଅନେକ ଗ୍ରନ୍ଥ କେବଳ ଅଧ୍ୟୟନ ସକାଳେ ସୁସଜ୍ଜିତ ହୋଇରହେ । ଆମର ଅନାନ୍ତରିକତାର ପରସ୍ତ ପରସ୍ତ ଧୂଳି ଜମା ହୋଇଯାଏ ତା' ଉପରେ । କେତେବେଳେ ତାହା ହୁଏ ଉଇମାନଙ୍କ ଉଦରସ୍ଥ ଆଉ କେତେବେଳେ ମୂଷିକମାନଙ୍କ ଦ୍ୱାରା

କର୍ତ୍ତିତ । ଯାହାବି ହେଉ, ଏହି ପୃଥିବୀରେ ସ୍ଥାନର ଅଭାବ ନାହିଁ ଏପରି ପୁସ୍ତକ ସଞ୍ଚୟନର, ତାହାହିଁ ହେଲା ଏକ ଶୁଷ୍କ ଓ ପ୍ରାଣହୀନ ସାନ୍ତ୍ୱନା ମାତ୍ର। ମୋହିନୀ ମୋହନମାନେ ଏପରି କ୍ଷତାକ୍ତ, ଉପେକ୍ଷିତ, ଅପଠିତ ହୋଇ ରହିଯିବାରେ ଆଦୌ ନିରାନନ୍ଦ ଲାଭ କରନ୍ତି ନାହିଁ। ଯିଏ ତାଙ୍କୁ ଅନାଦର କରେ ତା' ପ୍ରତି ମଧ୍ୟ ସେମାନେ ନୁହଁନ୍ତି ବିମୁଖ । ନିଜଦ୍ୱାରା ରଚିତ ପୁସ୍ତକ ପାଇଁ ଲୋକପ୍ରିୟତା ଅର୍ଜନ କରିବାର ଆକାଂକ୍ଷା ସେମାନଙ୍କର କେବେ ନ ଥିଲା ଅଥବା ଆଜିବି ନାହିଁ। ସେମାନେ ତ ନିଜେ ରହିବେନାହିଁ ବୋଲି ଜାଣିସାରିଥିଲେ ଆଉ ତାଙ୍କ ରଚନା ଆଦୃତିଲାଭ କରୁନାହିଁ ଏହାବି ଜାଣିଥିଲେ। ବର୍ତ୍ତମାନ ଭବିଷ୍ୟତରେ ଆଦୃତ ହେବେ କି ନା ସେ ସଂପର୍କିତ ଆଶା କିମ୍ବା ଆଶଙ୍କା ରହନ୍ତା କାହିଁପାଇଁ ?

ମୋହିନୀ ମୋହନ ସିନା ଆଜି ନାହାନ୍ତି, କିନ୍ତୁ ସତ୍ୟ ସନ୍ଧାନର ଯେ ଆକାଂକ୍ଷା ନିର୍ମୂଳ ହୋଇଯାଇନାହିଁ ଏହାକୁ ଆମକୁ ସ୍ୱୀକାର କରିବା ପାଇଁ ପଡ଼ିବ ନିଶ୍ଚିତ ଭାବରେ। ଜଣେ ମୋହିନୀ ମୋହନଙ୍କ ଏ ପୃଥିବୀରୁ ପ୍ରସ୍ଥାନ ସୂଚାଇ ଦିଏନାହିଁ ଯେ, ତାଙ୍କ ସହିତ ସତ୍ୟାନୁସନ୍ଧାନ ମଧ୍ୟ ଅନ୍ତର୍ହିତ । କେହି ବି ଯଦି ଗୋଷ୍ଠୀଚ୍ୟୁତ, ଧର୍ମଚ୍ୟୁତ ହୋଇ ବାଟ ଚାଲିବାର ସାହସ ରଖନ୍ତି, ତାହେଲେ ତାଙ୍କର ଶ୍ରେଷ୍ଠ ସାଥୀ ହୋଇରହିବେ ମୋହିନୀ ମୋହନ ଚିରଦିନ ଲାଗି।

■

ଫକୀରମୋହନଙ୍କ ଆତ୍ମଚରିତର ପ୍ରକାଶକ ମୋହିନୀ ମୋହନ

ବ୍ୟାସକବି ଫକୀରମୋହନଙ୍କ ମହାପ୍ରୟାଣ ଘଟିଥିଲା। ଜୁନ୍ ୧୪ ତାରିଖ ଶୁକ୍ରବାର ରଜ ସଂକ୍ରାନ୍ତି ୧୯୧୮ ମସିହାରେ ଜଣାଯାଏ ଯେ ଫକୀରମୋହନ ସେନାପତିଙ୍କ ସହିତ ସକଳ ମତଭେଦ ସତ୍ତ୍ୱେ ମୋହିନୀମୋହନ ପିତାଙ୍କ ତିରୋଧାନ ସମୟରେ ଅର୍ପଣ କରିଥିଲେ ଭକ୍ତି-ନୈବେଦ୍ୟ ଓ ପିତାଙ୍କ ଅନ୍ତିମ ସଂସ୍କାର ମଧ୍ୟ ସାମାଜିକ ରୀତିନୀତି ଅନୁସାରେ ନିର୍ବାହ କରିଥିଲେ। ନିଜେ ସମସ୍ତ ପ୍ରକାରର ସାମାଜିକ ବନ୍ଧନରୁ ମୁକ୍ତ ମୋହିନୀ ମୋହନ ସେଦିନ ଯାହା ନିଜର କର୍ତ୍ତବ୍ୟ କଲେ ସମ୍ପାଦନ ତାହା ତାଙ୍କ ପିତୃଭକ୍ତିର ନିଶ୍ଚୟ ଏକ ଜ୍ୱଳନ୍ତ ନିଦର୍ଶନ।

ପିତାଙ୍କ ଅପୂର୍ଣ୍ଣ କାର୍ଯ୍ୟକୁ ପୂର୍ଣ୍ଣତା ପ୍ରଦାନ କରିବା ପାଇଁ ପ୍ରତ୍ୟେକ ପୁତ୍ରଙ୍କ ମଧ୍ୟରେ ରହିଥାଏ ଯେଉଁ ଆନ୍ତରିକ ଅଭିଳାଷ ସେଥିରୁ ମୋହିନୀ ମୋହନ କଦାପି ଦୂରବର୍ତ୍ତୀ ହୋଇ ରହିପାରିନଥିଲେ। ପ୍ରଥମତଃ, ସାହିତ୍ୟାନୁରାଗୀ ସନ୍ତାନ ଭାବରେ ପିତାଙ୍କ ରଚିତ ସାହିତ୍ୟ ସମଗ୍ର ସହିତ ସେ ଥିଲେ ଘନିଷ୍ଠ ଭାବରେ ଜଡ଼ିତ। ନିଜେ ଯେ ଜଣେ ମହାନ୍ ପିତାଙ୍କର ସେ ହେଉଛନ୍ତି ପୁତ୍ର - ଏହି ଗୌରବବୋଧ ମଧ୍ୟ ଅନ୍ତର୍ଗ୍ରଂଥିତ ହୋଇ ରହିଥିଲା ତାଙ୍କ ହୃଦୟର ନିବୃତ କୋଣରେ। ପିତାଙ୍କ ଅବର୍ତ୍ତମାନତାରେ ମହାଶୂନ୍ୟତାରେ ପରିଣତ ହୋଇଥିବା ଘର ଭିତରେ ଯଦି ଆନ୍ତରିକତାର ସହିତ ସେ କିଛି ଅନୁସନ୍ଧାନ କରିଛନ୍ତି, ତାହା ଫକୀରମୋହନଙ୍କ ହାତଲେଖା କାଗଜର ପୃଷ୍ଠା ବ୍ୟତୀତ ଆଉ କିଛି ନୁହେଁ। ହୁଏତ ପୂର୍ବରୁ ସେ ଲାଭ କରିଥିବେ ସାମାନ୍ୟ ବି ସଙ୍କେତ ଯେ ପିତା ତାଙ୍କର ଆତ୍ମଜୀବନୀ ରଚନାରେ ହୋଇ ରହିଥିଲେ ନିବିଷ୍ଟ ଚିତ୍ତ।

ମୋହିନୀ ମୋହନଙ୍କ ଦୃଷ୍ଟି ପଥାରୂଢ଼ ହୋଇଛି ଯେତେବେଳେ ପିତାଙ୍କ ଆତ୍ମଜୀବନୀ ସେତେବେଳେ ଅପୂର୍ବ ଆଗ୍ରହ ଓ ନିଷ୍ଠାର ସହିତ ତାହାକୁ ଅଧ୍ୟୟନ କରିଛନ୍ତି ସେ ନିରୋଳା ମୁହୂର୍ତ୍ତରେ ଭାବାବିଷ୍ଟ ହୋଇ। ସ୍ୱର୍ଗତଃ ପିତାଙ୍କ ଶେଷ ସାହିତ୍ୟିକ ଅବଦାନ ଆତ୍ମ ଚରିତକୁ ପାଠ କରିଥିଲେ ତନ୍ନ ତନ୍ନ କରି। ନେଲେ ସୁଦୃଢ଼ ନିଷ୍ପତ୍ତି ଯେ ଏହାକୁ ପ୍ରକାଶ କରିବା ଅତ୍ୟନ୍ତ ଜରୁରୀ। ୧୯୨୬ ମସିହାରେ 'ଫକୀରମୋହନ ସେନାପତିଙ୍କ ଆତ୍ମ-ଜୀବନ-ଚରିତ' ନାମରେ ତାହା ତାଙ୍କ କର୍ତ୍ତୃକ ପ୍ରକାଶିତ ହେଲା। ପିତାଙ୍କ ଏହି ଅସମ୍ପୂର୍ଣ୍ଣ କାର୍ଯ୍ୟକୁ ପୂର୍ଣ୍ଣାଙ୍ଗ କରିବା ପାଇଁ ସେ ଗ୍ରହଣ କଲେ ଯେଉଁ ପଦକ୍ଷେପ ସେ ସମୟରେ ଏହା ଦେଖିବାର ଓ ପଢ଼ିବାର ଉତ୍ସାହକୁ ପାଠକମାନେ ଚରିତାର୍ଥ କରିବାର ସୁଯୋଗ ପାଇଥିବା ହେତୁ; ମୋହିନୀ ମୋହନ ଯେ ହୋଇଥିବେ ପ୍ରଶଂସିତ ଓ ଅଭିନନ୍ଦିତ ଏଥିରେ ସନ୍ଦେହ ନାହିଁ।

ଏହା ପୁସ୍ତକାକାରରେ ପ୍ରକାଶିତ ହେବାପୂର୍ବରୁ କେତେକ ଅଂଶ 'ଉତ୍କଳ ସାହିତ୍ୟ' ଓ 'ସତ୍ୟବାଦୀ', ପ୍ରତିକାରେ ପ୍ରକାଶିତ ହୋଇ ସାରିଥିଲା। ଓଡ଼ିଶାର ଏକାଧିକ ସାହିତ୍ୟ ସମାଲୋଚକଙ୍କ ମନରେ ଉପୁଜିଥିଲା ଏକ ତାତ୍ପର୍ଯ୍ୟପୂର୍ଣ୍ଣ ସନ୍ଦେହ ଯେ, ଫକୀରମୋହନଙ୍କ ଲିଖିତ ଆତ୍ମ ଚରିତକୁ ମୋହିନୀ ମୋହନ ଠିକ୍ ଅବିକଳ ପ୍ରକାଶ କରିଛନ୍ତି ତ ? ଏହି ଜିଜ୍ଞାସା ମୋହିନୀ ମୋହନଙ୍କ ପ୍ରକାଶିତ ପୁସ୍ତକ ଧରି ପତ୍ରିକାରେ ପ୍ରକାଶିତ ଅଂଶ ସହିତ ତାହାର ତୁଳନା କରିଛନ୍ତି ସେମାନେ। ସୁଯୋଗ୍ୟ ପାଠକ ଲେଖକ ଓ ସମାଲୋଚକମାନେ ଅନେକ ଅଂଶକୁ ସୁସଜ୍ଜିତ ଓ ସୁଶୃଙ୍ଖଳିତ ଭାବରେ ମୋହିନୀ ମୋହନ ପୂର୍ଣ୍ଣାଙ୍ଗ ରୂପ ଦେଇଥିବାରୁ ତାଙ୍କୁ ପ୍ରଶଂସା କରିବାର ରହିଛି ପ୍ରକୃତ ଯଥାର୍ଥତା। ମାତ୍ର ଏପରି ପୁନର୍ଲିଖନ ଅନେକଙ୍କ ଦୃଷ୍ଟିରେ ଅନୈତିକ ଓ ଗର୍ହିତ କାର୍ଯ୍ୟଭାବରେ ଗୃହୀତ। ଯଦି ମୋହିନୀ ମୋହନ ଏହି ସମ୍ପାଦନା କାର୍ଯ୍ୟ କରିନଥାନ୍ତେ, ତାହେଲେ ତାହା ଯଥାର୍ଥ ଶୃଙ୍ଖଳାର ସହିତ ଆଲୋକକୁ ଆସିପାରିନଥାନ୍ତା। ଏ ସମ୍ପର୍କରେ ମୋହିନୀ ମୋହନଙ୍କୁ ଗୋଟିଏ ଦୃଷ୍ଟିରୁ ପ୍ରଶଂସିତ ହୋଇଥିବାବେଳକୁ; ଭିନ୍ନ ଦୃଷ୍ଟିରୁ ଏହା ଅମାର୍ଜନୀୟ ବୋଲି ଉଲ୍ଲିଖିତ ହେବା ପରସ୍ପର ବିରୋଧାଭାସକୁ ପ୍ରକଟ କରୁନାହିଁକି ? ସମ୍ପ୍ରତି ଫକୀରମୋହନଙ୍କ ମୂଳ ଲେଖାର ସୁସଜ୍ଜିତ ସଂସ୍କରଣ ପ୍ରକାଶିତ ହୋଇଥିବା ଲକ୍ଷ୍ୟ କରାଯାଉଛି ସତ୍ୟ, ମାତ୍ର ମୋହିନୀ-ମୋହନଙ୍କ ପୁନର୍ଲିଖିତ ପାଠକୁ ବାଦ୍ ଦେବା କଦାପି ସମ୍ଭବ ହୋଇନାହିଁ। କାରଣ ଏହା ବ୍ୟତୀତ ଫକୀରମୋହନଙ୍କ ଆତ୍ମଚରିତ ଅସମ୍ପୂର୍ଣ୍ଣ ମନେ ହେବା ସ୍ୱାଭାବିକ।

■

ମନିକା ଦାସଙ୍କ ଦୃଷ୍ଟିରେ ମୋହିନୀମୋହନ

ମନିକା ଦାସ କିଏ ? ସେ ହେଉଛନ୍ତି ଫକୀର ମୋହନଙ୍କ ଚତୁର୍ଥ ପ୍ରଜନ୍ମ। ସେ ଜଣେ ବିଶିଷ୍ଟ ଅଧ୍ୟାପିକା ଭାବରେ ପ୍ରତିଷ୍ଠିତ ଆସନର ଅଧିକାରୀଣୀ। ଦିଲ୍ଲୀ ବିଶ୍ୱବିଦ୍ୟାଳୟ ଅଧୀନସ୍ଥ ଗାର୍ଗୀ ମହାବିଦ୍ୟାଳୟରୁ ଅର୍ଥନୀତି ପ୍ରାଧ୍ୟାପିକା ପଦରୁ ସ୍ୱଇଚ୍ଛାରେ ସେବା-ନିବୃତ୍ତ। ଉଦ୍ଦେଶ୍ୟ ହେଲା 'ଫକୀରମୋହନ ଫାଉଣ୍ଡେସନ' ଗଠନ। ଏହି ଅନୁଷ୍ଠାନ ମାଧ୍ୟମରେ ନିଜକୁ ସେ ଫକୀରମୋହନଙ୍କ ସ୍ମୃତି ସହିତ ବିଜଡ଼ିତ କରି ରଖିଛନ୍ତି ନିରବଚ୍ଛିନ୍ନ ଭାବରେ। ସେ ମୋହିନୀ ମୋହନ ସେନାପତିଙ୍କ ସୁକନ୍ୟା ବୀଣାପାଣି ଦେଇଙ୍କ ସୁଯୋଗ୍ୟ ଦାୟାଦ। ଅର୍ଥାତ୍, ଫକୀରମୋହନଙ୍କ ସେ ହେଲେ ଅଣନାତୁଣୀ। ତାଙ୍କ ଦ୍ୱାରା ଇଂରାଜୀରେ ରଚିତ ଏକ ପୁସ୍ତକର ଓଡ଼ିଆ ଭାଷାନ୍ତର ହୋଇଥିବା ସୌଭାଗ୍ୟର କଥା। ବହିଟିର ନାମ ହେଲା 'ମୁଁ ଫକୀରମୋହନଙ୍କ ଅତ୍ମଜା କହୁଛି'। ସେ ଯଦିଓ ମୋହିନୀ ମୋହନଙ୍କ ସଂସ୍ପର୍ଶରେ ଆସିବାର ସୁଯୋଗ ପାଇନାହାନ୍ତି, ତାଙ୍କର ମାତାମହୀ ମୋହିନୀ ମୋହନଙ୍କ ପତ୍ନୀ ହିରଣ୍ୟପ୍ରଭାଙ୍କ ବିରଳ ସ୍ନେହ ବଳୟରେ ରହିବାର ସୁଯୋଗ ପାଇଛନ୍ତି। ସେ ତାଙ୍କୁ ସମ୍ବୋଧନ କରୁଥିଲେ 'ଦିଦିମା'। ମୁଁ ଫକୀରମୋହନଙ୍କ ଆତ୍ମଜା କହୁଛି' ପୁସ୍ତକଟିରେ ଡକ୍ଟର ମନିକା ଦାସ ମୋହିନୀ ମୋହନଙ୍କ ସମ୍ପର୍କରେ ଯେଉଁ ଆଲୋକପାତ କରିଛନ୍ତି ତାହା ନିଶ୍ଚିତ ଭାବରେ ଉଲ୍ଲେଖନୀୟ। ମୋହିନୀମୋହନ ଯେ ପିତା ଫକୀର ମୋହନଙ୍କ ଧର୍ମ-ବିଶ୍ୱାସର ବିପରୀତ ଚରିତ୍ର ଏହା ସ୍ୱୀକାର କରିଛନ୍ତି ସେ। ତେବେ ପିତାପୁତ୍ରଙ୍କ ମଧ୍ୟରେ ଥିବା ମତପାର୍ଥକ୍ୟକୁ ଯେପରି ପରବର୍ତ୍ତୀ ସମୟରେ ବିରୂପ ଭାବରେ ଚିତ୍ରଣ କରାଯାଇଛି, ତାହା ପ୍ରକୃତପକ୍ଷରେ ସତ୍ୟର ଦୂରବର୍ତ୍ତୀ

ବୋଲି ବର୍ଣ୍ଣନା କରିଛନ୍ତି। ନିଜ ମାଆ ବୀଣାପାଣିଙ୍କ ଠାରୁ ସେ ଶୁଣିଛନ୍ତି ଯେ ଫକୀରମୋହନ ଓ ମୋହିନୀ ମୋହନଙ୍କ ମଧ୍ୟରେ ସେପରି କୌଣସି ପ୍ରକାରର ଶତ୍ରୁତା ନଥିଲା। ପିତାପୁତ୍ର ଭାବରେ ଉଭୟେ ଥିଲେ ପରସ୍ପରର ଅତିଘନିଷ୍ଠ। ଅନ୍ୟ ଯେ କୌଣସି ପିତାପୁତ୍ରଙ୍କ ସମ୍ପର୍କ ଯେପରି ଥାଏ ସ୍ୱାଭାବିକ ସେପରି ହିଁ ଥିଲା ଉଭୟଙ୍କ ସମ୍ପର୍କ। ମନିକା ଦାସ ପିତାପୁତ୍ରଙ୍କ ସମ୍ପର୍କରେ କପୋଳକଳ୍ପିତ ଧାରଣାକୁ ପ୍ରଥମେ ଖଣ୍ଡନ କରିଛନ୍ତି। ପିତାଙ୍କ ପ୍ରତି ମୋହିନୀ ମୋହନଙ୍କର ଥିଲା ଯେଉଁ ଉଚ୍ଚତର ସମ୍ମାନ ତାହା 'ବିବିଧ ପ୍ରସଙ୍ଗ' ପୁସ୍ତକର ମୁଖବନ୍ଧରେ ଉତ୍କୀର୍ଣ୍ଣ ହୋଇ ରହିଛି ବୋଲି ସେ ସ୍ମରଣ କରାଇ ଦେଇଛନ୍ତି ନୂତନ ପିଢ଼ିର ପାଠକ ପାଠିକାଙ୍କୁ। ଫକୀରମୋହନ ଓ ମୋହିନୀମୋହନଙ୍କ ମଧ୍ୟରେ ରହିଥିଲା ଯେଉଁ ବ୍ୟବଧାନ ତାହା ଆଦୌ ସ୍ୱାଭାବିକ ନୁହେଁ। ଅନେକ କ୍ଷେତ୍ରରେ ଆମ ସମାଜରେ ପିତା ପୁତ୍ରଙ୍କ ମଧ୍ୟରେ ନାନା ପ୍ରଭେଦ ଯେପରି ଦେଖାଯାଏ, ସେମାନଙ୍କ ପ୍ରସଙ୍ଗରେ ସେତିକି ହିଁ ହେଉଛି ସତ୍ୟ। ଫକୀରମୋହନ ତାଙ୍କର 'ଇଚ୍ଛାପତ୍ର'ରେ ପୁତ୍ରବଧୂ ହିରଣ୍ୟପ୍ରଭାଙ୍କ ନାମରେ ସମସ୍ତ ସମ୍ପତ୍ତି ଉଇଲ୍‌କରି ଦେଇଥିବା ତଥ୍ୟଟିର ସତ୍ୟତା ରହିଛି ନିଶ୍ଚୟ। ମୋହିନୀ ମୋହନଙ୍କ ନାମରେ ସମ୍ପତ୍ତିର ଉତ୍ତରାଧିକାରୀତ୍ୱ ନଦେଇ ନିଜ ପୁତ୍ରବଧୂଙ୍କୁ ଉତ୍ତରାଧିକାରିଣୀ ଭାବରେ ନିର୍ବାଚନ କରିବା ମଧ୍ୟରେ ରହିଛି କ'ଣ ପାର୍ଥକ୍ୟ ତାହା ବର୍ତ୍ତମାନ ଆମେ ବୁଝିପାରିବାର କୌଣସି ସାମର୍ଥ୍ୟ ନାହିଁ। ପୁଅ ନାମରେ ଲେଖିଦେବା ଠାରୁ ବୋହୂ ନାମରେ ଲେଖିବା ମଧ୍ୟରେ କ'ଣ ପାର୍ଥକ୍ୟ ରହିଛି ଯେ ଆମେ ପିତାପୁତ୍ରଙ୍କ ତିକ୍ତତାକୁ ପ୍ରାଧାନ୍ୟ ଦେବା ? ଏ ଦୃଷ୍ଟିରୁ ମନିକାଙ୍କ ଆତ୍ମ ସ୍ୱୀକାରୋକ୍ତି ନିଶ୍ଚୟ ପିତାପୁତ୍ରଙ୍କ ସମ୍ବନ୍ଧ ବିଷୟରେ ପୁନର୍ବିଚାର କରିବାର ଏକ ବଳିଷ୍ଠ ପ୍ରେରଣା।

ମୋହିନୀ ମୋହନଙ୍କ ଦାର୍ଶନିକ ବ୍ୟକ୍ତିତ୍ୱ ସମ୍ପର୍କରେ ତାଙ୍କ ଅଭିମତ ଅତ୍ୟନ୍ତ ତାତ୍ପର୍ଯ୍ୟପୂର୍ଣ୍ଣ। ସେ ଅନୁଭବ କରିଛନ୍ତି ଯେ ପୃଥିବୀର ବିଶିଷ୍ଟ ଦାର୍ଶନିକ ବର୍ଟ୍ରାଣ୍ଡରସେଲ୍‌ଙ୍କ ଚିନ୍ତାଧାରା ସହିତ ମୋହିନୀ ମୋହନଙ୍କ ସାମଞ୍ଜସ୍ୟ ରହିଥିଲା। ସେ ରସେଲଙ୍କ ସମ୍ପର୍କରେ ରଚିତ ପୁସ୍ତକ 'ଦ ବେଟର ସେଲ' ନାମକ ବହିଟି ଅଧ୍ୟୟନ କରିବାର ସୁଯୋଗ ପାଇଛନ୍ତି ମନିକା ଓ ନିଜର ମତବ୍ୟକ୍ତ କରି ସେ ଏପରି ଏକ ବାକ୍ୟ ରଚନା କରିଛନ୍ତି ଯାହା ବହୁତ ଦୃଷ୍ଟିରୁ ଏକାନ୍ତ ଯୁକ୍ତିଯୁକ୍ତ। ଉକ୍ତ ଛୋଟ ବାକ୍ୟଟି ହେଲା 'ସେ ଥିଲେ ତାଙ୍କ ସମୟଠୁଁ ଅନେକ ଆଗରେ। ଏହାହିଁ ତ ସମାଜ ଦୃଷ୍ଟିରେ ଯେ କୌଣସି ଦାର୍ଶନିକଙ୍କ ଦୋଷ। ଯେଉଁ ଦାର୍ଶନିକଙ୍କ ଚେତନା ସ୍ତର ପର୍ଯ୍ୟନ୍ତ ତତ୍କାଳୀନ ସମାଜ ପହଞ୍ଚିପାରେ ନାହିଁ ସେ ବିବାଦୀୟ ବ୍ୟକ୍ତିତ୍ୱ ଭାବରେ ପରିଚିତ ହେବା ମଧ୍ୟ ଏକାନ୍ତ ସ୍ୱାଭାବିକ। ଏହି ଏକବିଂଶ

ଶତାବ୍ଦୀର ଯେପରି ପ୍ରତ୍ୟେକ ସ୍ୱତନ୍ତ୍ର ଚିନ୍ତନର ସ୍ଥାନ ଅନସ୍ୱୀକାର୍ଯ୍ୟ ସେତେବେଳର ସମାଜ ନିକଟରୁ ଏହା ଅଶା କରିବା ଅସମୀଚୀନ ନିଶ୍ଚୟ। ତେବେ ସିଏ ତାଙ୍କ ଦାର୍ଶନିକ ମତବାଦକୁ ନିର୍ଭୀକତାର ସହିତ ବ୍ୟକ୍ତ କରିପାରିବା କି ବିସ୍ମୟକର ତାହା ଆଜି ଚିନ୍ତା କରାଯାଇପାରେ। ସମାଜକୁ ଭୟକରି ପିତାଙ୍କ ସମ୍ମାନ ହାନୀ କରି ନିଜେ ନିନ୍ଦିତ ହେବାର କଣ୍ଟକିତ ପଥକୁ ବରଣ କରିନେବା କମ୍ ସାହସର ପରିଚାୟକ ନୁହେଁ। ପ୍ରଶଂସା, ସମ୍ମାନ ଓ ଅଭିନନ୍ଦନ ଲାଭ ଅପେକ୍ଷା ସେ ଥିଲେ କଠୋର ଅପ୍ରିୟ ସତ୍ୟର ଉପାସକ, ଏହାହିଁ ତାଙ୍କର ସର୍ବଶ୍ରେଷ୍ଠ ପରିଚୟ।

■

ମୋହିନୀ ମୋହନ ସେନାପତି : ଏକ ସଂକ୍ଷିପ୍ତ ପରିଚିତି

ଜନ୍ମ ବା ବାଲ୍ୟକାଳ

ଫକୀରମୋହନ ସେନାପତିଙ୍କ ଦ୍ୱିତୀୟା ପତ୍ନୀ କୃଷ୍ଣକୁମାରୀଙ୍କ ଗର୍ଭରୁ ମୋହିନୀମୋହନଙ୍କ ଜନ୍ମ ହୋଇଥିଲା ତା.୧ ଅକ୍ଟୋବର ୧୮୮୧ ମସିହାରେ। ତାଙ୍କର ଜନ୍ମସ୍ଥାନ ହେଉଛି ଢେଙ୍କାନାଳ। ସେ ଫକୀରମୋହନଙ୍କ ଥିଲେ ଏକମାତ୍ର ପୁତ୍ର ସନ୍ତାନ। ପ୍ରଥମ ପୁତ୍ରଟି ମାତ୍ର ଛଅମାସର ଆୟୁଷ ନେଇ ଆସିଥିଲେ ଯାହାଙ୍କ ନାମ ଥିଲା ମନମୋହନ। ତେଣୁ ମୋହିନୀ ମୋହନ ହେଉଛନ୍ତି ଫକୀରମୋହନଙ୍କ ଦ୍ୱିତୀୟ ପୁତ୍ର ସନ୍ତାନ। ଏତେ କଷ୍ଟଲବ୍ଧ ପୁତ୍ର ସନ୍ତାନଟିକୁ ଲାଭକରି ଫକୀରମୋହନ ଓ କୃଷ୍ଣକୁମାରୀ ନିଜକୁ ମନେ କରିଥିଲେ ଧନ୍ୟ। ସେ ସମୟରେ ନବ ଜନ୍ମିତ ସନ୍ତାନଟିଏ କେତେ ବର୍ଷର ଆୟୁଷ ନେଇଆସିଛି ତାହା କହିବା ସମ୍ଭବ ନଥିଲା। ଆଜି ବି ତାହା ଅସମ୍ଭବ ହୋଇ ରହିନାହିଁ କି ? ଏହି କାରଣରୁ ମୋହିନୀ ମୋହନ କିପରି ଦୀର୍ଘଜୀବନ ଲାଭ କରିବାରେ ସକ୍ଷମ ହେବେ ସେଥିପାଇଁ ଫକୀରମୋହନ ଓ କୃଷ୍ଣକୁମାରୀ ଅନବରତ ଈଶ୍ୱରଙ୍କ ନିକଟରେ ପ୍ରାର୍ଥନା କରୁଥିଲେ। ବାଲ୍ୟକାଳରେ ମୋହିନୀ ମୋହନ ପିତାମାତାଙ୍କ ଠାରୁ ଯେଉଁ ଦୁର୍ଲ୍ଲଭ ବାତ୍ସଲ୍ୟ - ମମତା ଲାଭ କରିଛନ୍ତି, ତାହା ଅନୁଭବ କରିପାରୁଥିବେ ସେ ହିଁ କେବଳ। ମୋହିନୀ ମୋହନଙ୍କ ସାନଭଉଣୀ ଥିଲେ ତାଙ୍କଠାରୁ ଦୁଇବର୍ଷ ସାନ। ଫକୀରମୋହନଙ୍କ ଜୀବନରେ ଦୁର୍ଭାଗ୍ୟ ଆଣି ଦେଇଥିଲା ଗଭୀର ରେଖା। ଯେତେବେଳେ ମୋହିନୀମୋହନଙ୍କ ମାତ୍ର ତେରବର୍ଷ ବୟସ ସେତିକିବେଳେ କୃଷ୍ଣକୁମାରୀ ମାତ୍ର ଚଉତିରିଶ ବର୍ଷ ବୟସରେ ୧୮୯୪ ମସିହାରେ ପାର୍ଥିବ ଶରୀର ତ୍ୟାଗ କରିଥିଲେ। ତାଙ୍କର ଝିଅଟି

ମାତ୍ର ଏଗାର ବର୍ଷ ବୟସର ନାବାଳିକା ମାତ୍ର ଏ ସମୟରେ ଦୁଃଖଦ ପରିସ୍ଥିତି ସମ୍ପର୍କରେ ଆଲୋକପାତ କରି ଫକୀରମୋହନ ନିଜ ଆତ୍ମଜୀବନୀରେ ଲେଖିଛନ୍ତି - "ବାଲେଶ୍ୱରରେ ବିପକ୍ଷ ଜ୍ଞାତିମାନଙ୍କ ମଧ୍ୟରେ ସେମାନଙ୍କୁ ଛାଡ଼ିଯିବାକୁ ମୋହର ସହାସ ହେଲାନାହିଁ। ମୋହର କର୍ମସ୍ଥଳ ଡ଼ମପଡ଼ାକୁ ନେଇଗଲେ ସେମାନଙ୍କ ଶିକ୍ଷାର ଅସୁବିଧା ହେବ, ସେଥିପାଇଁ ମୁଁ ସେମାନଙ୍କୁ କଟକରେ ରଖିବାକୁ ମନସ୍ଥ କରି, ସେମାନଙ୍କୁ ସଙ୍ଗରେ ନେଇ ଚାନ୍ଦବାଲିରୁ ଷ୍ଟିମର ଯୋଗେ କଟକ ଚାଲିଗଲି।"

ଭକ୍ତକବି ମଧୁସୂଦନଙ୍କ ତତ୍ତ୍ୱାବଧାନରେ ମୋହିନୀମୋହନ

ଫକୀରମୋହନ ଅନୁଭବ କଲେ ଯେ ଭକ୍ତକବି ମଧୁସୂଦନ ରାଓଙ୍କ ତତ୍ତ୍ୱାବଧାନରେ ପୁତ୍ରକନ୍ୟାଙ୍କୁ ରଖିଦେଇଗଲେ, ସେମାନଙ୍କ ଉପଯୁକ୍ତ ଯତ୍ନ ଓ ଶିକ୍ଷାଲାଭ ଯଥାର୍ଥ ଭାବରେ ହୋଇପାରିବ, ତେଣୁ ସେ ମଧୁସୂଦନ ରାଓଙ୍କୁ ଏହି ଗୁରୁ ଦାୟିତ୍ୱ ପ୍ରଦାନ କରିଦେଇଥିଲେ ନିଶ୍ଚିନ୍ତ ହୋଇ। ଉଲ୍ଲେଖନୀୟ ଯେ ପରମଧାର୍ମିକ ମଧୁସୂଦନ ଦୁଇ ପିଲାଙ୍କୁ ନିଜ ଘରେ ରଖିବାକୁ ତାଙ୍କ ତରଫରୁ ସ୍ୱତଃସ୍ଫୂର୍ତ୍ତ ଇଚ୍ଛାପ୍ରକାଶ କରିଥିଲେ। ସେ ସମୟରେ ମଧୁସୂଦନ ନର୍ମାଲ ସ୍କୁଲର ଥିଲେ ସୁପରିଟେଣ୍ଡେଣ୍ଟ। ସେହି ସ୍କୁଲରେ ତାଙ୍କର ଥିଲା ବସାଘର। ଦୁଇପିଲାଙ୍କ ଖର୍ଚ୍ଚ ହୁଏତ ମଧୁସୂଦନ ବହନ କରିଥାନ୍ତେ ନିଶ୍ଚୟ। ତେବେ ନିଜର ପାରିବାରିକ ଓ ନୈତିକ ଦାୟିତ୍ୱ ଦୃଷ୍ଟିରୁ ଦୁଇ ପିଲାଙ୍କ ଖର୍ଚ୍ଚ ବାବଦରେ ଫକୀରମୋହନ ମାସିକ ପଇଁତିରିଶ ଟଙ୍କା ମଧୁସୂଦନଙ୍କୁ ଗ୍ରହଣ କରିବାପାଇଁ ଅନୁରୋଧ କରିଥିଲେ। ପ୍ରଥମେ ଏକ ଶତ ଟଙ୍କା ମଧୁବାବୁଙ୍କ ହାତରେ ଦେଇ ସେ ଡ଼ୋମପଡ଼ା ଚାଲିଗଲେ। ମଧୁସୂଦନ ରାଓଙ୍କ ବାସଗୃହରେ ଏକ ବର୍ଷ ପର୍ଯ୍ୟନ୍ତ ମୋହିନୀମୋହନ ଓ ତାଙ୍କ ସାନଭଉଣୀ ରହିଥିଲେ ଯାହା ମୋହିନୀମୋହନଙ୍କ ଜୀବନର ଅବିସ୍ମରଣୀୟ ପବିତ୍ର ସ୍ମୃତି ନିଶ୍ଚୟ। ମଧୁସୂଦନଙ୍କ ଠାରୁ ଯେଉଁ ଆନ୍ତରିକ ସ୍ନେହଲାଭ କରିବାର ସୁଯୋଗ ପାଇଲେ ମୋହିନୀମୋହନ ସେଥିପାଇଁ ରହିଛନ୍ତି ଆଜୀବନ କୃତଜ୍ଞ।

ବାଖରାବାଦରେ ନୂତନ ଗୃହ ନିର୍ମାଣ

ଫକୀରମୋହନ କଟକ ବକ୍ସିବଜାର ନିକଟରେ କିଣିଥିଲେ ଏକ ବଙ୍ଗଳା। କେତେକ ଅସୁବିଧା ହେତୁ ତାହାକୁ ସେ ବିକ୍ରୟକରି ଦେଇଥିଲେ ମଧୁସୂଦନ ଦାସଙ୍କ ନିକଟରେ। ଏହାପରେ ବାଖରାବାଦର ଧୁଆଁ - ପତରିଆ ସାହିରେ ଖଣ୍ଡିଏ ଜାଗା କ୍ରୟ କରି ସେ ତିଆରି କରିଥିଲେ ଏକ ପକ୍କାଘର। ୧୮୯୬ ମସିହାରୁ ରହିଲେ ସେଠାରେ ପୁତ୍ରକନ୍ୟାଙ୍କୁ ନେଇ ଯାହାଫଳରେ ସେମାନଙ୍କ ଯତ୍ନ ନେଇପାରିଥିଲେ ସନ୍ତୁଷ୍ଟ ଚିତ୍ତରେ। ସେହି ଘରଟି ଏ ପର୍ଯ୍ୟନ୍ତ ରହିଛି ବୋଲି ଜଣାଯାଏ।

ମୋହିନୀ ମୋହନଙ୍କ କଲେଜ ଶିକ୍ଷା

ମୋହିନୀମୋହନ ଏଣ୍ଟ୍ରାନ୍ସ ପାସ୍‌କରି ରେଭେନ୍‌ସା କଲେଜରେ ପଢ଼ିଲେ ଏଫ୍.ଏ. ଶ୍ରେଣୀରେ । ଛାତ୍ରାବସ୍ଥାରୁ ପିତୃପ୍ରଦତ୍ତ ସାହିତ୍ୟାନୁରାଗ ଲାଭ କରିପାରିଥିଲେ, ଯାହା ତାଙ୍କ ଚେତନାକୁ ପ୍ରଦାନ କରିଛି ସୁବିକଶିତ ରୂପ । କଲେଜରେ ଅଧ୍ୟୟନ କରିବାବେଳେ 'ଓଡ଼ିଆ କାହାଣୀ' ବିଷୟକ ପ୍ରବନ୍ଧ ରଚନା ପ୍ରତିଯୋଗିତାରେ ଅଂଶଗ୍ରହଣ କରି ସେ ଲାଭ କରନ୍ତି ତାଳଚେର ପଦକ । ୧୯୦୨ ମସିହାରେ ସେ ବି.ଏ. ପାଶ୍ କରିଥିଲେ । ତାଙ୍କର ଅଧ୍ୟୟନର ବିଷୟ ଥିଲା 'ଦର୍ଶନ' । ସେ କେବଳ ଡ଼ିଗ୍ରୀଲାଭ ଉଦ୍ଦେଶ୍ୟରେ ଏହି ଦର୍ଶନଶାସ୍ତ୍ର ଅଧ୍ୟୟନର ଜଗତରେ ପ୍ରବେଶ କରିନଥିଲେ । ତାଙ୍କ ମଧରେ ଜୀବନ ଜଗତ ଓ ଭଗବାନଙ୍କ ସମ୍ପର୍କିତ ଯେଉଁସବୁ ସୂକ୍ଷ୍ମ ଜିଜ୍ଞାସର ରହିଥିଲା; ତାହାର ପ୍ରକୃତ ଉତ୍ତର ଲାଭକରିବା ସକାଶେ ସେ ନିରନ୍ତର ରହିଥିଲେ ସତ୍ୟାନୁସନ୍ଧାନୀ ଜଣେ ନବ ତରୁଣ ପ୍ରତିଭା ।

ବ୍ରାହ୍ମଧର୍ମ ପ୍ରତି ଆକର୍ଷଣ

ସେ ପ୍ରଥମର ହିଁ ଭକ୍ତକବି ମଧୁସୂଦନ ରାଓଙ୍କ ପିତୃସୁଲଭ ସ୍ନେହଲାଭ କରି ମୁଗ୍ଧ ହୋଇସାରିଥିଲେ । ମଧୁସୂଦନ ଯେହେତୁ ଥିଲେ ବ୍ରାହ୍ମଧର୍ମର ଉପାସକ ସେ ଦୃଷ୍ଟିରୁ ଏହି ଧର୍ମ ପ୍ରତି ଆନ୍ତରିକ ଅନୁରାଗ ସୃଷ୍ଟି ହୋଇଥିଲା ମୋହିନୀ ମୋହନଙ୍କ ପ୍ରାଣରେ । ମୋହିନୀମୋହନ ଏହି ବ୍ରାହ୍ମ ଉପାସନା ସହିତ ଜଡ଼ିତ ହୋଇଗଲେ । ମଧୁସୂଦନଙ୍କ ଭାଷାର ଗାମ୍ଭୀର୍ଯ୍ୟ ଓ ମାଧୁର୍ଯ୍ୟ କଟକ ସହରର ଶିକ୍ଷିତ ଭଦ୍ରମଣ୍ଡଳୀଙ୍କୁ ଆକର୍ଷିତ କରୁଥିଲା ଗଭୀର ଭାବରେ ।

ସାହିତ୍ୟ-ପ୍ରାଣ ମୋହିନୀ ମୋହନ

ମୋହିନୀମୋହନଙ୍କ ସୁଗଭୀର ସାହିତ୍ୟାନୁରାଗ ସମ୍ପର୍କରେ ଲେଶ ମାତ୍ର ସନ୍ଦେହ ରହିବା ଅସ୍ୱାଭାବିକ । ତାଙ୍କ ସତୀର୍ଥ ବନ୍ଧୁଥିଲେ ପଲ୍ଲୀକବି ନନ୍ଦକିଶୋର ବଳ । ସେ ସମୟରେ ନନ୍ଦକିଶୋରଙ୍କ କବିତା ଓଡ଼ିଆ ପାଠକମାନଙ୍କ ସକାଶେ ହୋଇଯାଇଥିଲା ଏକ ଚମତ୍କାର ଆକର୍ଷଣ । ମୋହିନୀମୋହନ ସେସବୁକୁ ବାରମ୍ବାର ଆବୃତ୍ତି କରି କଣ୍ଠସ୍ଥ କରିଦେଉଥିଲେ । ନନ୍ଦକିଶୋରଙ୍କ ସମ୍ମୁଖରେ ତାହା ଆବୃତ୍ତି କରି ଶୁଣାଇ ଦେଉଥିଲେ ମଧ୍ୟ । ନନ୍ଦକିଶୋର ଏ ବିରଳ ଅନୁଭୂତିରେ ରୋମାଞ୍ଚିତ ନ ହୁଅନ୍ତେ ବା କିପରି ? ମୋହିନୀ ମୋହନଙ୍କ ପ୍ରିୟ ପୁସ୍ତକ ଏବଟଙ୍କ ଲିଖିତ ନେପୋଲିୟନ ବୋନାପାର୍ଟଙ୍କ ଜୀବନୀ । ତାହା ପାଠକଲା ସମୟରେ ମୋହିନୀ ମୋହନ ରୋଗ ଶୋକ ସବୁକିଛି ବିସ୍ମରି ଯାଉଥିଲେ । ସେହି ସମୟରେ ରାଧାନାଥ ରାୟଙ୍କ 'ମହାଯାତ୍ରା', ମଧୁସୂଦନ ରାଓଙ୍କ 'ବସନ୍ତ ଗାଥା' ଏବଂ ଫକୀରମୋହନ

ସେନାପତିଙ୍କ 'ଛ' ମାଣ ଆଠଗୁଣ୍ଠ', ପ୍ରଥମେ ପ୍ରକାଶିତ ହୋଇଥିଲା। ମୋହିନୀମୋହନ ସେହି କାବ୍ୟ କବିତା ଓ ଉପନ୍ୟାସ ପାଠକରି ଯାହା ଅନୁଭବ କରିଥିଲେ ତାହା ଆଜି ସ୍ମରଣ କରିବା ବହୁ ଦୃଷ୍ଟିରୁ ତାତ୍ପର୍ଯ୍ୟପୂର୍ଣ୍ଣ। ସେ ଅଭିହିତ କରିଥିଲେ ଯେ ଓଡ଼ିଆ ସାହିତ୍ୟର ତାହା ହେଉଛି 'ସୁବର୍ଣ୍ଣଯୁଗ' ବୋଲି। ମୋହିନୀମୋହନଙ୍କ ଏ ସୂକ୍ଷ୍ମ ପର୍ଯ୍ୟବେକ୍ଷଣ ଶକ୍ତିଥିଲା, ଗଭୀରତର ସତ୍ୟକୁ ପ୍ରକାଶ କରିଦେବାପାଇଁ ଏକାନ୍ତ ସମର୍ଥ ତାହା ନୂତନ ଦୃଷ୍ଟିଭଙ୍ଗୀ ନେଇ ଆଜି ଆମେ ଅନୁଧ୍ୟାନ ଓ ଅନୁଶୀଳନ କରିବାର ଆବଶ୍ୟକତା ରହିଛି। ମୋହିନୀ ମୋହନଙ୍କ ସୁଗଭୀର ଉପଲବ୍ଧି ଓ ତାଙ୍କର ଦୂରଦୃଷ୍ଟି ବାସ୍ତବରେ ଅତୁଳନୀୟ।

ଧର୍ମାନୁରକ୍ତିରୁ ମୁକ୍ତି

ମୋହିନୀମୋହନ ସେନାପତି ଭକ୍ତକବି ମଧୁସୂଦନଙ୍କ ବ୍ୟକ୍ତିତ୍ୱରେ ମୁଗ୍ଧ ହୋଇ ବ୍ରାହ୍ମଧର୍ମପ୍ରତି ଯଦିଓ ପ୍ରଥମେ ଆକୃଷ୍ଟ ହୋଇଥିଲେ; ତାଙ୍କ ଭିତରେ ଭଗବାନଙ୍କୁ ଜାଣିବାର ଅଭୀପ୍ସା ହୋଇଥିଲା ପ୍ରବଳ। କିନ୍ତୁ କୌଣସି ଭାବାବେଗରେ ଭାସିଯିବା ପରିବ୍ୟକ୍ତି ନଥିଲେ ସେ। ତାଙ୍କର ଯୁକ୍ତିବାଦୀ ମନ ପ୍ରକୃତ ସତ୍ୟ-ସନ୍ଧାନ ପାଇଁ ଥିଲା ବିଚଳିତ। ଏ ସମ୍ପର୍କିତ ଅନେକ ପୁସ୍ତକ ସେ ଅଧ୍ୟୟନ କରିବା ପରେ ବ୍ରାହ୍ମ ଧର୍ମାବଲମ୍ବୀଙ୍କ ଆଚରଣ ଦେଖି ତାଙ୍କର ବିଶ୍ୱାସ ହୋଇଗଲା ବିପର୍ଯ୍ୟସ୍ତ। ୧୯୨୪ ମସିହା ବେଳକୁ ମୋହିନୀମୋହନ ଅତ୍ୟନ୍ତ ସୁଦୃଢ଼ ହୋଇଯାଇଥିଲେ ଯେ ଭଗବାନଙ୍କ ଅସ୍ତିତ୍ୱ ଏକ କଳ୍ପନା ଓ ଭାବୋଚ୍ଛ୍ୱାସ ମାତ୍ର। କୌଣସି ପ୍ରକୃତିସ୍ଥ ବ୍ୟକ୍ତି ଏହି ଭାବପ୍ରବଣତାକୁ କଦାପି ଗ୍ରହଣ କରି ନ ପାରେ। ନିଜ ଜୀବନରେ କରିଥିବା ପରୀକ୍ଷା ନିରୀକ୍ଷାରୁ ସେ ହୃଦବୋଧ କଲେ ଯେ ନିରର୍ଥକ ଆସ୍ତିକ ହେବା ଅପେକ୍ଷା ସଚେତନ ନାସ୍ତିକ ହେବା ଶ୍ରେୟସ୍କର। ଧର୍ମାନୁରାଗରୁ ଏହିପରି ଭାବରେ ଏ ହୋଇଯାଇଥିଲେ ସମ୍ପୂର୍ଣ୍ଣ ମୁକ୍ତ। ଅନ୍ୟ କାହାଦ୍ୱାରା ପ୍ରଭାବିତ ହୋଇ କୌଣସି ଧର୍ମର ଉପାସକ ହେବା ତାଙ୍କ ଜୀବନର ଉଦ୍ଦେଶ୍ୟ ନଥିଲା। ପିତା ଫକୀରମୋହନ ସେନାପତିଙ୍କ ବ୍ୟକ୍ତିତ୍ୱ ଠାରୁ ଆରମ୍ଭ କରି ସମାଜର କୌଣସି ସୁପ୍ରତିଷ୍ଠିତ ଓ ସୁପରିଚିତ ବ୍ୟକ୍ତିଙ୍କର ଆଦରଣୀୟ ହେବାର ସକଳ ପ୍ରଲୋଭନ ପରିତ୍ୟାଗ କରି ସେ ପରିଣତ ହେଲେ ନାସ୍ତିକତାର ନିର୍ଭୀକ ସମର୍ଥକ।

ପ୍ରବନ୍ଧ ରଚନାରେ ବୈପ୍ଳବିକ ପଦକ୍ଷେପ

ମୋହିନୀ ମୋହନ ୧୯୦୪ ମସିହାରେ ନାସ୍ତିକତାକୁ ସମର୍ଥନ କରି 'ଉତ୍କଳ ସାହିତ୍ୟ' ପତ୍ରିକାରେ ରଚନା କଲେ ସୁଦୃଢ଼ ଯୁକ୍ତି ଉପସ୍ଥାପନ କରି ନାସ୍ତିକତାର ଯଥାର୍ଥତା। ସେହିଁ ହେଉଛନ୍ତି ପ୍ରଥମ ଲେଖକ ଯିଏ ନିର୍ଭୀକ ଭାବରେ

ଲେଖନୀ ଚାଳନା କଲେ ଅଭିନବ ଯୁକ୍ତି ସାହାଯ୍ୟରେ। ଭକ୍ତକବି ମଧୁସୂଦନ ରାଓ ମୋହିନୀ ମୋହନଙ୍କ ଏହି ପରିବର୍ତ୍ତନ ଦେଖି କ୍ଷୋଭପ୍ରକାଶ କରିଥିଲେ ମାତ୍ର କବିବର ରାଧାନାଥ ରାୟ ମୋହିନୀମୋହନଙ୍କୁ ଜଣାଇଥିଲେ ଅଭିନନ୍ଦନ। ରାଧାନାଥ ପ୍ରାଚ୍ୟ ଓ ପାଶ୍ଚାତ୍ୟ ସାହିତ୍ୟ ଧର୍ମ ଦର୍ଶନ ଓ ବିଜ୍ଞାନ ପଠନ କରି ଅନୁଭବ କରିଥିଲେ ଯେ ଈଶ୍ୱର ଓ ପରକାଳ ସମ୍ପର୍କିତ ତର୍କ ସବୁ କିପରି ଭ୍ରାନ୍ତଧାରଣା ଉପରେ ପ୍ରତିଷ୍ଠିତ। ରାଧାନାଥ ନିଜ ଚେତନାରେ ଥିଲେ ଆଧୁନିକ। ପୁଣି ଆଧୁନିକ ଚେତନାର ଉଦ୍‌ଘୋଷକ। ମୋହିନୀ ମୋହନଙ୍କ ପରି ନବ ପ୍ରତିଭା ସମ୍ପନ୍ନ ଲେଖକଙ୍କ ସେ ଥିଲେ ପ୍ରଶଂସକ। ୧୯୩୫ ମସିହା ଡ଼ିସେମ୍ବର ୧ ତାରିଖରେ ନବଯୁଗ ସାହିତ୍ୟ ସଂସଦର ସଭାପତି ଭାବରେ ମୋହିନୀ ମୋହନ ପ୍ରତିପାଦନ କରିଦେଇଥିଲେ ଯେ ଭାବପ୍ରବଣତା ବଳରେ ଯାହା ପ୍ରତ୍ୟକ୍ଷ ଜ୍ଞାନ ବୋଲି ପ୍ରତୀତ ହୁଏ ତାହା ଚିତ୍ତଭ୍ରାନ୍ତି ବ୍ୟତୀତ ଅନ୍ୟ କିଛି ନୁହେଁ।

ଅଧ୍ୟାପକ ଜୀବନ

୧୯୦୫ ମସିହାରେ ମୋହିନୀମୋହନ ମାତ୍ର ୧୦୦ ଟଙ୍କା ବେତନରେ ସବ୍‌ଡେପୁଟି ଚାକିରୀରେ ଯୋଗ ଦେଇଥିଲେ। ୧୯୦୮ ମସିହାରେ ସେହି ଚାକିରୀ କରୁଥିବା ସମୟରେ ହିଁ ସେ ଦର୍ଶନଶାସ୍ତ୍ରରେ ଏମ୍.ଏ. ପାଶ୍‌କଲେ। ୧୯୧୧ ମସିହାରେ ରେଭେନ୍‌ସା କଲେଜରେ ଦୁଇଶହ ଟଙ୍କା ଦରମା ପାଇ ଅସ୍ଥାୟୀ ଅଧ୍ୟାପକ ଭାବରେ ଯୋଗ ଦେଇଥିଲେ ସେ। ସେହି ରେଭେନ୍‌ସା କଲେଜରେ ଯେତେବେଳେ ସ୍ଥାୟୀଦର୍ଶନ ଅଧ୍ୟାପକର ପଦଖାଲି ହେଲା ସେତେବେଳେ ସେ ପୁନଶ୍ଚ ଅବସ୍ଥାପିତ ହେଲେ ଅଧ୍ୟାପକ ୧୯୩୬ ମସିହାରେ ସେ ସୁଦୀର୍ଘ ପଚିଶ ବର୍ଷ ଅଧ୍ୟାପନା କରି ଅବସର ଗ୍ରହଣ କରିଥିଲେ। ଚିରକାଳ ଇଂରେଜ ଅଧକ୍ଷଙ୍କ ଅଧୀନରେ ରହିଥିଲେ ମଧ୍ୟ ସ୍ୱାଧୀନ ମନୋଭବ ନେଇ ସେ କାର୍ଯ୍ୟ କରିଛନ୍ତି। ତଥାପି ବିଶ୍ୱବିଦ୍ୟାଳୟର ପାଠ୍ୟକ୍ରମ ବାହାରେ ସେ ଛାତ୍ରମାନଙ୍କୁ ସାମ୍ୟ-ମୈତ୍ରୀ ଓ ସ୍ୱାଧୀନତାର ମନ୍ତ୍ରରେ ଦୀକ୍ଷିତ କରିଛନ୍ତି ନିର୍ଭୀକ ଭାବରେ। ବାସ୍ତବରେ ମୋହିନୀମୋହନ ଯେ ଜଣେ ଉଚ୍ଚକୋଟୀର ଦର୍ଶନ ଅଧ୍ୟାପକ, ଏହା ନିର୍ବିବାଦରେ ସ୍ୱୀକୃତ।

ସାହିତ୍ୟ ସାଧନା

ଅନ୍ୟମାନଙ୍କ ପରି କେବଳ ଜଣେ ଲେଖକ ହେବାପାଇଁ ସେ ସାହିତ୍ୟ ଜଗତରେ ପ୍ରବେଶ କରିନଥିଲେ। ତାଙ୍କ ପିତା ଫକୀରମୋହନ ସେନାପତି ବାମଣ୍ଡା ରାଜ ଦରକାରରୁ ସୁର ତରଙ୍ଗିଣୀ ସାରସ୍ୱତ ସମିତି ଦ୍ୱାରା 'ସରସ୍ୱତୀ' ଉପାଧିରେ

ବିଭୂଷିତ ହେବା ତାଙ୍କ ପାଇଁ ଥିଲା ଗୌରବାବହ ଅନୁଭୂତି । ସାହିତ୍ୟ ପ୍ରତି ଅନୁରାଗ ମଧ୍ୟରେ ପିତୃଦତ୍ତ ପ୍ରତିଭାର ରଶ୍ମି ସେ ଆବିଷ୍କାର କରିଛନ୍ତି । ଫକୀରମୋହନ ଗଭୀର ଈଶ୍ୱରବିଶ୍ୱାସୀ ଥିଲେ ମଧ୍ୟ ମୋହିନୀ ମୋହନ ଧର୍ମର ସକଳ ଆବରଣ ଛିନ୍ନକରି ପହଞ୍ଚିଛନ୍ତି ଯେଉଁ ନାସ୍ତିକତାରେ ତାହାହିଁ ତାଙ୍କ ସାହିତ୍ୟ ସୃଷ୍ଟିକୁ ପ୍ରଦାନ କରିପାରିଛି ମୌଳିକତାର ଔଜ୍ଜ୍ୱଲ୍ୟ । ତାଙ୍କର ପ୍ରତିଟି ପ୍ରବନ୍ଧ ହେଉଛି ସ୍ୱାଧୀନ ଚିନ୍ତନର ପ୍ରସ୍ଫୁଟନ । ଅନେକ ଇଂରାଜୀ ପୁସ୍ତକ ଅଧ୍ୟୟନ କରିବା ଫଳରେ ତାଙ୍କ ଚେତନା ପାଶ୍ଚାତ୍ୟ ଅଭିମୁଖୀ ହୋଇଛି ବୋଲି କହିବା ଅପେକ୍ଷା ତାହା ଆତ୍ମାନୁସନ୍ଧାନ ଅଭିମୁଖୀ ହୋଇପାରିଛି ବୋଲି ବର୍ଣ୍ଣନା କଲେ ତାହା ଅଧିକ ଯୁକ୍ତସଙ୍ଗତ ହେବ ନିଶ୍ଚୟ । ତାଙ୍କ ଲିଖିତ ପ୍ରବନ୍ଧଗୁଡ଼ିକ 'ବିବିଧ ପ୍ରସଙ୍ଗ' ନାମରେ ୧୯୩୯ ମସିହାରେ ପ୍ରକାଶିତ ହୋଇଥିଲା । ଓଡ଼ିଆ ସାହିତ୍ୟର ଇତିହାସରେ ଡ. ମାୟାଧର ମାନସିଂହ ଲେଖିଥିଲେ ଯେ – "ଗତ ଶହେବର୍ଷ ଧରି ଓଡ଼ିଶାରେ ଛୋଟବଡ଼ ଅଗଣିତ ଗଦ୍ୟ ଲେଖକଙ୍କ ମଧ୍ୟରେ କେବଳ ମାତ୍ର ଦୁଇଜଣ ସ୍ୱାଧୀନ, ମୌଳିକ ବୈଶିଷ୍ଟ୍ୟ ଦେଖାଇପାରିଛନ୍ତି । ସେ ଦୁଇଜଣ ହେଉଛନ୍ତି ବାମଣ୍ଡାରୁ ଜଳନ୍ଧର-ଦେବ ଓ ଫକୀରମୋହନଙ୍କ ଏକମାତ୍ର ପୁତ୍ର ମୋହିନୀ ମୋହନ ସେନାପତି ।

ଫକୀରମୋହନଙ୍କ ସାହିତ୍ୟ ସମ୍ପାଦନା

ଫକୀରମୋହନଙ୍କ ରଚିତ ସାହିତ୍ୟ କୃତିର ସମ୍ପାଦନା ଦାୟିତ୍ୱ ଉତ୍ତରାଧିକାରୀ ଭାବରେ ଗ୍ରହଣକରି ସେ ପିତାଙ୍କ ସାହିତ୍ୟ କୃତିକୁ ବିକୃତ ଆକାରରେ ପାଠକମାନଙ୍କ ସମ୍ମୁଖକୁ ଆଣିଛନ୍ତି ବୋଲି ଯେପରି ନକାରାତ୍ମକ ଚର୍ଚ୍ଚାହୁଏ ତାହାର ଏକାଧିକ ସକରାତ୍ମକ ଦିଗ ସମ୍ପର୍କରେ ମଧ୍ୟ ସମାଲୋଚକମାନେ ଆଲୋକପାତ କରିଛନ୍ତି । ତେବେ ଯାହା ହେଉନା କାହିଁକି ଫକୀରମୋହନଙ୍କ ସାହିତ୍ୟକୃତିକୁ ଲୋକ ଲୋଚନକୁ ଆଣିବାରେ ତାଙ୍କର ଯେଉଁ ଉଲ୍ଲେଖନୀୟ ଭୂମିକା ରହିଛି ତାହାକୁ ଆମେ ଅସ୍ୱୀକାର କରିପାରିବା ନାହିଁ କଦାପି ।

ପାରିବାରିକ ଜୀବନ

ପିତାମାତାଙ୍କ ଆନ୍ତରିକ ସ୍ନେହଶୀଳତାକୁ ମୋହିନୀମୋହନ ବାଲ୍ୟକାଳରୁ ହିଁ ଅନୁଭବ କରିପାରିଥିଲେ । ଈଶ୍ୱରଙ୍କ ପ୍ରତି ତାଙ୍କର ସୁଦୃଢ଼ ବିଶ୍ୱାସ ଦୋହଲି ଯାଇଥିବାରୁ ଫକୀରମୋହନଙ୍କ ସହିତ ତାଙ୍କର ଯେଉଁ ମନୋମାଳିନ୍ୟ ଓ ମତାନ୍ତର ଦେଖାଯାଇଥିଲା ସେ ସମ୍ପର୍କରେ ସାଧାରଣ ପାଠକମାନଙ୍କୁ ଆଭାସ ମାତ୍ର ମିଳିଥାଏ । ପୁନଶ୍ଚ ପାରିବାରିକ ସମ୍ପତ୍ତି ସଂକ୍ରାନ୍ତରେ ପିତାପୁତ୍ରଙ୍କ ସମସ୍ୟା କଚେରୀ ପର୍ଯ୍ୟନ୍ତ ଯାଇଥିବା ମଧ୍ୟ ଜଣାପଡ଼େ । କିନ୍ତୁ ଫକୀରମୋହନ ଶେଷନିଃଶ୍ୱାସ ତ୍ୟାଗ ପୂର୍ବରୁ ପୁତ୍ର ମୋହିନୀ ମୋହନ କ୍ଷମାପ୍ରାର୍ଥୀ

ହୋଇଥିବାର ବିନୀତ ମୁଦ୍ରାରେ କିପରି ଥିଲେ ଦଣ୍ଡାୟମାନ ତାହା ମଧ୍ୟ ଚର୍ଚ୍ଚାର ପରିସର ଅନ୍ତର୍ଭୁକ୍ତ।

ମୋହିନୀମୋହନଙ୍କର ବିବାହ ସମ୍ପାଦିତ ହୋଇଥିଲା ବଙ୍ଗକନ୍ୟା ହିରଣପ୍ରଭାଙ୍କ ସହିତ। ଶୁଣିବାକୁ ମିଳେ ଯେ ଫକୀରମୋହନ ନିଜେ ହିଁ ଏହି ପୁତ୍ରବଧୂ ମନୋନୟନ କରିଥିଲେ। ମୋହିନୀମୋହନ ଓ ହିରଣ୍ୟପ୍ରଭାଙ୍କ ମଧ୍ୟରେ ବିଶେଷ କୌଣସି ବୁଝାମଣାର ଅଭାବ ପରିଲକ୍ଷିତ ହୁଏ ନାହିଁ। ଏହି ଉଭୟ ପତିପତ୍ନୀଙ୍କ ଥିଲେ ଚାରି କନ୍ୟାସନ୍ତାନ। ସେମାନଙ୍କ ନାମ ହେଲା ଯଥାକ୍ରମେ – ମୀରା ସେନାପତି, ଡ. ମୈତ୍ରୀ ଶୁକ୍ଳ, ଶ୍ରୀମତୀ ବୀଣାପାଣି ମିଶ୍ର ଓ ଶ୍ରୀମତୀ ମାୟା ଦତ୍ତ। ପତ୍ନୀ ହିରଣ୍ୟପ୍ରଭା ଓ ଏହି ଚାରିଜଣ କନ୍ୟାସନ୍ତାନଙ୍କ ପ୍ରତି ମୋହିନୀ ମୋହନ ତାଙ୍କର କର୍ତ୍ତବ୍ୟ ନିର୍ବାହ କରିବାରେ ଅବହେଳା କରିନାହାନ୍ତି।

ଦେହାବସାନ

ମୋହିନୀମୋହନ ସେନାପତିଙ୍କ ପରି ମୌଳିକ ଚେତନା-ସମ୍ପନ୍ନ ଦାର୍ଶନିକ ଓ ଗଦ୍ୟଶିଳ୍ପୀଙ୍କ ଅନ୍ତିମ ଜୀବନ ହୋଇଥିଲା କରୁଣ୍ୟପୂର୍ଣ୍ଣ। ମାତ୍ର ୬୪ ବର୍ଷ ବୟସରେ ୧୯୪୫ ମସିହା ଜୁଲାଇ ମାସ ୧୩ ତାରିଖ ଦିନ ଏହି ମହାନ୍ ସାହିତ୍ୟ ସ୍ରଷ୍ଟାଙ୍କ ଘଟିଥିଲା କରୁଣ ଦେହାବସାନ। ଆଜି ତାଙ୍କର ପାର୍ଥିବ ଶରୀର ତିରୋହିତ ହୋଇଯାଇଛି ସତ୍ୟ; ମାତ୍ର ତାଙ୍କ ମୌଳିକ ଚିନ୍ତନ ବର୍ତ୍ତମାନର ଓ ଭବିଷ୍ୟତର ଉତ୍ତରପିଢ଼ିଙ୍କୁ ଯେ ଅମଡ଼ାବାଟରେ ଚାଲିବାର ସାହସ ଦେଉଥିବ ଅନୁକ୍ଷଣ, ଏଥିରେ ସନ୍ଦେହ ନାହିଁ।

ସମାଲୋଚକଙ୍କ ଦୃଷ୍ଟିରେ
ମୋହିନୀମୋହନ

ଭକ୍ତପ୍ରାଣ ଫକୀରମୋହନଙ୍କ ଏକମାତ୍ର ପୁତ୍ର ଓ ଦର୍ଶନଶାସ୍ତ୍ର, ଅଧ୍ୟାପକ ମୋହିନୀ ମୋହନ ସେନାପତି ଉତ୍କଳରେ ବିଶେଷ ଭାବରେ ପରିଚିତ ନିଜ ନାସ୍ତିକତାର ପ୍ରକାଶ୍ୟ ପ୍ରଚାର ପାଇଁ। ପିତୃ ବନ୍ଧୁ ମଧୁସୂଦନ ରାଓ ଥିଲେ ବ୍ରାହ୍ମଧର୍ମୀ, କଟକରେ ପଢ଼ିଲାବେଳେ ମୋହିନୀମୋହନ ପୁଣି ମଧୁସୂଦନଙ୍କ ପରିବାରରେ ହିଁ ରହିଥିଲେ; କିନ୍ତୁ ପରେ ସେ ପିତା, ପିତୃବନ୍ଧୁ ଓ ନିଜର ଅଭିଭାବକ ମଧୁସୂଦନଙ୍କ ପ୍ରିୟ ଧର୍ମର ଅଯୌକ୍ତିକତାକୁ ନିର୍ମମ ଭାବରେ ସମାଲୋଚନା କରିଥିଲେ। ସେ ପ୍ରକାଶ୍ୟରେ ଏକ ନାରୀର ବହୁ-ସ୍ୱାମୀତ୍ୱ ଓ ଏକ ପୁରୁଷର ବହୁ ପତ୍ନୀତ୍ୱ ପ୍ରଚାର କରିଥିଲେ ଏବଂ ସମାଜରୁ ବିବାହ ନାମକ ଅନୁଷ୍ଠାନ ଉଠାଇଦେବାର ପ୍ରବଳ ପ୍ରୟାସ ଚଳାଇଥିଲେ।

ମାୟାଧର ମାନସିଂହ

ଓଡ଼ିଆ ସାହିତ୍ୟର ଇତିହାସ

ଦାର୍ଶନିକ ମୋହିନୀମୋହନଙ୍କର ଦୃଷ୍ଟିଭଙ୍ଗୀ ଥିଲା ପୂର୍ଣ୍ଣତଃ ବାସ୍ତବ ବଡ଼ଧର୍ମ ଓ ବସ୍ତୁବାଦୀ ଦାର୍ଶନିକର ସୂକ୍ଷ୍ମ ଯୁକ୍ତି ପ୍ରବଣତା ସହିତ ଈଶ୍ୱର-ବିଶ୍ୱାସ ଏ ଦୃଷ୍ଟିଭଙ୍ଗୀରୁ ଥିଲେ ନିର୍ବାସିତ। ଏପରି ଚିନ୍ତା ପ୍ରଚାରର ଚରମ ମାଧ୍ୟମ ହେଉଛି ବିପ୍ଳବ; ତେଣୁ ମୋହିନୀ ମୋହନଙ୍କ ବିପ୍ଳବାତ୍ମକ ଚିତ୍ତବୃତ୍ତିରେ ଈଶ୍ୱର-ବିଶ୍ୱାସର ନିର୍ବାସନ ତଥା ନାରୀ ସ୍ୱାଧୀନତା ଓ ସ୍ୱେଚ୍ଛାକୃତ ବିବାହର ପ୍ରାଣପୂର୍ଣ୍ଣ ଅନୁମୋଦନ କରିବାରେ ବୈଚିତ୍ର୍ୟ କିଛି ନାହିଁ। 'ଜୀବଜନ୍ତୁର ଅଧିକାର', 'ବିବାହର ଇତିହାସ', 'ବିବାହ', 'ସ୍ତ୍ରୀ ଜାତିର ସ୍ୱାଧୀନ ଜୀବିକା' ଓ 'ବିବାହ ସଂସ୍କାର' ପ୍ରବନ୍ଧମାନଙ୍କରେ ଉପରୋକ୍ତ ଉଭୟ ଭାବ ଅତି ନିର୍ଭୀକଭାବେ ପ୍ରତିଷ୍ଠିତ।

ଡ. ନଟବର ସାମନ୍ତରାୟ

ଓଡ଼ିଆ ସାହିତ୍ୟର ଇତିହାସ

"ଓଡ଼ିଆ ପ୍ରବନ୍ଧ ସାହିତ୍ୟରେ ପାଶ୍ଚାତ୍ୟ ଦାର୍ଶନିକ ଭାବଧାରାକୁ ବେଇ ପ୍ରବନ୍ଧ ରଚନାରେ ମୋହିନୀମୋହନ ସେନାପତିଙ୍କ ଖ୍ୟାତି ସୁବିଦିତ। ତାଙ୍କର ବୌଦ୍ଧିକତା, ସ୍ୱାଧୀନ ଚିନ୍ତାଧାରା ଓ ବୈପ୍ଲବିକ ଆଭିମୁଖ୍ୟ ତାଙ୍କ ପ୍ରବନ୍ଧଗୁଡ଼ିକର ସ୍ୱାତନ୍ତ୍ର୍ୟ ପ୍ରକାଶ କରିବାରେ ସହାୟକ ହୋଇଛି।

ସେ ଥିଲେ ଓଡ଼ିଆ ସାହିତ୍ୟରେ ନାସ୍ତିକ ଭାବଧାରାର ପ୍ରଚାରକ। ତାଙ୍କପରି ଆଉ କେହି ଏତେ ସାହସର ସହିତ ପାଠକମାନଙ୍କୁ ଏପରି ବିପ୍ଳବର ବାଣୀଶୁଣାଇ ନାହାନ୍ତି। ଏ ଦୃଷ୍ଟିରୁ ଓଡ଼ିଆ ପ୍ରବନ୍ଧ ସାହିତ୍ୟରେ ତାଙ୍କର ସ୍ୱାତନ୍ତ୍ର୍ୟ ବାରି ହୋଇପଡ଼େ।"

ପ୍ରଫେସର ବାଉରୀବନ୍ଧୁ କର

'ଓଡ଼ିଆ ପ୍ରବନ୍ଧ ସାହିତ୍ୟ'

"ମୋହିନୀ ମୋହନ ଯୁକ୍ତିବାଦୀ ଦାର୍ଶନିକ। ପ୍ରବନ୍ଧଗୁଡ଼ିକରେ ଅଭିମତ ପ୍ରକାଶରେ ସ୍ୱାଧୀନତା, ବିଷୟବସ୍ତୁ ଉପସ୍ଥାପନରେ ଯୁକ୍ତିମୂଳକତା, ପ୍ରକାଶଭଙ୍ଗୀରେ ସ୍ପଷ୍ଟତା ଓ ସ୍ୱଚ୍ଛତା ତାଙ୍କ ରଚନା ବୈଶିଷ୍ଟ୍ୟ। ବିଷୟବସ୍ତୁ ଉପସ୍ଥାପନରେ ବିପ୍ଳବାତ୍ମକ ଚିନ୍ତାଧାରା ବହୁସ୍ଥଳରେ ପାଠକମାନଙ୍କର ଗ୍ରହଣଯୋଗ୍ୟ ହୋଇନପାରେ। ମାତ୍ର ଶିଳ୍ପୀପ୍ରାଣର ଆନ୍ତରିକତା, ରଚନାର କ୍ରମିକତା ଓ ପ୍ରବହମାନତା ପାଠକମାନଙ୍କର ମୁଗ୍ଧକର।"

ଡ. ଶ୍ରୀନିବାସ ମିଶ୍ର

'ଆଧୁନିକ ଓଡ଼ିଆ ଗଦ୍ୟ ସାହିତ୍ୟ'

"ସେ ସମୟର ସମାଜରେ ଏଭଳି ମତପ୍ରକାଶ ପ୍ରଚଣ୍ଡ ଦୁଃସାହସିକତା। ତାଙ୍କ ପ୍ରବନ୍ଧର ଭାବ-ସମ୍ପଦ ନୁହେଁ ନିର୍ଭୀକତା, ସ୍ୱାଧୀନଚିନ୍ତା ଓ ସେହି ଚିନ୍ତାକୁ ପ୍ରଚାରିତ କରିବାପାଇଁ ଲେଖକଙ୍କର ଗଭୀର ଆନ୍ତରିକତା ହିଁ ଆମକୁ ଚକିତ କରିଥାଏ। ମୋହିନୀମୋହନଙ୍କ ପ୍ରବନ୍ଧର ଭାଷା। ସରଳ, ନିରାଡ଼ମ୍ବର, ଆଳଙ୍କାରିକ – ଆଡ଼ମ୍ବରମୁକ୍ତ। ତାଙ୍କ ପ୍ରକାଶଭଙ୍ଗୀ ସକଳ ପ୍ରକାର କୃତ୍ରିମତା ବର୍ଜିତ।"

ଅସିତ୍ କବି

ଓଡ଼ିଆ ପ୍ରବନ୍ଧ ସାହିତ୍ୟର ଇତିହାସ

"ତାଙ୍କ ପ୍ରବନ୍ଧଗୁଡ଼ିକ ମୁଖ୍ୟତଃ ସାମାଜିକ ଭାବଧାରା, ନୈତିକ ଚିନ୍ତା, ପ୍ରାଚ୍ୟ ଓ ପାଶ୍ଚାତ୍ୟ ଦର୍ଶନ, ଆଧ୍ୟାତ୍ମିକ ଚେତନା, ସାଂସ୍କୃତିକ ଦୃଷ୍ଟି, ନାରୀ ଓ ଜୀବଜନ୍ତୁଙ୍କ ଅଧିକାର ଇତ୍ୟାଦି ବିବିଧ ବିଷୟକ। ପ୍ରବନ୍ଧ ମାଧ୍ୟମରେ ସେ କେତେକ ସାମାଜିକ

ପ୍ରଥା ବିରୋଧରେ ସ୍ୱର ଉତ୍ତୋଳନ କରିଥିଲେ। ନାରୀର ବହୁସ୍ୱାମୀ ଗ୍ରହଣ, ପୁରୁଷର ବହୁନାରୀ ଗ୍ରହଣ ଓ ସମାଜରୁ ବିବାହ ନାମକ ଅନୁଷ୍ଠାନ ଉଠାଇଦେବା ସପକ୍ଷରେ ସେ ପ୍ରକାଶ୍ୟ ଭାବରେ ପ୍ରଚାର ଚଳାଇଥିଲେ।"

ଡକ୍ଟର ସୁରେନ୍ଦ୍ର କୁମାର ମହାରଣା

'ଓଡ଼ିଆ ସାହିତ୍ୟର ଇତିହାସ'

"ମୋହିନୀ ମୋହନଙ୍କର ନିର୍ଭୀକ ଦାର୍ଶନିକ ଆଲୋଚନା ସେତେବେଳର ସମାଜରେ ଅପ୍ରିୟ ହେଲେ ମଧ୍ୟ ତାଙ୍କର ସ୍ପଷ୍ଟୋକ୍ତି ସମସ୍ତଙ୍କୁ ବିସ୍ମିତ କରେ ଏବଂ ତାଙ୍କର ପ୍ରଗାଢ଼ ଯୁକ୍ତିବାଦୀ ଜ୍ଞାନ ଏଥିରୁ ଅନୁମିତ ହୁଏ। ନାସ୍ତିକବାଦୀଙ୍କୁ ବହୁଲୋକ ଭିନ୍ନ ଦୃଷ୍ଟିରେ ଦେଖନ୍ତି। ମାତ୍ର ପ୍ରକୃତ ଚିନ୍ତାଶୀଳ ବ୍ୟକ୍ତିମାନେ ସେମାନଙ୍କୁ ଭଲପାଆନ୍ତି ଏବଂ ଭଗବାନଙ୍କୁ ସେମାନେ ପ୍ରକୃତରେ ବେଶୀ ବିଶ୍ୱାସ କରନ୍ତି।

ଶିଶିର ମହାପାତ୍ର

'ସାହିତ୍ୟର ଅନେକ ପାହାଚ'

"ଆଲୋଚ୍ୟ ପ୍ରବନ୍ଧ ସଂକଳନ 'ବିବିଧ ପ୍ରସଙ୍ଗ' ଆମ ନୈତିକ ଓ ସାମାଜିକ ଜୀବନର କେତେକ ପ୍ରମୁଖ ପ୍ରସଙ୍ଗରେ ପ୍ରଫେସର ସେନାପତି ଯେପରି ମତବ୍ୟକ୍ତ କରିଛନ୍ତି ତାହା ପ୍ରତିବନ୍ଧ ଭାବରେ ସଂସ୍କାରଧର୍ମୀ ଏବଂ ବୈପ୍ଳବିକ ଭାବରେ ଅଭିନବ। ତାଙ୍କ ନିଜ ସମୟରେ ଅଗ୍ରହଣୀୟ ଏବଂ ପ୍ରାୟତଃ ଅକଳ୍ପନୀୟ ନୈତିକ ଆପେକ୍ଷିକତାବାଦ ଏବଂ ଉପଯୋଗିତାବାଦର ଦୃଢ଼ ସମର୍ଥନ କରି ସେ ଜଣେ ଅଗ୍ରଗାମୀ ଚିନ୍ତାନାୟକ ଏବଂ ପ୍ରଗତିଶୀଳ ନୀତିର ପ୍ରବକ୍ତା ହେବାର ଗୌରବ ଅର୍ଜନ କରିଛନ୍ତି। ଅଭିନବ ମାନସିକତା ଓ ସାମ୍ପ୍ରତିକ ଚିନ୍ତାଧାରାର ପ୍ରାଚୁର୍ଯ୍ୟରେ ସମୃଦ୍ଧ ଏହି ପୁସ୍ତକଟି ଦର୍ଶନ ଶିକ୍ଷା ଓ ଗବେଷଣାରେ ଅବଶ୍ୟ ସହାୟକ ହେବ।

ପ୍ରଫୁଲ୍ଲ ମହାପାତ୍ର

'ବିବିଧ ପ୍ରସଙ୍ଗ' ପୃଷ୍ଠବନ୍ଧ

"ପାଠଦୃଷ୍ଟିରୁ ମୋହିନୀମୋହନଙ୍କ 'ଆତ୍ମଜୀବନ ଚରିତ' ପତ୍ରିକାରେ ପ୍ରକାଶିତ 'ଆତ୍ମଚରିତ'ର ଏକ ସମାନ୍ତରାଳ ଗ୍ରନ୍ଥ, ଏହି ତଥ୍ୟ ସଂପର୍କରେ ୨୦୦୨ ମସିହା ପର୍ଯ୍ୟନ୍ତ ପ୍ରାୟତଃ କୌଣସି ଗବେଷକ ସଚେତନ ନ ଥିଲେ। କେତେକ ଗବେଷକଙ୍କର ଧାରଣା ଥିଲା ମୂଳ ଲେଖାରୁ ବହୁଅଂଶ ମୋହିନୀମୋହନ କାଟି

ଆତ୍ମଜୀବନୀ ଚରିତଟିକୁ ସଂକ୍ଷିପ୍ତ କରିଛନ୍ତି। କିନ୍ତୁ ବାସ୍ତବରେ ତାହା ନୁହେଁ। ଉତ୍କଳ ସାହିତ୍ୟରେ ପ୍ରକାଶିତ ଆତ୍ମଚରିତକୁ ଆଧାର କରି ସେଥିରେ ଥିବା ଶୂନ୍ୟସ୍ଥାନ ପୂରଣ କରି ମୋହିନୀ ମୋହନ ଉତ୍ତମ ପୁରୁଷରେ ଫକୀରମୋହନଙ୍କର ଏକ ପୂର୍ଣ୍ଣାଙ୍ଗ ଜୀବନୀ ଲେଖିଛନ୍ତି। ସତ୍ୟବାଦୀ ଓ ଉତ୍କଳ ସାହିତ୍ୟରେ ପ୍ରକାଶିତ ଆତ୍ମଚରିତ ଉପାଖ୍ୟାନଧର୍ମୀ ହେଲାବେଳେ ମୋହିନୀମୋହନଙ୍କ ଦ୍ୱାରା ପ୍ରକାଶିତ 'ଆତ୍ମଜୀବନ ଚରିତ' ହେଉଛି ଘଟନାବର୍ଣ୍ଣନାଧର୍ମୀ।"

ଦେବେନ୍ଦ୍ର କୁମାର ଦାଶ
ଫକୀରମୋହନଙ୍କ 'ଆତ୍ମଚରିତ' ସମ୍ପାଦନା

"ଓଡ଼ିଆ ପ୍ରବନ୍ଧ ସାହିତ୍ୟ କ୍ଷେତ୍ରରେ ମୋହିନୀମୋହନଙ୍କ ଆବର୍ଭାବ ଏକ ବିପ୍ଳବ, ଏକ ସାଂସ୍କୃତିକ ବିରୋଧାଭାସ, ତାଙ୍କ ପିତା ଓଡ଼ିଆ। କଥା ସମ୍ରାଟ ବ୍ୟାସକବି ଫକୀରମୋହନ ସେନାପତି ସ୍ୱୀୟଚିନ୍ତା, ଚେତନା ଓ କର୍ମରେ ଜଣେ ପୂର୍ଣ୍ଣ ଆସ୍ତିକ ଥିଲାବେଳେ ମୋହିନୀମୋହନ ସମ୍ପୂର୍ଣ୍ଣ ନାସ୍ତିକ ଥିଲେ। ଉଚ୍ଚଶିକ୍ଷା ସମ୍ପନ୍ନ ମୋହିନୀ ମୋହନ ପାଶ୍ଚାତ୍ୟ ଦାର୍ଶନିକ ଭାବଧାରାରେ ବହୁଭାବରେ ପ୍ରଭାବିତ ହୋଇଥିଲେ। ଫଳରେ ତାଙ୍କ ଚିନ୍ତା ଚେତନାରେ ପାଶ୍ଚାତ୍ୟ ଅଭିରୁଚି ଓ ଆଦର୍ଶର ପ୍ରତିଫଳନ ଘଟିଥିଲା। ସାହିତ୍ୟ ରଚନା କ୍ଷେତ୍ରରେ ସେ ସମ୍ପୂର୍ଣ୍ଣ ନିର୍ଭୀକ ଓ ସ୍ୱାଧୀନଚେତା ଥିଲେ।"

ଡକ୍ଟର ମନ୍ମଥ କୁମାର ପ୍ରଧାନ
'ସମୟ ସ୍ରୋତରେ ବାଲେଶ୍ୱର'

■

AN AFTERWORD

-a personal note of Mohini Mohan Senapati by Monica Das[1]-

I have often wondered how many people in this world remain unsung despite their briliance. What saddens one most when people, the do gooders and persons who think of the society in an in depth manner often get ignored for the simple reason that they are not could help discard the deadwood and use it to remodel society for the benefit of its denizens. Sometimes it so happens that sons and daughters get eclipsed for the sheer fact that their facthers for more reasons than one have shed so+ much brillance that their progeny just shrivel into ignominy. As they say even grass can not grow under the big banyan tree. One such person was Mohini Mohan Senapati, Fakir Mohan Senapati's only son. Same holds true for Mohini Mohan Senapati' grandson, Anjan Shukla. Details concerning him one can find in an adjunct article.

The other thing that set me thinking about Mohini Mohan Senapati is when I read this book years back written by Bertarand Russell (Bertrand Russell's Best Silhouetters in Satire selected and introduced by ROBERT E. EGNER, Department of Philosophy, College of the Mainland, Texas City, Texas, U.S.A. London UNWIN PAPER BACKS Boston Sydney, published in 1958), I found an uncanny resemblance between some of the ideas of Mohini Mohan Senapati with the ideas of Bertrand Russell.

If one goes through the contents of Mohini Mohan's Bibidha Prasanga (published in 1939), one can draw from this a prallel with many ideas of Bertrand Russell. As a proud grand daughter of Mohii Mohan Senapati, I feel like saying here - 'Great men think alike'.

I beg to indulgence of readers for me as I have taken up the great Bertrand Russell for discussion here in the context of Mohini Mohan's writings. I urge upon readers not to construe this attempt of mine as some audacity. It is just a deep admiration for the ideas of both these great thinkers. If these ideas are considered form the right perspective they would do a world of good. And as one of kin I am passionate about the Senapati legacy. Many right thinking and knowedgeable people hold Mohini Mohan Senapati in high esteem. As for some critics who had been rather harsh on him, I would say that it is a case of 'More sinned against than sinning'.

To mention some eminent writers and serious thinkers of Odisha who have extrolled the virtues of Mohini Mohan Senapati for all good reasons, they are to name a few the Late Debendra Dash, Hara Prasad Das, Satya Mahapatra, Jatindra Kumar Nayak, Sisir Mohapatra (author of 'Sahitya Ra Anek Pahacha') and many other people. All these are soundly documented.

It saddens me no end to find an uncanny similarly between the ill treatment meted out to Mohini Mohan Senapati and Bertrand Russel in debunking their progressive ideas. Mohini Mohan Senapati though an atheist got divine protection from being harassed unlike Bertrand Russell. The accounts have been given in my narrative.

One can recollect how people like John Boulton, Sunanda Patnaik, Mayadhar Manasingh, Prof Anjan Shukla (Mohini Mohan Senapati's grandson), Gajendra Das and many others besides including Mohini Mohan Senapati who have not received the tribute that was due to them. What to speak of these extra ordinary people mentioned above, even for Fakir Mohan Senapati to whom every Oriya owes its very identity has been ignored. There has been no chair in his name as yet. Shri Gaura hari Das has very rightly pointed this out in a seminar sometime ago. No proper Smaraki (Memorial) in his name has been instituted. Compared to literary luminaries in other states like Bengal, and Uttar Pradesh Odisha has been sadly lagging behind in this matter. Excellence has been pathetically relegated to the background.

At the risk of digressing, I would like to narrate Prof Sumanyu Satpathy's critical analysis concering Fakir Mohanty Senapati and Mohan Das Karam Chand Gandhi. It is a rather interesting narrative and shows the calibre of our writer from the home terrains. I would put it as something which can be termed as bold, this fact can also be found in my book titled 'Selected works of Fakir Mohan Senapati, published by the Kanedriya Sahitya Akademi. Assertions on the part of Prof Sumanya SAtpathi that are not only revealing but also informative to the core. He writes in his article 'Gandhi before GAndhi : Two Little Prehistories of the Great Soul'[2], "practices we today associate as 'Gandhian' were in fact in existence for years prior to Gandhi's apprarance in the national consciousness.? Incidentally it may be pointed out here, that Fakir Mohan predated Gandhi by 26 years meaning that Gandhi was born (2nd October 1869) 26 years after the birth of Fakir Mohan Senapati (13 January 1843). Looking at Swadeshi advocates prior to Gandhi, Satpathy presents an insightful contrast between Fakir Mohan and Gandhi, stating that the former's approach to self-sustenance was pragmatic while the latter's existed only in theory. Fakir Mohan goes beyond the swadeshi call for the boycott of British goods and pleads for the discarding of all foreign clothes. Not until much later, was Gandhi to distinguish between the position of the earlier swadesh movement and his own. The second point that Fakir Mohan makes in his essay about "paying the foreign weaver", anticipates by a year GAndhi's formulation on the subject in Hind Swaraj: "By using Manchester cloth, we would only waste our money." Incidentally, there is a beautiful poem on this written by Fakir Mohan himself.

Satpathy further writes, FAkir Mohan's argument is in favour of a need-based economy that would ensure a proper gender-balancing division of labour leading to self-sufficiency. His advocacy of cotton that men cultivated along side foodgrains had nothing to do with the modern-day view of growing it as a cash crop; rather, it was meant to sustain a parallel economy, that of clothing, to keep the charkha moving as a selfsustaining economic activity. In his Autobiography Gandhi makes the same point without, of course, dishing out the minutiae of cost analysis that Fakir Mohan supplies from his intimacy with ground realities.

Coming back to Mohini Mohan's writing a pertinent question that can crop up in the leader's mind is that could it be Mohini Mohan Senapati's ideas were influenced by Bertrand Russell's notions. It is rather unlikely so because of the fact that Mohini Mohan's 'Bibidha Prasanga' was published in 1939 whereas Bertrand Russells' book Unpopular Essays was published in 1950 and the book Best of Russells which we have referred to in this narrative was published in 1958.

Lord Russell's approach to the numerous social issues he addressed was constituency rooted in a scientific mindset, characterized by his avoidance of absolute certainly in his expressed views. One could identity three distinct facets of Bertrand Russell: (1) the empirical researcher, (2) the critical observer of societal matters, and (3) the satirical commentator in the spirit of Voltaire. At times, Lord Russell harmonized there three aspects of himself, but more frequently, he permitted the satirist within him to take centre stage, using humor and incisiveness to vehemently protest against human folly, irrespective of its manifestation.

He employed a swift and sharp wit to articulate and unmask the negative tendencies that afflict human minds - such as suspicion, fear, the hunger for power, hatred, and intolerance - which onstruct the realization of a more compassionate world. Lord Russell did not indiscriminately tear down established structures or institutions; instead, he consistently provided guidance on how to construct something better in their place. Above all, readers will encounter Lord Russell as someone who embodies scientific rigor, yet remains humane, optimistic, and unfailingly truthful.

* As for the striking similarity between Mohini Mohan Senapati and Bertrand Russel it can be said that both never flinched from any issue that was unpopular.
* In fact, in 1950, Bertrand Russell purposely titled one of his books as 'Unpopular Essays'.
* Lord Russell chose to remain free from the main streams of both popular and scientific controversy. For example,

his harsh disapproval of traditional organised religion is well documented and known to the literate public. Same holds true for Mohini Mohan Senapati.

* Few modern thinkers dared to be as candid in the expression of unwelcomed thought as Lord Russell. His attitude was uncompromising : he was not agraid to run the risk of questioning 'sacred' matters in spite of the fact that his free views exposed him to repeated attacks by bigots and obscurantists. About Mohini Mohan Senapati it can be said that he was no less a dared evil in this matter. About it can be said that it was not to the intellectual world alone that they give their legacy.

* Perhaps Lord Russell's greatest gift to mankind was his unfaltering courage and the fearless stand he took in his campaign to preserve humanity. In a way he summed up all his beliefs when he said: 'Remember your humanity and forget the rest.' As for Mohini Mohan Senapati, his writings also echoed the same spirit though he did not express it in so many words.

* Lord Russell's views on sex and marriage were not greeted with any great appalause by the multitude but his name alone brought vindictive and sudden fury when anyone suggested that his views on sex might be correct. It is said rather interstingly that Lord Russell spent about one percent of his time dealing with sex, but the general public thought it was 99 per cent.

* Lord Russell's book, Marriage and Morals, upset the faith of a whole generation of post-Puritan moralities. It was further charged that Lord Russell was, the Master mind of free love, of sexual promiscuity for the young and hatred for parents.

* Above all, the reader will see at a glance that Lord Russell refused to revere sexual taboos cached in cneturies of hoary myths.

* Very few individuals raised conventionally have a healthy perspective on sex and marriage. Their upbringing often instills the belief that deception and dishonesty are virtuous, that sexual relations, even within marriage, are somewhat

repulsive, and that in procreation, men are succumbing to their animal instincts while women are burdened with a painful duty. This outlook has made marriage unsatisfying for both men and women, leading to cruelty masked as morality. On a close scrutiny of Mohini Mohan's writings on the subject one would encounter an identical tone.

* Lord Russell possessed extensive personal experience in dealings with various educational challenges. His advocacy of "dangerous" ideas prevented him from accepting several other professional opportunities, earning him criticism from those who preferred educators to instill eternal doctroines instead of fostering a spirit of scientific inquiry. As for Mohini Mohan Senapati his views on education were also rather radical. As is revealed in his book Bibidha Parasanga as well as his other writings.

Mohini Mohan's progressive ideas were published in many leading newspaper and magazines including 'The Statesman'. His unique independent and boold thoughts were not popular but were never ignored for sure. He was always ahead of his times as a rational and logical thinkers of great caliber so much so that one can see that his ideas taht were shunned earlier are all coming true now, especially issues concerning women, marriage and women's empowerment are all seriously being professed currently. In the context of Mohini Mohan Senapati's writing and thoughts it can be very rightly said that "Nothing is more powerful than an idea whose time has come" which was originally stated by a French thinker Victor Hugo.

Adjunct article -1

The following information about Mohini Mohan Senapati has been culled from Sudeshna Sahu (http://www.odishashop.com/mohini-mohan-senapati/):

Born in 1881, Mohini Mohan Senapati was a celebrated Odia critic and intellectual. He was the off spring of Fakirmohan Senapati but grew up in relative isolation after the early loss of his mother and being distanced from his preeminent father. Despite his religious upbringing and the influence of poets like Nanda Kishore Bal, Radhanath Ray and Madhu Sudan Rao, as well as his father, Mohini Mohan Senapati evolved into an atheist and a rebel.

After earning his M.A. in Philosophy, he embarked on a long teaching career at Ravenshaw College in Cuttack. He held a deep admiration for Nietzsche, the renowned German philosopher, and was known for his rationalist and free-thinking perspectives. His unconventional ideas and bold rejection of the established norms of his era were a source of surprise and even shock for his readers. The periodical Utkala Sahitya, which regularly published his essays, became a platform for lively debates and responses to his writings.

In his essays compiled in "Vividha Prasange," he challenged conventional beliefs, superstitions, and rituals. Works like "Janmantarabada," "Bhagya", and "Atiprakrta" brought about a new wave of thought in modern Odia literature. His essay "Nietzschenka Darshanika Mata" delved into the philosophy of the German thinker. "Bartamana Jugara Akanksha o Uddeshya" was one of his most widely read essays, where he argued that anything contributing to societal progress is just, while anything hindering it is unjust. He even justified warface as a means to an end in this essay.

Mohini Mohan Senapati's early literary critiques included an appreciation of Madhusudan Rao's "Basanta Gatha" and Gopal Chandra Praharaj's "Utkala Mahani." However, in his later career, he delved more into philosophical essays, presenting his unique ideas and thoughts. He regarded religion and the institution of marriage as two detrimental influence on society. He advocated for rational thinking over blind acceptance of religious beliefs and supported concepts like polygamy, and even the abolition of marriage, perceiving marriage as a manifestation of women's economic dependence. he championed women's econmic dependence. He championed women's emancipation and the dismantling of rigid gender roles in society.

Despite the shock his views elicited among his contemporaries, Mohini Mohan brought a distinctive and refreshing perspective to Odia literature. He was ahead of his time, drawing inspiration from Western thinkers like Abbott, Nietzsche, J.S. Mill, Spencer, Hobbes, Locke, George Bernard Shaw and Charles

Darwin. He even delved into the rights and privileges of animals in his essay "Jibajantumankara Adhiar."

While Mohini Mohan was a controversial figure due to his original thoughts, unconventional lifestyle, and meticulous editing of his father's literary works, his prose style was not particularly admired. His sentences were often long and poorly structured, resemling English translations. Nevertheless, his contribution to modern Odia literature lay in his fearless and unrestrained thinking, introducing Western phisophical ideas to Odia readers and rightfully earning his place as a harbinger of new thought.

Adjunct article - 2

The following is an abstract from the book Critical Discourse in Odia written by Jatindra Kumar Nayak and Animesh Mohapatra.

ABSTRACT

"Odia Folktales" represents a ground breaking effort to establish a structured framework for the systematic exploration of folktales, which, at the time it was published in 1902, had not yet achieved recognition as a respectable literary genere. It's important to note that in the late nineteenth century, there was a growing interest in collecting and publishing folktales in Odisha. The catalyst for Mohini Mohan Senapati's essay can be treated back to Gopal Praharaj's over simplified explanation of the origins of folktales.

Using a precise classification approach, Mohini Mohan categorizes Odisha's folktales, a precusor to Vladimir Propp's "Morphology oft he Folktales" (1928), where Propp dissects folktales based on stock characters and their well-defined roles. Mohini Mohan delves deep into the content, offering insightful observations about the moral and emotional landscapes depicted in these folktales. He places a singificant emphasis on the role of imagination in folktales, drawing a stark contrast with the role of realism in contemporary novels. He situates the former in the realm of spoken tradition and memory, while the later is rooted in the written word. Mohini Mohan dismisses the assumption that folktales are the products of simplistic and unsophisticated worldviews, highlighting their multifaceted richness and complexity.

In doing so, the essayist establishes an important space

where folktales can be critically examined as a legitimate, and intricate literary form, deserving of nuanced analysis.

Adjunct article - 3 Anjan Shuka

Prof. of Mathematical Phisophy late Anajan Shukta (Mohini Mohan Senapati's grandson, and Maitri Shukla and Bachhu Bhai Shukla's only son and author Monica Das' first cousin with whom she has interacted for a farily good time during her childhood in the Bakhrabad house, Cuttack, where Mohini Senapati lived and died. Incidentally the author Monica Das was practically brought up by her grandmother Hiranprabha Senapati who was Mohini Mohan Senapati's wife). Monica Das' book 'Memoirs and More' published by Authors pressed and available on Amazon, gives a lucid account of the inmates of the house and various interesting incidents that occured.

Indian Philoshphical Quarterly, Vol. XIII, No.1, Jan-March 1986

ANJAN SHUKLA
(1938 - 1985)
A LOGISCIAN'S FUNERAL

'This man decided not to live but know's - so did I feel like saying when Anjan's death was told. With the death of Anjan Shukla, alogician of note and international repute is gone to wherever creative logicians go after death, leaving it to his admirers and critics to mourn his loss. The line from the Borowning poem should ring true to any one, if only one cared to know how Anjan did his pilgrimage. He was, in the manner of his life, a living criticism, of the world of cant, hypotcrisy and meanness aroud him, an embodiment of the longing for sincere, uncontaminated passion.

Boni on 30 November, 1938, the only child of his parents, Bacchubhai Shukla and Maitri, Anjan gave up the ghose on 14th July, 1985. Like his parents, Anjan was schooled at Santiniketan, imbibing a taste and passion for literature. This was, in part, his inheritance too. Anjan's father was a notable person of Gujarati letters. On his mother's side, his grand father, Mohinimohan Senapati, was well-known for his athestical writtings in Oriya. Mohinimohan's father, Fakirmohan was acclaimed as a stylist of the Oriya prose of his time. As for Anjan, there are not a few at Santiniketan who would recount enthusiastically his role as Raghupati in Tagore's Visarjan (translated into English as Sacrifice). In many ways Raghupati surely had been an archetypal figure for Anjan.

Anjan prosecuted his collegiate studies, a rppos of his dislike for Chemistry, with an unconventional choice of subjects: Logic, Mathematics and Physics. He graduated with Honours in Mathematics from Calcutta St. Xavier's.

E.P.Q. 7 and had his M.A. degree in Pure Mahematics from the University of Calcutta in 1961.

After a brief spell of teaching mathematics at VisvaBharati Anjan got himself registered there as a Junior

Research Fellow at the Centre for Advanced Study in Philosophy in 1964. In the same year he submitted two papers, which were accepted and published subsequently in the Notre Dame Jounial of Formal Logic (henceforth N.D.J.F.L.), volumes 6 (1966). Anjan brought his tenure of Fellowship to a sudden close when he left Visva-Bharati in order to join the faculty of Mathematics at the University of Notre DAme due Lac as a teaching Assistant. While on that position, he received his M.S. degree in Mathematics in 1966, and also his Ph.D. in 1967. From 1968 to 1972 Anjan was Assistant Professor in Mathematics at the University of Hawaii. In the meantime, he had an M.A. degree in Philosophy, and was appointed to the Graduate Faculty in in 1969. In the same year he taught at the National Science Foundation in Japan.

Anjan returned to India in 1973, and joined the Department of Philosophy at the University of North Bengal as Visiting Fellow. Having spent a couple of months there, he returned to Visva-Bharati as Senior Research Fellow, and held the position from 1973 to 1975. When the tenure of Fellowship was over he taught there on a part-time basis. This assignment was follwed by a series of intermittent terminative lectureships till 1978, when Visva-Bharati could finally find it possible to appoint him to a substantive position of lecturer, and that too against heavy odds and adversities. This demaning experience notwithstanding, Anjan never did consider the idea of leaving Visva-Bharati, and used to turn down politely offers of higher positions elsewhere.

In 1980 Anjan was Visiting Fellow at Jadavpur University, and in 1984 he was offered Visiting Professorship by the University of Calcutta.

I had been a colleague of Anjan for over a decade, and shall for years for years to come cherish the memory of his virtues like humility and egoloessness. Preeminent a logician that he was, he never gave himself aims of superiority, and always cooperatively shared the task of givign lessors in Logic, with other colleagues, who ware, in sofaras Logic was concerned, neither a match for, nor a patch on him. I deem it to be a rare academic virtue. Even though most of his colleagues were either largely ignorant of his achievements or smugly unconscious of his worth, yet Anjan did enjoy occupying a special niche in the hearts as well as the minds of his pupils. Along with many of his pupils I do fondly recollect hos Anjan, while teaching Logic and related topics, used to proceed from one step to another, leaving almost nothing unexpained, and to handle difficult structures with grace, ease and clarity.

A summary of Anjan's published work may be given as under :

At the time Anjan got his Ph.D. he had three papers in print: (a) "A set of axioms for the propositional calculus with implication and converse non-implication": (b) "A set of aximos for the propositional calcutta with implication and non-equivalence"; and (c) "A note on the axiomatizations of certain modal system" (all in N.D.J.F.L. volumes 6(1975) and 8(1967). In (a) Anjan had solved an open problem in Alonzo Church's Introduction to Mathematical Logic Volume I. In it he had obtained a formulation of the two-valued propositional calculus with independent axioms and rules, with implication and converse non-implication as primitive connectives, substitution and modus ponens as rules of inference. He had solved the decision problem for provability of the formulation. In (b) Anjan obtained another formulation of the two-valued propositional calcutta with independent axioms and rules, with implication and non-equivalence as primitive connectives, substitution and modus ponens as rules of inference.(c) is a note which reduces the number of variables from two to one in the axiom which is added to Lewis' formulation of the modal propositional calculus S II.

In "A note on independence" N.D.J.F.L., vol. 10, 1969) Anjan construed a six-valued normal truth-table which established the independence of the self-distributive law of material implication in a certain formulation of the two-valued propositional calculus. In his Ph.D. thesis (which was published in N.D.J.F.L. almost in entirety as "Decision procedures for Lewis system S 1 and related modal systems", Vol. 11, 1970, pp. 141-80) Anjan solved the decision problem for the modal propositional calculus S 1. Modal propositional caluli do not have intended interpretations. He showed that it has the finite modal property. The question of the decidability of S 1 had been an open question for 35 years, since the publication of Lewis and Langford's Symbolic Logic. The question of whether S 1 has the finite modal property had been open for 26 years since Mckinsey published his "Solution of the decision problem for the Lewis systems S2 and S4 with an application to topology" in The Journal of Symbolic Logic, vol. 6, 1941. Anjan was listed in American Men and Women of Science (1972) after the publication of the afore mentioned paper and and its sequel,

"Finite model property for five modal clculi in the neighbourhood of S 3" (N.D.J.F.L., Vol. 12, 1971)

In "The Existence postulate and non-regular systems of modal logi" (N.D.J.F.L., Vol. 13 1972) Anjan had turned his attention to the philosophical basis of modal logics, and in "Consistent, independent and distinct propositions" (N.D.J.F.L., vol. 13, 1972) and "Consistent, independent and distinct propositions II (N.D.J.F.L., vol. 17, 1976) he constructed two modal propositional calculi which are the closet approximations to the true logic' obtained upto that date. As a corollary of the results of the last two papers a conjecture made by A.N. Prior in Time and Modality followed. In "Consistent, independent and distinct propositions.

HI" (N.D.J.F.L., vol. 24, 1983) Anjan pointed this out, and also established the conjecture independent of the results of two of the aforesaid papers, giving in fact two sequences of infinitely non-equivalent modalities in S 6.

Anjan had in the meantime submitted 10 papers that wait publication. His published work has been widely noticed and received, and cited by Prior, Cresswell, Pledger, Leberberg, Wronski, Zeman, Thomason and others.

Not many people know that Anjan had a great admiration for Heidegger, and was a Zen enthusiast. Once, I remember, he took a student of his a task for not being through with Sartre's writings on literature.

Anjan lived all by himself in a house he bought in a village away from Visva-Bharati campus, and used to cycle down for his classes. One of his students, who was closest to him, had asked him as to why did he choose to live in that seclusion. Anjan pointed to the glorious sun-set on the distant horizons, and smiled. How could such loveliness be witnessed except in loneliness? Anjan not only meant the question intended, but also lived it.

Department of Philosophy,   **PABITRA KUMAR ROY**
Uiversity of North Bengal,
DARJEELING.

BLACK EAGLE BOOKS

www.blackeaglebooks.org
info@blackeaglebooks.org

Black Eagle Books, an independent publisher, was founded as a nonprofit organization in April, 2019. It is our mission to connect and engage the Indian diaspora and the world at large with the best of works of world literature published on a collaborative platform, with special emphasis on foregrounding Contemporary Classics and New Writing.

www.ingramcontent.com/pod-product-compliance
Lightning Source LLC
Chambersburg PA
CBHW021627080526
44585CB00013BA/862
* 9 7 8 1 6 4 5 6 0 6 6 6 6 *